D1833328

सीपियाँ

लेखक की अन्य कृतियाँ

शायरी

तरकश
लावा

साक्षात्कार

सिनेमा के बारे में

जावेद अख़्तर

सीपियाँ

राजकमल प्रकाशन

ISBN : 978-93-6086-786-7

मूल्य : ₹399

पहला संस्करण : 23 जनवरी, 2025
चौथा संस्करण : 6 अगस्त, 2025

प्रकाशक : राजकमल प्रकाशन प्रा. लि.
1-बी, नेताजी सुभाष मार्ग, दरियागंज
नई दिल्ली-110 002
शाखाएँ : अशोक राजपथ, साइंस कॉलेज के सामने, पटना-800 006
पहली मंजिल, दरबारी बिल्डिंग, महात्मा गांधी मार्ग, प्रयागराज-211 001
1, अनमोल सोराबजी सन्तुक लेन, धोबी तलाव, मरीन लाइंस, मुम्बई-400 002

वेबसाइट : www.rajkamalprakashan.com
ई-मेल : info@rajkamalprakashan.com

मुद्रक : यश प्रिंटोग्राफिक्स
नोएडा-201 301 (उत्तर प्रदेश)

SEEPIYAAN
by Javed Akhtar

विक्रम मेहरा के नाम
जिन्होंने मुझे पहली बार
दोहों पर बात करने को कहा था

क्रम

प्रस्तावना

सीपियों में छिपे मोतियों की चमक

खगोलीकरण के नाम पर हो रहे अमेरिकीकरण के इस दौर में यह चिन्ता न तो हवाई है और न केवल हमारे समाज तक सीमित कि हम अपनी सांस्कृतिक स्मृतियों, व्यवहारों और भाषाओं से कटते जा रहे हैं। एक ही परिवार की पीढ़ियों में यह कटाव देखा जा सकता है, समाज के हर स्तर पर देखा जा सकता है। एक टीवी टॉक-शो में एक रिटायर्ड फ़िल्म अभिनेता बड़े सहज रूप से, अपनी अभिनेत्री बेटी के सीधे स्वभाव की प्रशंसा 'हमारे घर की गैया' कहकर कर रहे थे। बेटी की शब्दावली में गैया तो क्या गाय शब्द भी मुश्किल से ही आ रहा था। एक-दो बार आया भी तो उसी अर्थ में जिसमें अमेरिकन बोल-चाल में आता है—'दैट गाय'।

इस चिन्ता का दुरुपयोग भी हर समाज में सामाजिक संवेदना के विस्तार के विरुद्ध और पीछे-देखू सोच को बढ़ावा देने के लिए किया जा रहा है। लेकिन, इस वजह से चिन्ता अपने आप में निराधार या ग़लत साबित नहीं हो जाती।

जो किताब आप पढ़ने जा रहे हैं, उसमें जावेद अख़्तर अपने ढंग से इस चिन्ताजनक स्थिति से दो-चार होते हैं। वृंद कवि के दोहे 'ठौर छूट तैं मीत हू, होय अमित सत रात...' पर बात करते हुए जावेद कहते हैं, "हमारा दोष है कि हमने बच्चों को वह परम्परा, वह ट्रेडिशन दी ही नहीं। हमने

उन्हें ज़बान नहीं सिखाई, हमने उन्हें एक्सपोज़ नहीं किया उस सबसे जब वे इम्प्रेशन लेने की उम्र में थे..." साथ ही यह भी, "मैं उनमें से नहीं हूँ जो अंग्रेज़ी के ख़िलाफ़ हैं। अंग्रेज़ी इंतिहाई ज़रूरी है...आनी ही चाहिए।"

जीवन के हर क्षेत्र की तरह यहाँ भी काम इस या उस तरह के अतिवाद से नहीं, सन्तुलित मध्य-मार्ग से ही चलेगा। ज़रूरत 'हिन्दुस्तानियत' को मज़बूत करने की है, यह जानने की है कि कहाँ से क्या लेना है, क्या नहीं लेना है। यह तभी सम्भव है कि जब आपको अपने आप का, यानी अपने सांस्कृतिक आत्म का ठीक-ठाक बोध हो।

साहित्य ऐसा बोध हासिल करने का विश्वसनीय और आत्मीय माध्यम है। जावेद अख़्तर ने एक टीवी शो में कुछ शे'रों और दोहों पर बात की थी, ख़ासकर नौजवानों को ध्यान में रखते हुए, यह किताब उस बातचीत का लिखित रूप पेश करती है।

अपभ्रंश से विरासत में मिला दोहा हिन्दी का सर्वाधिक लोकप्रिय काव्य-रूप रहा है। उर्दू में, जैसे शे'र के ज़रिये बहुत कम शब्दों में, बिलकुल कसी हुई संरचना में गहरी बात कही जाती है, जटिल भावनाओं और सूक्ष्म अवलोकनों को शब्दबद्ध किया जाता है, वैसे ही दोहे में भी कम शब्दों और मात्राबद्ध लय में प्रेम और श्रृंगार की भी बात की जा सकती है, समाज की भी और आध्यात्मिक अनुभवों की भी। व्यावहारिक जीवन में क्या करना उचित है, क्या अनुचित; क्या नैतिक है, क्या अनैतिक—इसका उपदेश भी दिया जा सकता है, किसी मनोदशा का वर्णन भी किया जा सकता है, सामाजिक स्थिति पर टिप्पणी भी।

दोहा यूँ तो मुक्तक छंद है, यानी हर दोहे की अपनी अलग पहचान होती है, लेकिन हिन्दी काव्य-परम्परा में दोहों का उपयोग चौपाइयों के साथ

मिलाकर विस्तृत कथाएँ कहने में भी किया गया है। सूफ़ी कवियों ने अपने प्रेमाख्यान दोहा-चौपाई छंद में रचे हैं। इस तरह की कथा-योजना में चौपाइयों में कही गई बात की परिणति होती है—दोहे में। देखिए, जायसी 'पद्मावत' का समापन किस तरह करते हैं :

मुहम्मद यहि कवि जोर सुनावा। सुना जो पेम पीर गा पावा॥
जोरी लाइ रकत कै लेई। गाढ़ी प्रीति नैन जल सोई॥
औ मन जानि कवित अस कीन्हा। मकु यह रहै जगत महँ चीन्हा॥
कहाँ सो रतनसेनि अस राजा। कहाँ सुवा असि बुधि उपराजा॥
कहाँ अलाउदीन सुलतानू। कहँ राघौ जेइँ कीन्ह बखानू॥
कहँ सुरूप पदुमावति रानी। कोइ न रहा जग रही कहानी॥
धनि सो पुरुख जस कीरति जासू। फूल मरै पै मरै न बासू॥
केइँ न जगत जस बेंचा केइँ न लीन्ह जस मोल।
जो यह पढ़ै कहानी हम सँवरै दुइ बोल॥

दोहा-चौपाई में कथा कहने की विधि तुलसीदास के 'रामचरितमानस' में अपना शिखर छू लेती है।

कथा और आख्यान के बाहर, मुक्तक के रूप में दोहे का उपयोग कबीर और अन्य निर्गुणपंथी संत कवियों ने बहुत ख़ूब किया है। बिहारी के दोहे अपनी अर्थ-संश्लिष्टता से ऐसा मार्मिक प्रभाव उत्पन्न करते हैं कि 'देखन में छोटे लगें घाव करें गम्भीर।' रहीम नीति के (यानी उपदेशपरक) दोहों के लिए प्रसिद्ध हैं, ध्यान देने की बात यह है कि 'उपदेश' श्रोता तक सफलतापूर्वक पहुँचता है—कवि की सामर्थ्य के कारण, दोहे के संक्षिप्त आकार में शब्द के सटीक प्रयोग के कारण।

प्रबन्ध-काव्यों में उपयोग के बावजूद, दोहा अपने स्वभाव में है मुक्तक छंद ही, इसलिए दोहाकार कवि की सामर्थ्य की परख इसी कसौटी पर होती है कि इतने सीमित अवकाश, इतने कम शब्दों में वह पाठक के मन में कितनी

निजी और सांस्कृतिक यादें जगा सका, उसके अपने अनुभवों में से कितनों को कुरेद सका, उसके सौन्दर्य-बोध को कितना सम्बोधित कर सका। दोहा श्रोता/पाठक के सामने चुनौती भी पेश करता है कि चंद ही शब्दों में कही जा रही बात में छिपे हुए संकेतों को पहचानने की उसकी अपनी तैयारी कितनी है।

कबीर और तुलसीदास का एक-एक दोहा, ऊपर कही गई बात की मिसाल के तौर पर पढ़ा जा सकता है—

अनल अकासा घर किया मधि निरंतर बास।
बसुधा व्योम विरकत रहे, बिन ठाहर बिसवास॥

(कबीर)

उदित उदयगिरि मंच पर रघुबर बाल पतंग।
विकसे संत सरोज सब, हरखे लोचन भृंग॥

(तुलसी)

पहला दोहा समझने के लिए अनल पक्षी के बारे में जानना अनिवार्य है, दूसरा बूझने के लिए उदयगिरि और पतंग के सम्बन्ध के बारे में।

समस्या यह है कि यदि आपने बाक़ायदा साहित्य की ट्रेनिंग न ली हो, या अपने आप ही गहरी दिलचस्पी न हासिल की हो तो दोहों को समझने में दिक़्क़त आती है। एक तो अधिकांश दोहों के खड़ी बोली में न होने के कारण, दूसरे हमारे सामाजिक सन्दर्भ और रहन-सहन में बहुत फ़र्क़ आ जाने के कारण। आज कितने लोगों के लिए यह जानकारी सहज रह गई है? 'खाल लुहार की' से क्या आशय हो सकता है? महानगरों के कितने निवासी घर में आँगन के महत्त्व से वाक़िफ़ हैं? कितनों को अहसास है कि आँगन हर घर को उसका अपना आकाश ही नहीं, उसमें रहने वालों को वह अवकाश भी देता है, जहाँ वे अपने निजीपन से बेखटके बाहर आ सकें।

जो किताब आप पढ़ने जा रहे हैं, उसमें जावेद अख़्तर कुछ दोहों के ज़रिये

ऐसी ही समस्याओं से जूझते हैं। उन्होंने मुख्यत: कबीर, रहीम और वृंद के दोहे चुने हैं। किताब चूँकि टीवी शो में कही गई बातों का संकलन है, इसलिए, यहाँ बोलचाल की वह रवानगी और बतरस की वह मिठास भरपूर है, जिसके लिए जावेद अख़्तर मशहूर हैं।

उनकी बातों से आपको बहुत से शब्दों के बारे में ही नहीं, अनेक ऐसे व्यवहारों के बारे में भी जानकारी मिलेगी, जो अब चलन से बाहर हो चले हैं। इनके बारे में बात करते समय जावेद अख़्तर स्वाभाविक रूप से नॉस्टेल्जिक हो उठते हैं। लेकिन हर जगह वे स्पष्ट हैं कि बात उन व्यवहारों को, जीवन-विधियों को वापस लाने की नहीं, उनके बारे में जानकारी और समझ बनाए रखने की है, ताकि हम इन दोहों के उस अर्थ तक पहुँच सकें जो हमारे अपने ऐन निजी और सामाजिक अनुभवों की समझ को समृद्धतर करता है। आख़िरकार कोई भी श्रेष्ठ साहित्य अपने रचे जाने के समय के बारे में ज़रूर होता है, लेकिन केवल उसके लिए नहीं होता। इसी वजह से तो, सैकड़ों, बल्कि हज़ारों बरस पहले की रचनाएँ आज तक हमारा मन छूती हैं।

जावेद अख़्तर को ये दोहे सीपियों से लगे, जिनमें अर्थ के मोती छिपे हैं। मुझे यक़ीन है कि जावेद अख़्तर की टिप्पणियों से गुज़रने के बाद आप इन मोतियों की आब को और क़रीब से महसूस कर सकेंगे।

—पुरुषोत्तम अग्रवाल

मन मैला तन ऊजरा, बगुला कपटी अंग।
तासों तो कौवा भलो, तन-मन एकहि रंग॥

कबीर

कबीर कहते हैं कि बगुला, जिसे अंग्रेज़ी में क्रेन कहते हैं, इसका तन तो बड़ा उजला होता है—सफ़ेद, बिलकुल बेदाग़, लेकिन मन काला होता है, मैला होता है। तालाब या झील के किनारे बगुला ऐसे खड़े होता है, जैसे वो निर्जीव है, कोई मूर्ति है, कोई वेजिटेशन है, कोई पौधा उग आया है सफ़ेद रंग का। कोई गति ही नहीं है। लगता है कि गहरी समाधि में है। बिलकुल चुपचाप ख़ामोश। लेकिन वह किसी ध्यान में नहीं है, ये कोई भक्त नहीं है। ये इन्तज़ार कर रहा है किसी छोटी-सी मछली के उधर से गुज़रने का। जैसे ही कोई मछली गुज़रती है—वह बगुला एक झटके में, बिजली की तरह उस मछली को अपनी चोंच में दबा लेता है। खा जाता है। इसीलिए लोग उसे बगुला भगत बोलते हैं।

कबीर कहते हैं—एक तरफ़ यह बगुला है और दूसरी तरफ़ वो कौवा, जो सुबह से शाम तक काँव-काँव करता रहता है और हर जगह चोंच मारने की कोशिश करता है। लोगों को मालूम है—कौवा आ गया है, तो आँगन में कुछ रखा हो, खुले में कुछ रखा हो, चोंच में भरकर उड़ जाएगा। तो सामान हटा लेते हैं। लेकिन कबीर ऐसा क्यों कह रहे हैं कि ये कौवा बेहतर है, उस बगुले से? कौवा तो रोज़ यही करता है। यह एक सिमली है, उपमा है, मिसाल है। ज़िन्दगी में आपके पास तरह-तरह

के लोग आते हैं। कुछ लोग, जिन्हें आप जानते ही नहीं हैं। कुछ लोग, जिन्हें आप मामूली-सा जानते हैं। कुछ लोग, जिनसे आपकी थोड़ी दोस्ती है। लेकिन कुछ लोग ऐसे होते हैं, जिन्हें आप अच्छे से जानते हैं। उन पर आपको पूरा यक़ीन होता है। आप उन पर भरोसा करते हैं। उन्हें अपना समझते हैं। समझते हैं कि यह इनसान हमारा फ़ायदा ही करेगा, कभी कोई नुक़सान नहीं कर सकता। लेकिन जब यही आदमी आपको धोखा देता है, अचानक बगुले की तरह ऐसा काम कर देता है, जिसके बारे में आपने कभी सोचा भी नहीं था, तो आपको तकलीफ़ पहुँचती है। जबकि यही काम वो आदमी करता है, जिसे आप बेईमान समझते हैं, जिससे आपने कभी अच्छे की उम्मीद नहीं की, तो आपको ग़ुस्सा तो आ सकता है, मगर तकलीफ़ नहीं होती।

आपके दिल को तकलीफ़ हमेशा तभी पहुँचती है, जब कोई ऐसा इनसान आपका रास्ता काटे, आपको धोखा दे, जिस पर आपने भरोसा किया है। कोई दूसरा या ग़ैर ऐसा करे, आपका दिल नहीं टूटेगा। दिल तो वही तोड़ सकता है, जो आपको अच्छा लगा हो, जिसे आपने पसन्द किया हो, जिस पर आपने यक़ीन किया हो, जिससे मोहब्बत की हो, जिसकी आप इज़्ज़त करते हों!

एक और बात कहना चाहूँगा—हम लोग जब इस तरह के दोहे सुनते हैं, या इस तरह के मुहावरे सुनते हैं, कहानियाँ सुनते हैं, तो हमेशा हम ख़ुद जज बन जाते हैं और दुनिया को देखने लगते हैं कि इनमें से कौन कौवा है और कौन बगुला। ऐसा कभी सोचते भी नहीं कि ये दोहा, ये कहानी, ये मिसाल, ये हम पर भी लागू होता है या नहीं? ये ख़याल हमारे दिल में नहीं आता। लेकिन यह सोचनेवाली बात है कि कुछ लोग तो होंगे, जो हमारी भी इज़्ज़त करते होंगे। कुछ लोग तो होंगे न, जो हमें भी अच्छा समझते होंगे, हमसे मोहब्बत करते होंगे, हम पर यक़ीन रखते होंगे। हम उनसे मोहब्बत निभाएँगे, उनके भरोसे को सँभालेंगे या

तोड़ देंगे? हम क्या हैं? सचमुच नेक इनसान हैं या बगुला भगत हैं? यह सवाल हम अपने-आप से नहीं पूछते, मगर पूछना चाहिए।

जब हम दूसरों को जज करते हैं कि क्या वह सचमुच नेक इनसान है या बगुला भगत है, जो कभी भी चोंच मार सकता है, तो वही सवाल हमें अपने आप से भी करना चाहिए। जो लोग हम पर यक़ीन करते हैं, जो हमें चाहते हैं, जो हमें मानते हैं, जिन्होंने हमें अपना समझा है क्या हम वाक़ई उनके अपने हैं? क्या हम इस विश्वास, इस प्यार, इस यक़ीन के क़ाबिल हैं? हम इस रिश्ते को निभाएँगे, यक़ीन को निभाएँगे, उनकी राय की इज़्ज़त रखेंगे या एक दिन उन्हें धोखा दे देंगे? ये सवाल भी हमें अपने आप से पूछना चाहिए जब हम ये दोहा पढ़ें :

मन मैला तन ऊजरा, बगला कपटी अंग।
तासों तो कौवा भलो, तन-मन एकहि रंग॥

जा घट प्रेम न संचरै, सो घट जान मसान।
जैसे खाल लुहार की, साँस लेत बिन प्रान॥

कबीर

कबीर बहुत बड़े शायर, बहुत बड़े कवि थे। उनकी सोच कितनी ऊँची थी! लेकिन वो बहुत ऊँची-ऊँची बातें ज़िन्दगी की मामूली और रोज़मर्रा की चीज़ों के माध्यम से, आसानी से सबको समझ में आने वाली भाषा में समझा देते थे। अब इस दोहे को ही देखिए। इसमें उन्होंने लिखा है 'जैसे खाल लुहार की'—तो यहाँ 'खाल लुहार की'—का मतलब क्या है? बहुत से लोग जानते होंगे, और बहुत से नहीं भी जानते होंगे। दुनिया बदल रही है। अब तो लुहार आपको दिखाई भी नहीं देते। बड़े शहरों में तो हर चीज़ दुकान से मिल जाती है। लेकिन पहले छोटी-छोटी दुकानें होती थीं लुहार की, जहाँ लुहार की एक भट्ठी होती थी, भट्ठी से चमड़े का एक बैग जुड़ा होता था, जिसे धौंकनी कहते थे। वो धौंकनी क्या होती थी! किसी जानवर की खाल का बहुत बड़ा-सा बैग; जैसे ऐयर बैग। वो उसको पुश करते थे। उसमें हवा भर जाती थी, फिर दबाने से उसमें भरी हवा भट्ठी में जाती थी। भट्ठी में रखा कोयला जल उठता था। उसके बाद लुहार उसमें लोहे को गर्म करता था और जो चीज़ आपको चाहिए, बनाकर दे देता था। तो वो धौंकनी जो मोटी खाल की होती थी। ये खाल लुहार की अपनी खाल नहीं है, यहाँ उस खाल का ज़िक्र है, जो कि उसके काम आई है, जिससे वो भट्ठी को गर्म रखता है। लेकिन ज़ाहिर है कि ये खाल अपने आप में बेजान थी। यह तो एक मरे हुए जानवर की खाल थी, इसके

अन्दर कोई जान थोड़े न थी। ये तो एक बैग बन गई थी। लेकिन वो बैग यानी धौंकनी वैसे ही चलती थी, जैसे हमारे फेफड़ों में हवा आती-जाती है। अब ये मायने समझ के देखिए :

जा घट प्रेम न संचरै, सो घट जान मसान।

मतलब वो जगह जहाँ लोगों में प्यार न हो, मोहब्बत न हो, वो जगह तो एक श्मशान की तरह है। लोग हँस रहे हैं, मुस्कुरा रहे हैं, बात कर रहे हैं, घूम रहे हैं, जैसे पार्टी हो रही है, लेकिन ये ऐसा ही है, जैसे वो बैग, वो धौंकनी साँस लेते हुई दिखाई देती है, उसमें हवा भरती है, बाहर जाती है, जैसे कि इनसान के लंग्स में। इनसान जब साँस ले रहा होता है तो ग़ौर से देखिए तो उसका सीना, उसका पेट मूव करता दिखाई देता है। उसी तरह से यह खाल भी मूव कर रही है। लेकिन दरअसल यह मरे हुए जानवर की खाल है। यह जीवित नहीं है, इसमें कोई रूह या आत्मा नहीं है। उसी तरह वो लोग जिनके बड़े-बड़े घर हैं, जिनके पास दुनिया की हर चीज़ है—क़ीमती कारें हैं, बड़े-बड़े टेलीविज़न हैं, सारे गैजेट्स हैं, दौलत है, फ़र्नीचर है, मॉडर्न इटैलियन मार्बल के फ़्लोर हैं, लेकिन उस घर में प्यार नहीं है, रिश्ते झूठे हैं, अन्दर कोई किसी की परवाह नहीं करता, सब ऊपर-ऊपर का ढकोसला है, सब ऊपर-ऊपर की बातें हैं। तो ये ज़िन्दा नहीं हैं। ये लोग मर चुके हैं। इसलिए कि ज़िन्दगी का मतलब है मोहब्बत। ज़िन्दगी का मतलब है चाहत, विश्वास, एक-दूसरे पर यक़ीन। अगर वह मोहब्बत ही अन्दर नहीं रही, तो ये सब ढकोसला है, खोखला है, बेमानी है, निर्जीव है, इसमें ज़िन्दगी ही नहीं है। ये घर घर नहीं है। यह एक मरघट है जिसमें मुर्दे साँस लेते हुए दिखाई देते हैं। तो याद रखिए इस दोहे को :

जा घट प्रेम न संचरै, सो घट जान मसान।
जैसे खाल लुहार की, साँस लेत बिन प्रान॥

काल करै सो आज कर, आज करै सो अब।
पल में परलय होयगी बहुरि करोगे कब॥

कबीर

मैं यह दोहा आपको इस यक़ीन से सुना रहा हूँ कि आप यह दोहा पहले सुन चुके हैं। यह कबीर के बहुत ही मशहूर दोहों में से एक है और अक्सर दोहराया जाता है—'काल करै सो आज कर, आज करै सो अब'। यह बार-बार दोहराया क्यों जाता है? इसलिए कि यह प्रॉब्लम बड़ी कॉमन है हम सब में। आदमी आज का काम कल पर टालता है। एक साहेब कहने लगे—क्या बताऊँ, काम-काम, काम-काम-काम, सुबह काम, दोपहर काम, शाम काम, रात काम—तो दूसरे ने उनसे पूछा कि भई इतना काम कब से शुरू कर दिया? तो कहने लगे कल से करूँगा। तो ये जो कल का क़िस्सा है, ये बड़ा आम है। ऐसा क्यों है? हम काम कल पर क्यों टालते हैं? एक तो सुस्ती होगी, क्योंकि काम करना आसान काम तो है नहीं। मेहनत भी लगती है, ताक़त भी लगती है, दिमाग़ भी लगता है। यह फ़िक्र भी होती है कि होगा कि नहीं होगा, तो चलो आज छोड़ देते हैं, कल झंझट में पड़ेंगे। लेकिन वह कल कभी नहीं आता। कल के बाद फिर कल, कल के बाद फिर कल—यह क्रम चलता रहता है।

एक और वजह होती है किसी काम को कल पर टालने के पीछे—हमको ये डर लगता है कि पता नहीं ये काम हम ठीक से कर पाएँ, या शायद ठीक से न कर पाएँ? तो क्यों न इसे कल पर टाल दिया जाए! मुझे याद आता है कि एक आदमी ने अपनी बीवी से कहा कि एक सौ रुपये का

नोट था मेरे पास, पता नहीं वो कहाँ चला गया, मिल नहीं रहा। सारी जेबें देख ली हैं, सिवाय ब्रेस्ट पॉकेट के, तो बीवी ने कहा कि भाई ब्रेस्ट पॉकेट भी देख लो। तो पति ने कहा, कमाल कर रही हो, कैसे देखूँ? उसमें भी नहीं हुआ तो?

बात क्या है कि आदमी अपने आपको कभी-कभी जान-बूझकर भ्रम में रखना चाहता है, धोखे में रखना चाहता है। काम तो मैं करने ही वाला हूँ, कल कर लूँगा। काम से डर रहा है, उसे ऐसा लगता है कि पता नहीं मैं कर पाऊँगा कि नहीं कर पाऊँगा। लेकिन जब वह कल पर टाल देता है, तो दिल को एक सहारा मिल जाता है कि कल हो जाएगा।

फिर कुछ लोग मिलते हैं, जो कहते हैं कि मुझे तो सचमुच करना है, मगर कुछ परेशानियाँ हैं, मुसीबतें हैं, एक बार यह झंझट ख़त्म हो जाए, तो फिर फ़ौरन वो काम शुरू कर दूँगा। यह ऐसे ही है, जैसे कि पानी का जहाज़ ये कहे कि अभी तो समन्दर में बड़ी लहरें उठ रही हैं, एक बार ये लहरें रुक जाएँ, तब सफ़र पर चलेंगे। जब तक यह लहरें हैं कैसे जाएँ? तो लहरें तो कभी बन्द नहीं होंगी। ज़िन्दगी में कोई-न-कोई समस्या, कोई-न-कोई झंझट, कोई-न-कोई परेशानी तो हमेशा चलती रहेगी। हमें जो काम करना है, वो काम इन परेशानियों, इन मुश्किलों, इन समस्याओं के बीच और इनके साथ ही करना होगा।

अगली लाइन में कहते हैं :

पल में परलय होयगी

प्रलय यानी क़यामत आ जाएगी, दुनिया बरबाद हो जाएगी। ज़रूरी नहीं है कि प्रलय ही आए, लेकिन ये हालात जो इस पल हैं, जिनमें तुम ये काम कर सकते हो, हो सकता है कल वो हालात और मुश्किल हो जाएँ तुम्हें आज लग रहा है कि काम करना मुश्किल है, लेकिन क्या पता कल कैसे हालात हों। तुम्हें मालूम है कि कल क्या होगा? नहीं

मालूम। किसी को नहीं मालूम। ये हालात एक बहाना है। कब करोगे? एक ही वक़्त है कोई भी काम शुरू करने का—आज और अभी। जब तक काम टलता रहेगा, तब तक हम अपने-आप से झूठ बोल रहे हैं, अपने आप को बहला रहे हैं, धोखा दे रहे हैं। मुझे तो लगता है कि एक बार दूसरे को बहला लें—दूसरे से झूठ बोल लें, लेकिन अपने-आप से कभी झूठ मत बोलना। इसीलिए कि तब हम एक झूठी तसल्ली में जिएँगे कि अभी आएगा वक़्त, फिर मैं करूँगा, फिर सब ठीक हो जाएगा। ये सपने जो हैं, वो आपको एक तरह की ख़ुशी देने लगते हैं। फिर आपको रियल काम करने की ज़रूरत ही नहीं लगती। वो ख़्वाब ऐसा है कि मैं करूँगा—सब अच्छा हो जाएगा, फिर ऐसा होगा, फिर वैसा होगा—तो आपने अपने सपनों में, अपने ख़याल में, अपने ज़ेहन में एक ऑल्टरनेट रियलिटी बना रखी है और कल के बारे में सोच रहे हैं, जो कभी नहीं आएगा। वो कल जिसे वास्तव में आप शायद लाने की हिम्मत ही नहीं रख रहे हैं। जिसे कल बदलना है, जिसे अपने सपनों को साकार करना है, सच करना है, वो अपने काम को कल पर नहीं टालता। वो उस काम को आज ही करता है। कल का क्या मालूम? प्रलय आपकी ज़िन्दगी में आए, दुनिया में आए, काम करना और भी मुश्किल हो जाए। इसलिए जो काम करना है आपको, अभी कीजिए!

काल करै सो आज कर, आज करै सो अब।
पल में परलय होयगी बहुरि करोगे कब॥

नहाए धोए का आया, जो मन मैल न जाए।
मीन सदा जल में रहे, धोए बास न जाए॥

कबीर

कबीर कहते हैं कि नहाने-धोने से क्या होगा, जब मन का मैल नहीं धुला। फिर तो तुम उस मछली की तरह हो, जो हमेशा पानी में ही रहती है, लेकिन जो उसकी बू है, उसकी बास है, वो नहीं जाती। मुझे लगता है कि आदमी हर बात को अपनी ज़िन्दगी के तजुर्बे से समझता है। मैं इस दोहे को किस तरह से सोचता हूँ, किस तरह से समझता हूँ, आपको बताता हूँ; पता नहीं आपको ठीक लगे न लगे।

'नहाए धोए का आया'—इसका मतलब यह है कि नहाने-धोने से तन का मैल तो गया, लेकिन मन का मैल नहीं गया। होता क्या है कि ज़िन्दगी अक्सर बड़ी दुश्वार, बड़ी कठिन होती है, बड़ी मुश्किल होती है। हम ज़िन्दगी के जिन रास्तों से गुज़रते हैं, उनमें ग़म की, दुख की, ह्युमिलिएशन की, बेइज़्ज़ती की धूल हम पर गिरती रहती है। ग़रीबी की, भूख की, मजबूरियों की, पैसे की कमी, तकलीफ़ें, ये सब हम पर गिरती हैं, और इन सबकी धूल हमारे तन पर भी आती है और मन पर भी। लेकिन फिर जब हालात बदलते हैं और ख़ुशहाली आती है, बेहतर ज़िन्दगी आती है तो हम नहाये-धोए से हो जाते हैं। जैसे कि एक आदमी जो सड़क पर या रास्ते पर जा रहा था और धूल उड़ रही थी और वह आया अपने घर या जहाँ भी पहुँचा अपनी मंज़िल पर, तो वहाँ नहाया-धोया, फ्रेश

हो गया। इससे तन का जो मैल था, वो तो धुल गया, लेकिन मन की जो कड़ुवाहट थी, जो ख़याल आए थे, ग़ुस्से में, झुँझलाहट में, मजबूरी में, दुख में, अगर वो मैल मन से नहीं गया, तो फिर यह नहाना किस काम का? यह अधूरा ही रहा। बेकार रहा। इसलिए कि ज़िन्दगी में बेहतर हालात नहाने-धोने के प्रतीक हैं। बेहतर हालात का सिंबल है नहाना-धोना।

बेहतर हालात, ख़ुशहाली अगर आपके दिल में नेकी, मासूमियत, भलापन, बड़प्पन नहीं लाते, तो फिर यह सब बेकार है। यह कामयाबी, यह ख़ुशहाली, ये आराम, ये सहूलियत सब अधूरे हैं। मुकम्मल तभी होंगे जब आपका दिल भी धुलेगा। जो कड़वाहटें रास्ते में मिली थीं, जो मैल, जो गर्द दिल पर जमा हुई, वो धुल जाए, तब आपका नहाना-धोना मुकम्मल हुआ। तब आपकी ज़िन्दगी की ख़ुशहाली और आपकी ख़ुशी, आपकी कामयाबी पूरी हुई।

देखिए होता क्या है कि एक ही तजुर्बे के दो रिएक्शन हो सकते हैं। अगर मैंने अपनी ज़िन्दगी में भूख देखी है, तो एक रिएक्शन मेरा यह भी हो सकता है कि जब मैं भूखा था, तो किसे परवाह थी मेरी, तो मैं किसी की परवाह क्यों करूँ? दूसरा रिएक्शन यह भी हो सकता है कि भूख क्या है वह मुझे मालूम है, तो मैं कोशिश करूँ कि कोई भूखा न रहे। तो फिर आपके मन का मैल धुला, तो फिर आप वाक़ई नहाये-धोये हुए। लेकिन अगर ऐसा नहीं हुआ, मन का मैल रह गया, सिर्फ़ तन धुला, तो फिर आप साफ़-सुथरे नहीं हुए। आपकी ख़ुशहाली अधूरी रही। अब ये बात सुनकर ज़रा इसे दोहराते हैं, फिर सोचते हैं कि ये बात कितनी गहरी कही है कबीर ने :

नहाए धोए का आया, जो मन मैल न जाए।
मीन सदा जल में रहे, धोए बास न जाए॥

राह बिचारी क्या करे, जो पंथि न चले विचार।
आपन मारग छोड़ के, फिरे उजार-उजार॥

कबीर

कबीर का यह दोहा मुझे दो लेवल पर बहुत अपील करता है। 'राह बिचारी क्या करे, जो पंथि न चले विचार'। पंथी यानी राही, मुसाफ़िर, ट्रेवलर। कबीर कहते हैं कि राह बिचारी क्या करे, अगर जो मुसाफ़िर है वो उस पर चल ही नहीं रहा। यह कौन-सी राह है? एक तरह से देखिए तो यह राह आपकी मंज़िल, आपके लक्ष्य, आपकी ज़िन्दगी में जो गोल है, वो हो सकती है। हम लक्ष्य बनाते हैं, मंज़िल बनाते हैं। हम ये सोचते हैं कि हमें यह एचीव करना है, यहाँ पहुँचना है, यह करना है। वहाँ पहुँचने का जो रास्ता है, वह भी हमें बता दिया गया है और हमने देख लिया है। फिर भी उस पर चलते नहीं। चलते हैं तो थोड़ी दूर—दो-चार क़दम चले, फिर कहीं और चले गए। और कहाँ गए—'फिरे उजार-उजार'। उजार यानी उजाड़, वीराना।

वीरानों में जगह तो बड़ी होती है, लेकिन कोई रास्ता नहीं होता। उजाड़ कबीर ने यह बताने के लिए इस्तेमाल किया है कि वहाँ कोई रास्ता नहीं है। जगह बहुत है, विस्तार बहुत है, मगर रास्ता नहीं है। तो बजाय इसके कि रास्ते पर चलते, आप उस वीराने में घूम रहे हैं। आप मंज़िल की ओर नहीं जा रहे, बल्कि भटक रहे हैं। फिर आपको कोई राह दिखी—दो क़दम चले, बैठ गए। फिर कहीं और निकल गए। तो ये क्यों हुआ, क्योंकि कमी है हममें डेडिकेशन की, समर्पण की, वन ट्रैक माइंड

की—अपने लक्ष्य पर टिके रहने की। हममें ये हौसला अक्सर नहीं रहता है कि हमें इस राह पर चलना है और चलते रहना है, ताक़त लगा के हमें वहाँ पहुँचना है। हर राह का एक डिसिप्लिन होता है। रास्ता, कितना भी लम्बा हो, उसकी एक हद है। हमें उसके अन्दर चलना होता है। कोई भी सड़क हो। कितना भी बड़ा हाइवे हो। लेकिन अगर आप वीराने में घूम रहे हैं, तो किधर भी निकल जाइए। यह आज़ादी, ये आपको मज़े देती है, लेकिन आपको मंज़िल तक लेकर नहीं जाती। फिर आप राह को दोष दें कि देखिए, मैं तो चला था, लेकिन कोई मंज़िल नहीं मिली। कैसे मिलेगी मंज़िल, जब आपने रास्ते से वफ़ादारी ही नहीं की।

एक तरफ़ तो यह है, दूसरी तरफ़ मुझे एक और मानी भी इसमें दिखाई देता है। हर रिश्ता एक रास्ता है। माँ-बाप का बच्चे से हो या बच्चे का माँ-बाप से। भाइयों और बहनों का हो, दोस्तों का हो, बिजनेस पार्टनर का हो, पति का पत्नी से हो, पत्नी का पति से हो, जो भी हो, वो रिश्ते एक मंज़िल की तरफ़ आपको ले जाते हैं। आपको मालूम है कि इस रिश्ते में ये सुख मुमकिन है। सिक्योरिटी मुमकिन है। यहाँ से हमें यक़ीन, भरोसा, सुकून, शान्ति, इत्मीनान या अपनाइयत मिल सकते हैं। जब हम उस रिश्ते को निभाते हैं, उस रास्ते को निभाते हैं, उस पर सही तरीक़े से चलते हैं, तो उस मंज़िल तक पहुँचते हैं, जो इस रिश्ते की मंज़िल है। लेकिन क्या हम हमेशा ठीक से चलते हैं? होता यह है कि हमने राह तय कर ली, मंज़िल तय कर ली, फिर भूल गए। इत्मीनान है कि यह रास्ता मेरा ही है, वो मंज़िल मेरी ही है—कहाँ जाएगी! चलूँगा तो पहुँच ही जाऊँगा। लेकिन रास्ता आपने पूरा नहीं किया, और मंज़िल पूरी चाहिए। कैसे होगा? वो मुमकिन नहीं। हमें अपने रिश्तों को निभाना आना चाहिए। हमें अपने रिश्तों की राह पर चलना आना चाहिए। जब हम सही राह पर चलेंगे, तभी उस दिल तक पहुँच सकेंगे, उस दिल के दरवाज़े पर जाकर दस्तक दे सकेंगे, जहाँ हमारे लिए मोहब्बत है, जहाँ

हमारे लिए विश्वास है, यक़ीन है। लेकिन वीराने में क्या है? मुँह उठाओ, जिधर मन करे चल पड़ो। इस आज़ादी को इंज्वाय करें और रास्ते को छोड़ दें तो फिर हम उस मंज़िल तक नहीं पहुँच पाएँगे, जहाँ मोहब्बत, ट्रस्ट, विश्वास, अपनाइयत हमारा इन्तज़ार कर रहे थे। वो कहीं इन्तज़ार करते-करते थक न जाएँ, इसका ख़याल रखिए :

राह बिचारी क्या करे, जो पंथि न चले विचार।
आपन मारग छोड़ के, फिरे उजार-उजार॥

आवत ही हरषै नहीं, नैनन नहीं सनेह।
तुलसी वहाँ न जाइए, कंचन बरसे मेह॥

तुलसीदास

तुलसीदास जी कहते हैं कि जहाँ आपके जाने से लोगों में ख़ुशी न हो, जहाँ लोगों की आँखों में आपके लिए मोहब्बत और इज़्ज़त न हो, वहाँ मत जाइए, भले वहाँ सोना बरस रहा हो!

देखिए, आजकल तो वाक़ई जहाँ सोना बरसे, वहाँ हम सब भागते हैं। मैटेरियलिज़्म का टाइम है। उपभोक्तावाद का दौर है। बड़ी होड़ है, बड़ा मुक़ाबला है, कम्पीटीशन है—हर आदमी कामयाब होना चाहता है। सुख-सुविधा के सब सामान ख़रीदना चाहता है। हालाँकि, ये कोई बुरी बात नहीं है। आप अगर कुछ ख़रीदना चाहते हैं, हासिल करना चाहते हैं—ज़िन्दगी में आराम, सुख, चैन चाहते हैं, पैसा कमाना चाहते हैं—कोई बुरी बात नहीं है। अच्छी बात है। आपको ज़रूर यह अरमान रखना चाहिए। मगर सवाल उठता है कि ये सब हम करते क्यों हैं? आप भी करते हैं, मैं भी करता हूँ, लेकिन क्यों? इसलिए कि हम चाहते हैं कि दुनिया यह देखे और समझे कि हमने कुछ किया है, कि हम कहीं पहुँचे हैं। और हम ख़ुद अपने दिल में यह महसूस कर सकें, अपने बारे में यह सोच सकें कि हमने ज़िन्दगी में कुछ हासिल किया है, हम कहीं पहुँचे हैं, हम कुछ हैं।

इनसान को अपने आप से बड़ी मुहब्बत है। हम सब अपने आप से बड़ी मुहब्बत करते हैं। और अपने से मोहब्बत अगर हम करते हैं तो हम

अपनी इज़्ज़त भी करते होंगे। तो सवाल यह है कि हमें ये जो हासिल करना है, अगर वह इस तरह से मिले कि अपनी ही नज़रों में हम गिर जाएँ, तो गड़बड़ है। अगर दूसरों की नज़रों में हमारे लिए इज़्ज़त नहीं है, मोहब्बत नहीं है, और फिर भी हम वहाँ जा रहे हैं, फिर भी हम उनसे फ़ायदा उठाने की कोशिश कर रहे हैं, तो ऐसा कैसे हो सकता है कि हमारे मन में अपने लिए इज़्ज़त रहे। कहीं-न-कहीं हम अन्दर से टूटेंगे, कमज़ोर होंगे। अपनी नज़रों से गिरेंगे। लाख हम अपने आप से छुपाने की कोशिश करें, अपने आप से झूठ बोलें कि नहीं वो तो मजबूरी थी, ये तो ऐसे ही लोग हैं। ये-वो हम दुनिया-भर के बहाने अपने आप से करते हैं, लेकिन सच यह है कि हमारी नज़र में भी हमारी इज़्ज़त कम होगी। और जब आपकी नज़र में अपनी इज़्ज़त कम होती है, तो आपमें आत्मविश्वास भी कम होता है। भले आप ख़ुद को तसल्ली दें कि आपने जो किया इस वजह से किया, लेकिन यह आप की समझ में आ जाता है कि यह सेल्फ़ कॉन्फ़िडेंस झूठा है। जहाँ कंचन बरस रहा था, सोना बरस रहा था, वहाँ आप गए। यानी आप सोने की इज़्ज़त ज़्यादा करते हैं, अपनी कम! तो आपने अपना भाव गिरा लिया। और जब आपका भाव गिरता है, तो कहीं-न-कहीं आप अपनी नज़रों में भी गिरते हैं। और जब आप अपनी नज़रों में गिरते हैं तो कहीं-न-कहीं समाज को, दुनिया को भी यह पता चल जाता है कि इन्हें इतनी ज़्यादा इज़्ज़त देने की ज़रूरत नहीं है, ये कम में भी आ जाते हैं।

दुनिया की जो सबसे क़ीमती चीज़ है आपके लिए—वह हैं आप! आपका स्वाभिमान, आपकी सेल्फ़-रेस्पेक्ट। उस पर आँच नहीं आनी चाहिए। आप दुनिया से निभाएँ भी, लेकिन आपमें एक तेवर रहे। मैं आपको बड़ा इंटरेस्टिंग क़िस्सा सुनाता हूँ। के. आसिफ़ साहेब, जिन्होंने 'मुग़ले-आज़म' जैसी फ़िल्म बनाई। वो एक अजीब तरह के आदमी थे, बड़े अलग तरह के आदमी। उनका अपना एक तेवर था। फ़िल्म रिलीज़ हो गई, बड़ी

कामयाब हुई, बहुत तारीफ़ें हुईं। तो एक बड़ी पार्टी हो रही थी ड्रिंक्स वग़ैरह भी चल रहे थे तो नादिरा जी, जो एक बहुत अच्छी अदाकारा थीं, बहुत अच्छे-अच्छे काम किये फ़िल्मों में उन्होंने, वो ज़रा कुछ मूड में थीं, हाई थीं। उन्होंने प्यार से आसिफ़ साहेब के एक असिस्टेंट का कोट का कॉलर पकड़ा और उसे खींचती हुई के. आसिफ़ के पास ले गईं और कहने लगीं—आसिफ़ साहेब इस लड़के ने आपसे बहुत कुछ सीखा है, ये लड़का बड़ा टेलेंटेड है, इसने आपका ज्ञान, आपकी विद्या, आपके काम का तरीक़ा सीख लिया है और यह एक दिन बड़ा नाम पैदा करेगा, ये बहुत बड़ा आदमी बनेगा। तो आसिफ़ साहेब ने नादिराजी का हाथ हटाया उसके कोट से, उसके कोट का कॉलर ठीक किया और कहने लगे कि तुम सही कह रही हो, इसने मुझसे बहुत कुछ सीखा है, लेकिन एक बात और सीख ली होती, तो तुम इसके कोट का कॉलर पकड़कर खींचते हुए यहाँ तक नहीं ला सकती थीं।

क्या ख़ूबसूरत बात है! यह तेवर जो है ज़िन्दगी में, ये सोने से कहीं अधिक क़ीमती है। जब आपको अपने ऊपर ये नाज़ हो, अपनी रेस्पेक्ट आप करें कि कोई भी फ़ायदा हो लेकिन जहाँ आँखों में मिलने की ख़ुशी नहीं है, जहाँ इज़्ज़त नहीं है वहाँ मैं नहीं जाऊँगा। वो फ़ायदा मुझे नहीं चाहिए। अगर इज़्ज़त चाहिए, स्नेह चाहिए, हर्ष चाहिए तो ये बात भी साथ में याद रखिए। यह वन-वे ट्रैफ़िक नहीं है। ये सड़क एक तरफ़ से नहीं चलती, दोनों तरफ़ से चलती है। आप सिर्फ़ माँगें मोहब्बत और इज़्ज़त, वो काफ़ी नहीं है। वाक़ई अगर चाहिए तो ये इज़्ज़त, ये मोहब्बत दूसरों को देनी भी होगी। अब इस दोहे को आइए दोबारा पढ़ते हैं :

आवत ही हरषै नहीं, नैनन नहीं सनेह।
तुलसी वहाँ न जाइए, कंचन बरसे मेह॥

ऐसी बानी बोलिये मन का आपा खोय।
औरन को सीतल करे, आपहु सीतल होय॥

कबीर

कबीर के इस दोहे पर बात करने से पहले उनके बारे में एक ज़रूरी बात कहना चाहूँगा। उनके दोहों पर आप नज़र डालें, पढ़ें या सुनें, तो एक बात उन्होंने कई बार कही है, कई दोहों में ये बात आई है, और इस बात को उन्होंने बड़ा महत्त्व दिया है—कि आदमी बात करे, तो बहुत अच्छी तरह करे, मीठी बात करे, नरमी से करे। कहीं-न-कहीं उन्हें इस बात का अहसास अपने वक़्त, अपने ज़माने में हुआ होगा कि लोग जिस तरह से बात करते हैं, नहीं करनी चाहिए। उन्होंने तो बार-बार कहा लेकिन शायद हमने हर बार सुना नहीं, समझा नहीं। अब भी हम लोग यह ग़लती करते हैं कि बात करते वक़्त ये नहीं सोचते कि जो बात हम कर रहे हैं, वो सही है या ग़लत। अगर ग़लत है तो करनी ही नहीं चाहिए, लेकिन अगर सही भी है तो भी काफ़ी नहीं है। सही बात, सही तरीक़े से की जाए, ये भी ज़रूरी है।

मुझे तो कभी-कभी लगता है कि जैसे गीत होता है, उसमें दो चीज़ें होती हैं—एक तो शब्द होते हैं और एक लय होती है, ट्यून होती है, धुन होती है। कम्पोज़िशन। म्यूज़िकल कम्पोज़िशन। हो सकता है कि शब्द बहुत अच्छे हों और ट्यून अच्छी न हो। ये भी हो सकता है कि ट्यून अच्छी हो, शब्द अच्छे न हों। लेकिन अच्छा गीत तो वही है, जिसमें शब्द भी

अच्छे हों और ट्यून भी अच्छी हो। तभी वो गीत आपके दिल को अपील करता है! इसी तरह हम जो बात करते हैं उसमें भी एक म्यूज़िक है, उसमें भी एक ट्यून है। म्यूज़िक और ट्यून सिर्फ़ गीत में ही नहीं होते, आपकी-हमारी बातों में भी होते हैं। अगर आप किसी आदमी को किसी ऐसी भाषा में बात करते सुनें जिस भाषा का एक शब्द भी आप नहीं समझते हैं, आपको नहीं मालूम, वो जर्मन बोल रहा है, फ्रेंच बोल रहा है, जैपनीज बोल रहा है या कि चाइनीज बोल रहा है, लेकिन जब आप सुनेंगे तो कुछ कम-ज़्यादा आपको अन्दाज़ा हो जाता है कि ये चिढ़कर बोल रहा है कि ख़ुशी से बोल रहा है, कोई प्यार की बात कर रहा है या ग़ुस्सा कर रहा है। तो लहज़े का भी एक म्यूज़िक है। लिहाज़ा, सही बात यह होगी कि हम बात तो सही कहें ही, उसे कहें भी सही तरीक़े से। लहज़ा भी उतना ही इम्पोर्टेंट है।

हमारे लहज़े में गड़बड़ कब होती है। दो वक़्त—एक, जब हम कोई ग़लत बात कर रहे हैं और हम मनवाना चाहते हैं अपनी बात, तो हम उसे तीखे अन्दाज़ से कहते हैं, और दूसरी, जो बड़ी हैरत की बात है कि अक्सर हम ग़लत लफ़्ज़ इस्तेमाल करते हैं। जब हम सही बात कर रहे हैं। तब भी वह इसलिए कि हमारे अन्दर एक अहंकार पैदा होता है कि हम जो कह रहे हैं बिलकुल सही कह रहे हैं, यही तो सच है, यही तो सत्य वचन है, और जब सत्यवचन बोला जाता है तो एक घमंड आ जाता है। कई बार सच बोलते वक़्त भी हम घमंड से भरे होते हैं। घमंडी भी झूठ बड़े घमंड से बोलता हैं। दोनों में बराबर की ग़लती है। अहम बात यह है कि हम अच्छी बात करें, सही बात करें और उसे सही तरीक़े से, नरमी से, एक-एक शब्द चुन के कहें। और ये जो तरक़ीब है, सिर्फ़ उनके लिए नहीं है, जिनसे आपकी मुलाक़ात हफ़्ते में एक बार होती है या महीने में एक बार होती है। ये काम उनके साथ भी होना चाहिए, जिनके साथ आप रहते हैं। सुबह-शाम आप जिनसे बात करते हैं। यह

ज़रूरी क्यों है, ये दूसरी लाइन—'औरन को सीतल करे, आपहु सीतल होय'—में समझाया गया है।

होता क्या है कि एक जो नागवार बात है, जो एक नागवार लहज़ा है, वो अनप्लीज़ेंट वाइब्रेशन, बदमज़गी पैदा करता है। एक दुख, एक चिढ़, एक ग़ुस्से की फ़ीलिंग भेजता है दूसरे इनसान के पास। फिर वो आदमी यही फ़ीलिंग किसी और को देगा, और वो किसी और को देगा। यानी जो ग़ुस्सा, जो चिढ़ आपने एक जगह भेजी, वो वहाँ जाकर ख़त्म नहीं हो जाती, वो फैलती रहेगी और इस तरह से धीरे-धीरे एक अनकही, अनसुनी, अनजानी सी हवाओं में आएगी। फिर उसे आप भी महसूस करेंगे। आपको मालूम नहीं कि घर में हल्का सा टेंशन क्यूँ रहता है। ज़रा सोचिये, इस नाख़ुशी में हो सकता है आपका भी कोई हाथ हो। आपका जो बरताव है, वो आहिस्ता-आहिस्ता आपके पूरे माहौल को बदमज़ा करता है, और अगर आप उसमें प्लीज़ेंट, स्वीट, अच्छे मैसेजेज भेज रहे हैं, अपनी ट्यून से, अपनी बात से, तो आहिस्ता-आहिस्ता उसका भी रिएक्शन होगा और एक चीज़ जो नागवार थी, ख़ुशगवार बन जाएगी। पूरे का पूरा वातावरण बेहतर बनेगा। औरन को सीतल करे, आपहु सीतल होय।

देखिए, एक और बात से इसे समझिए—आपकी ख़ुशी दूसरों की ख़ुशी में है। ये हो नहीं सकता कि आपके चारों तरफ़ जो लोग हैं, नाख़ुश हों, चिढ़े हुए हों, तिलमिलाए हुए हों, और आप मज़े से हों, ऐसा पॉसिबल ही नहीं है। आपकी जो बात दूसरों में एक ठंडक पैदा करेगी, इत्मीनान और सुकून पैदा करेगी, वही आहिस्ता-आहिस्ता आपको ख़ुद भी ख़ुशी देगी। और आप एक बेहतर ज़िन्दगी गुजारेंगे, तो—

ऐसी बानी बोलिये मन का आपा खोय।
औरन को सीतल करे, आपहु सीतल होय॥

अति का भला न बरसना, अति की भली न धूप।
अति का भला न बोलना, अति की भली न चूप॥

घाघ

यह दोहा महाकवि घाघ का है। महाकवि घाघ का नाम पता नहीं क्या वजह है, क्यों उतना मशहूर नहीं हुआ जितना कि होना चाहिए था इसलिए कि उनके दोहे बड़े लाजवाब हैं। किसी से कम नहीं हैं। जो लोग उन्हें पढ़ चुके हैं, जो लोग उनके दोहे सुन चुके हैं, वो जानते हैं कि वो कितने बड़े कवि थे। जिस तरह रहीम, तुलसी, मीरा ये सब अकबर के कंटेपरेरी थे, घाघ उनके बाद के हैं। कुछ ही अरसे के बाद के। ये जहाँगीर के ज़माने में थे, आगरे में रहे और इन्होंने बहुत कुछ लिखा। इनका बहुत कंट्रीब्यूशन है, योगदान है—दोहों की दुनिया में।

इस दोहे में उन्होंने बड़ी अच्छी बात कही है—'अति का भला न बरसना', मतलब, ज़रूरत से ज़्यादा बारिश हो, ये अच्छी चीज़ नहीं है। और ज़रूरत से ज़्यादा धूप हो, यह भी ठीक नहीं है। ज़रूरत से ज़्यादा कोई बोले, ये भी बुरा है। ज़रूरत से ज़्यादा कोई चुप रहे, यह भी ख़राब है।

सही बात है। दरअसल क्या है कि अच्छा और बुरा, ये दो बिलकुल अलग चीज़ें नहीं हैं। काम एक ही होता है। लेकिन अगर वह ज़्यादा हो जाए, तो ख़राब हो जाता है। धूप बुरी नहीं है, बग़ैर धूप के फ़सलें नहीं पकेंगी, बग़ैर धूप के दुनिया ज़िन्दा नहीं रहेगी। बग़ैर धूप के तो कुछ भी नहीं होगा। हर तरफ़ अँधेरा हो जाएगा। लेकिन अगर धूप बहुत कड़ी हो

जाए, बहुत तेज़ हो जाए, बहुत ज़्यादा गर्म हो, धूप ही धूप हो तो इनसान के तन को भी, इस धरती को भी जलाकर राख कर देगी।

वैसे ही बारिश के बिना जीवन कैसा होगा? न पेड़ होंगे न पौधे होंगे, न फल, न फूल। आदमी भी कैसे जिएगा? लेकिन अगर बारिश बरसती रहे, बरसती ही रहे तो सैलाब आ जाएगा, फ़्लड आ जाएँगे और सब कुछ डूब जाएगा, ख़त्म हो जाएगा। ऐसे ही कोई ज़्यादा बोले, बक-बक करता ही रहे, तो आपका सिर दुखने लगेगा। आप परेशान हो जाएँगे उसकी बातों से, लेकिन अगर वह बिलकुल चुप रहे और कुछ भी न बोले तो आपकी समझ में नहीं आएगा कि इसके मन में क्या है, यह चाहता क्या है। मैंने जो बात कही इसका न हाँ में जवाब दे रहा है और न ना में। कम्युनिकेशन ही नहीं है। यह किस तरह का इनसान है? वो भी आपको ख़राब लगेगा।

आप इन चारों चीज़ों को तो छोड़िये, कोई भी चीज़ ज़िन्दगी की आप ले लें। आप देखेंगे कि वो इधर ज़्यादा हो जाए या उधर ज़्यादा हो जाए, वो ख़राबी बन जाती है। मसलन एक आदमी है, जिसके पास पैसा है, वो पैसे फेंक रहा है, बहुत ज़्यादा ख़र्च करता है, वह फ़िज़ूलख़र्च है। अगर थोड़ा ख़र्चा करता है, लोगों की मदद करता है अच्छी बात है। सँभालकर रखता है अच्छी बात है। लेकिन वो अगर इस तरफ़ चला जाए कि सँभालकर ऐसा रखे कि न किसी की कोई मदद करे, न किसी और पर ख़र्च करे और न अपने ऊपर, तो वो कंजूस होगा। कंजूस मक्खीचूस कहलाएगा वह। एक आदमी जो लोगों से नम्रता से मिलता है, झुककर मिलता है, आप उसकी तारीफ़ करेंगे। लेकिन अब इतना झुककर मिलने लगे कि लोगों के पैरों में ही पड़ने लग जाए, हमेशा ख़ुशामद ही करता रहे, वाह-वाह करता रहे, उनकी हर बात पर हाँ जी-हाँ जी करता रहे तो कहिएगा कि कितना गावदी आदमी है। इसको रीढ़ की हड्डी ही नहीं है। हर एक की ख़ुशामद करता रहता है। कोई सेल्फ़ रेस्पेक्ट नहीं है।

दूसरी तरफ़ आइए। आदमी ठीक से बात करे, अपना स्वाभिमान रखे, अपना सेल्फ़ रेस्पेक्ट रखे, अच्छी बात है, लेकिन अगर उसे वो बढ़ा दे और अपने अलावा किसी को कुछ न समझे, तो मग़रूर कहलाएगा। एक आदमी अगर बहुत ज़्यादा बेतक़ल्लुफ़ हो जाता है, तो बदतमीज़ है। एक आदमी बिलकुल ही रिज़र्व होता है, एकदम ही दूर रहता है, तो कहते हैं कि ये कितना घुन्ना आदमी है। ये किस तरह का आदमी है। बिलकुल मिलनसार नहीं है, किसी को सलाम तक नहीं करता। इसी तरह, अगर एक हद तक आपमें हिम्मत है, तो बहुत अच्छी बात है, लेकिन अब आपका हिम्मत करने का मतलब यह नहीं है कि आप जाके कुएँ में कूद जाएँ, छलाँग मार दें ऊँची बिल्डिंग से, ये तो पागलपन है, यह तो सुसाइडल है। दूसरी तरफ़ आप अपना ख़याल रखें, यह अच्छी बात है, लेकिन मालूम हो कि हर चीज़ के लिए लड़ रहे हैं, नहीं-नहीं, कहीं मैं चढ़ने लगा तो यह सीढ़ी टूट तो नहीं जाएगी। अगर यह खाऊँगा, तो मैं बीमार तो नहीं पड़ूँगा—हर चीज़ में आदमी शक करने लगे, तो वह डरपोक बन जाएगा। आप कहेंगे यह अजीब शक्की आदमी है! तो एक तरफ़ आप सुसाइडल हो सकते हैं, दूसरी तरफ़ डरपोक। एक तरफ़ आप फ़िज़ूलख़र्च हो सकते हैं, दूसरी तरफ़ कंजूस। तो किसी भी चीज़ की इन्तेहा ग़लत है। जब आप बीच में रहते हैं, तभी ठीक है। कोई भी चीज़ जहाँ प्रोपोर्शन से बाहर गई, तो ख़राब हो जाती है—चाहे इस तरफ़ जाए, चाहे उस तरफ़। तो घाघ ने सही कहा है :

अति का भला न बरसना, अति की भली न धूप।
अति का भला न बोलना, अति की भली न चूप॥

अति अगाध अति औथरे, नदी कूप सर बाय।
वो वाको सागर जहाँ, जाकी प्यास बुझाय॥

बिहारी

यह दोहा बिहारी का लिखा हुआ है। बहुत कम लोगों को पता होगा, उनका पूरा नाम था बिहारी लाल चौबे। लेकिन ये बिहार के नहीं थे, जयपुर के थे। कोई तीन सौ-साढ़े तीन सौ साल पहले। जयपुर के राजा सवाई जय सिंह के दरबार में थे। अपने ज़माने के बहुत बड़े कवि थे। ये मशहूर हैं अपने सात सौ दोहों की वजह से, जिन्हें सतसई कहा जाता है। सात सौ दोहे भगवान श्रीकृष्ण की महिमा के लिखे थे। इसके अलावा भी बहुत कुछ लिखा है उन्होंने। तो ये जो दोहा है, इसमें एक बड़ी कमाल की बात कह रहे हैं बिहारी। वो कहते हैं कि ये नदी, ये झीलें, ये तालाब और ये कुएँ समन्दर के मुक़ाबले में तो बहुत उथले हैं, इतने गहरे और विशाल नहीं हैं, लेकिन यही आपके काम आते हैं; और आपके लिए, मेरे लिए, हम सबके लिए वही समन्दर है, वही सागर है, जहाँ प्यास बुझती है।

होता क्या है कि हम सबमें से कोई भी ज़िन्दगी में अकेला नहीं है। हर एक की ज़िन्दगी में बहुत-सी नदियाँ हैं, कूप हैं, बहुत-सी झीलें हैं, बहुत-से तालाब हैं, जो हमें ज़िन्दगी में सहारा देते हैं। हमारी मोहब्बत की, हमारी दोस्ती की, हमारी ज़िन्दगी की बहुत-सी प्यासों को बुझाते रहते हैं। लेकिन जैसे-जैसे हम आगे बढ़ते हैं और हमारी आँख दूर समन्दर पर पड़ती है, तो ये नदी, ये तालाब, ये कुआँ, जिन्होंने आज तक हमारी प्यास

बुझाई, हमें छोटे, उथले और मामूली लगने लगते हैं। हमें लगता है कि उनकी क्या ज़रूरत, अब तो हम समन्दर के पास हैं, लेकिन सच ये है कि ये जो सचमुच का समन्दर है, वहाँ आपकी प्यास नहीं बुझनेवाली। ये पानी आपके गले से उतरने वाला नहीं, क्योंकि इसका पानी खारा है। असली समन्दर तो वो है हमारे लिए, जो अब तक मीठा पानी देता रहा है, प्यास बुझाता रहा है।

इसी तरह ज़िन्दगी में भी जो हमारे दोस्त हैं, हमारे बचपन के दोस्त हैं, जो अपने हैं, हमारे घर के लोग हैं, जब हम चलते हैं और हर क़दम पर जहाँ हमें प्यास होती है, कहीं हमदर्दी की, कहीं दोस्ती की, कहीं मशवरे की, कहीं सपोर्ट की, कहीं इमोशनल सपोर्ट की, ये ही हमारे काम आते हैं। हमें सपोर्ट करते हैं। लेकिन एक स्टेज आती है, जब हमें ऐसा लगता है कि ये छोटे हैं, कमतर हैं, मामूली हैं। ज़्यादा तो कहीं और है, इन सबसे बड़ा तो वो है। और इनकी वो इज़्ज़त, वो एहतराम, वो जो इनकी इम्पोर्टेंस होनी चाहिए हमारी लाइफ़ में, वो धीरे-धीरे-धीरे कम होने लगती है। आप अक्सर देखिएगा, जब आदमी कामयाब होने लगता है, आगे बढ़ने लगता है, कामयाबी की सीढियाँ चढ़ रहा होता है, तो वो अपने पुराने रिश्तों, पुराने दोस्तों को पीछे छोड़ने लगता है। ये साथी कौन थे, ये रिश्ते क्या थे, यही तो वो नदियाँ थीं, यही तो वो तालाब थे, यही तो वे झीलें थीं, यही तो वे कुएँ थे, जो आज तक तुम्हारी प्यास बुझाते रहे। और आज तुम उस समन्दर की तरफ़ देख रहे हो, वह समुन्दर कुछ भी नहीं, यही है तुम्हारा समन्दर, यही तुम्हारी प्यास बुझाते रहे हैं, यही तुम्हारी प्यास बुझाएँगे। इसी को समन्दर समझो। वो समन्दर बस दिखाई दे रहा है, दिखावटी समन्दर। उससे प्यास नहीं बुझेगी।

वाक़ई इस तरह के दोहे लिखनेवाले कवि को सलाम करना चाहिए। कैसी गहरी और उम्दा बात उन्होंने कही है। उन्होंने हमें बताया है कि हम अपने रिश्तों को छोटा न समझें। अपने साथियों को, अपने संगियों को,

सम्बन्धियों को छोटा न समझें। यही सबसे बड़े लोग हैं, हमारी ज़िन्दगी में। इनके आगे कोई नहीं। कोई और दिखाई देता होगा बड़ा, लेकिन सचमुच बड़े ये हैं, इसलिए कि हमारे साथ खड़े हैं। यही हमारी ज़रूरतों को, हमारी मजबूरियों को, हमारे दुख को, हमारी तन्हाई को समझ सकते हैं। यही हमारा हाथ थामेंगे, यही हमारे आँसू पोछेंगे। यही हमें सही राय देंगे, यही हमारे सगे हैं।

अति अगाध अति औथरे, नदी कूप सर बाय।
वो वाको सागर जहाँ, जाकी प्यास बुझाय॥

चिन्ता ऐसी डाकिनी, काट कलेजा खाय।
वैद विचारा क्या करे, कब तक दवा लगाय॥

कबीर

ये दोहा कबीर ने ज़ाहिर है सात सौ या साढ़े सात सौ साल पहले कहा है। और, हैरत होती है कि साढ़े सात सौ साल पहले भी चिन्ता को डाकिनी यानी डायन कहा गया है। देखिए ज़िन्दगी में उलझनें, तकलीफ़ें, परेशानियाँ तो पहले भी थीं और आज भी हैं लेकिन पहले ज़िन्दगी का जो टैम्पो जो था बहुत स्लो था। आप अगर खत भेजते थे तो भी एक ज़माना लगता था, कई दिन लगते थे, बल्कि सात-आठ सौ साल पहले तो महीनों तक लग जाते थे। एक शहर का आदमी दूसरे शहर जाता था तो बड़ा ज़माना लगता था पहुँचने में। हर काम जो था वह कम होता था, धीरे-धीरे होता था। जैसे-जैसे टेक्नोलॉजी आई, ज़िन्दगी का टैम्पो बढ़ता गया। जो दस दिन में होता था, वह चन्द घंटे में होने लगा, तो ज़ाहिर है कि चीज़ें जब जल्दी होने लगीं तो स्ट्रेस भी बढ़ा। पहले आपकी जो चिन्ता, छह महीने पर, एक बरस पर फैल जाती थी, वो अब सिमटकर एक दिन-दो दिन के अन्दर आ गई। इसलिए कि सब कुछ ईमेल से हो रहा है, फैक्स से हो रहा है, ख़बरें भी जल्दी मिल रही हैं, काम भी जल्दी हो रहा है, टेक्नोलॉजी ने ज़िन्दगी की स्पीड को बढ़ा दिया है। वो चाहे मैसेज की हो, चाहे ट्रैवलिंग की हो या प्रोडक्शन की हो, हर चीज़ की स्पीड बढ़ गई है। पहले तो लुहार बनाता था। कुम्हार बनाता था। अब खटाखट चीज़ें मिल रही हैं। तो हैरत यह होती है कि जब ज़िन्दगी

का टैम्पो इतना स्लो था तब चिन्ता को कबीर जैसे जीनियस ने, कहा कि ये तो एक डाइन है, डाकिनी है तो आज यह कितनी बड़ी डाकिनी या डायन बन गई होगी। लेकिन क्या करें? चिन्ता न करें? कोई मुश्किल है, कोई परेशानी है, कोई मुसीबत है तो न सोचें उसके बारे में? ज़रूर सोचिए लेकिन सोचने में और चिन्ता में फ़र्क़ है। एक अंग्रेज़ी का शब्द है 'केयर' और एक शब्द है 'वरी' एक है परवाह, और एक है फ़िक्र। तो परवाह में और फ़िक्र में, परवाह में और चिन्ता में फ़र्क़ है। परवाह करनी चाहिए, चिन्ता नहीं। प्रॉब्लम के बारे में हम ऑब्जेक्टिवली सोचें कि ये क्या है? क्यों है? इसका सोल्यूशन क्या है? इसका इलाज क्या है? इससे निकलने की तरक़ीब क्या है? नहीं सोचेंगे तो कैसे चलेंगे हम? लेकिन बजाय इसके कि हम सोचें, हम उस प्रॉब्लम को देखते रहें और इसकी वजह से चारों तरफ़ परेशानी का बादल हम पर छा जाए। तो जो परेशानी का बादल हम पर छा जाएगा, वही है चिन्ता। तो ये उसमें तो हम ठीक तरह से सोच भी नहीं पाएँगे, और वह प्रॉब्लम हल नहीं हो पाएगी। चिन्ता प्रॉब्लम को हल नहीं करती। सोच प्रॉब्लम को हल करती है। वरी प्रॉब्लम भी हल नहीं करती। केयर करती है, थिंकिंग करती है और आपकी थिंकिंग, क्लियर और प्रिसाइज और साफ़ और सही तब हो सकती है जब आप चिन्ता नहीं करें। चिन्ता के साथ आपकी थिंकिंग क्लियर नहीं रहेगी। इसलिए कि आप नर्वस हैं, परेशान हैं, घबड़ाए हुए हैं, आप पर तो एक ऐसी धुंध छा गई है फ़िक्रों की कि आपको साफ़ दिखाई नहीं दे रहा है। सच यह है कि जो प्रॉब्लम है वह भी आप क्लियर नहीं देख पा रहे हैं। अब इसके आगे चलिए—'वैद विचारा क्या करे, कब तक दवा लगाय'।

इसका क्या मतलब है? वैद बिचारा क्यों हो गया। वैद बिचारा तब होता है कि आप जो बीमारी बताते हैं या तो वह है नहीं या उसका कोई इलाज नहीं है। शेक्सपियर ने अपने प्ले 'मैकबेथ' में एक बहुत अच्छी बात

कही है : 'थिंक विथआउट रेमेडी शुड आल्सो बी विथआउट रिगार्ड', जिन चीज़ों का कोई इलाज ही नहीं है उनकी परवाह भी नहीं होनी चाहिए। यानी जो नहीं हो सकता, उसे भूल जाओ। उसके बारे में बात करते रहो, परेशान होते रहो, उससे तो कुछ होनेवाला नहीं है। अब अगर आपका घर जहाँ है उसके सामने जो रोड है वह चौड़ी बना दी गई है, उस पर ज़्यादा ट्रैफ़िक आने लगा है और आप कहें कि अरे साहेब क्या बताऊँ बस दिन-भर हार्न बजता रहता है, हमारी तो ज़िन्दगी ख़राब हो गई, तो अब ये रोड तो बन्द होनेवाली नहीं है। आप बेकार परेशान हो रहे हैं। इसी तरह हम लोगों के बारे में सोच-सोच कर, ज़िन्दगी के बारे में सोच-सोच कर बेकार की परेशानियाँ अपनी लिए खड़ी करते हैं। कुछ ऐसे मर्ज़ होते हैं जो हैं ही नहीं। मैं एक साहेब को जानता हूँ। नाम क्या लूँ आपसे? लेकिन यह सच है। वे डॉक्टर के पास चले जाते हैं। कहते हैं कि डॉक्टर साहेब ये अँगूठा मैं ऐसे हिलाता हूँ तो तकलीफ़ नहीं होती है, लेकिन ऐसे करता हूँ तो तकलीफ़ होती है। क्या वजह है, इसकी कोई दवा दीजिए। बेचारा डॉक्टर अब क्या जवाब दे सिवाय इसके कि आप अँगूठा इस तरह न हिलाया करें। आप ऐसे हिलाया कीजिए।

अंग्रेज़ी में एक शब्द है—हाइपोकोंड्रीऐक—कुछ लोग मर्जी के मरीज़ होते हैं, और कुछ लोग हालात के मरीज़ होते हैं। मर्जी के मरीज़ इमैजिन करते रहते हैं ऐसी-ऐसी बीमारियाँ कि हर चीज़ में उन्हें दवा चाहिए होती है। ये तो जिस्म की बात है। कुछ लोग हाइपर टाइप के होते हैं। उन्हें हर जगह परेशानी दिखाई देने लगती है। परेशानी नहीं है तो आप इमैजिन मत कीजिए। वैद तो बिचारा तभी होगा कि या तो बीमारी है ही नहीं या आप जो बीमारी बता रहे हैं वह बीमारी ऐसी है जिसका कोई इलाज नहीं है। दवा लगाता रहे वो ठीक नहीं होगा। दोनों सूरतों में चिन्ता से आपको कुछ नहीं मिलना। सिर्फ़ ज़िन्दगी कम होनी है। आप समझ लीजिए कि यह झूठ है, यह कुछ है ही नहीं और अगर है तो है, और इसे हमें

मानना पड़ेगा। हाँ ये परेशानी जो है, ये प्रॉब्लम जो है इसका सोल्यूशन है। तो भाई ज़रा सोचा जाए सोल्यूशन क्या है—आराम से बग़ैर परेशान हुए, बिना चिन्ता के क्लियर हेडेड, साफ़ दिल से, साफ़ दिमाग़ से सोचा जाए तो उसका इलाज निकलेगा। क्यूँ नहीं निकलेगा! हो सकता है थोड़ा वक़्त लगे, थोड़ा समय लगे लेकिन निकल आएगा। लेकिन चिन्ता से नहीं निकलेगा, तो सही कहा है कबीर ने :

चिन्ता ऐसी डाकिनी, काट कलेजा खाय।
वैद विचारा क्या करे, कब तक दवा लगाय॥

सरसुती के भंडार की, बड़ी अपूरब बात।
ज्यूँ खरचई त्यूँ त्यूँ बढ़े, बिन खरचे घट जात॥

वृंद

क्या अच्छी बात कही है वृंद ने।

देखिए हमारी माइथॉलोजी में ये जो देवियाँ हैं सरस्वती, लक्ष्मी, पार्वती, इन सबके अपने-अपने गुण हैं। ये गुणों की देवियाँ हैं, ख़ूबियों की देवियाँ हैं—अलग-अलग ख़ूबियों की। मैं तो राइटर हूँ। हमारा वास्ता सरस्वती से ज़्यादा रहता है, लक्ष्मी से ज़रा कम। जो सरस्वती का भंडार है, ये ज्ञान का, इल्म का, नॉलेज का, कलाओं का, आर्ट का भंडार है। और वृंद ने सही कहा है कि ये एक अनोखा भंडार है, कि ये ख़ज़ाना बड़ा अजीब है—जितना लुटाइए, उतना बढ़ेगा। ये घटता नहीं। दौलत आप लुटाएँ, तो कम हो सकती है। लेकिन इल्म, ज्ञान, नॉलेज आप जितना देंगे, उतना बढ़ेगा। सिर्फ़ वहीं नहीं बढ़ेगा, जहाँ से आपने इल्म लिया है, जिसे आपने इल्म दिया है, जिससे आपने कला सीखी है, हर जगह बढ़ेगा।

मेरा ऐसा तज़ुर्बा है कि हम किसी ऐसे इनसान को ज्ञान देने की कोशिश करते हैं या कुछ सिखाने की कोशिश करते हैं, जो उस विषय को नहीं जानता है, तो वह ऐसे सवाल करता है, जो जाननेवाले के दिमाग़ में कभी आ भी नहीं सकते!

होता क्या है, जब आप वाक़िफ़ हैं किसी चीज़ से तो उसकी बारीकियों की तरफ़ आपकी आँख नहीं जाती, कई चीज़ें मिस हो जाती हैं, लेकिन

जो अनजान है, वो आपसे ऐसे सवाल करेगा जैसे कोई बच्चा। बच्चा कभी-कभी ऐसे सवाल करता है कि आप जवाब नहीं दे पाते। एक बच्चा ही पूछ सकता है कि पानी गीला क्यों होता है? उसी तरह से जो नहीं जानता, वो आपसे कुछ सवाल करता है, और जब आप उस सवाल का जवाब ढूँढ़ते हैं या सोचते हैं तो आपकी भी नॉलेज बढ़ती है। उसकी नॉलेज तो आप बढ़ा ही रहे हैं, लेकिन आपकी अपनी नॉलेज, अपनी समझ भी बढ़ती है। लेकिन अगर आप उस इल्म को लिये बैठे रहें, किसी को बाँटें नहीं, तो धीरे-धीरे-धीरे वो आपके दिमाग़ में भी आउट ऑफ़ फ़ोकस हो जाएगा। वो नॉलेज, वो कला, जिसे आपने समेटकर रखा हुआ है, वो धूमिल होती चली जाएगी। जब आप पढ़ते हैं, तो आपके अन्दर भी एक ताज़गी आती है। आप भी एक तरह से उसे रिवाइज़ करते हैं।

हमारे यहाँ सदियों से सरस्वती के भंडार के साथ बड़ा ग़लत सुलूक किया गया है, और यह बहुत दुख की बात है। देखिए, हज़ारों साल पहले लोगों ने काम किया, ऐसी-ऐसी चीज़ें डिस्कवर कीं, बनाईं, सोचीं, जिनका जवाब नहीं। आज कहा जाता है कि नॉलेज इज़ पावर। ये बात शायद हम लोग हज़ारों साल पहले समझ चुके थे हिन्दुस्तान में। हम नॉलेज शेयर करने से घबराते हैं। हम कोई चीज़ दिखाने से कतराते हैं। इस मामले में यूरोप की तारीफ़ करनी पड़ेगी। उनके यहाँ जो भी चीज़ हुई, उसे रिकॉर्ड किया जाता रहा। उसकी डिटेल्स लिखी गईं ताकि पीढ़ी-दर-पीढ़ी वो चीज़ चलती रहे और समय के साथ लोग उसे बेहतर भी करते चलते हैं। हमारे यहाँ उल्टा है। अगर एक वैद के पास कुछ दवाएँ हैं, कुछ नुस्ख़े हैं, कुछ रेसिपीज़ हैं, तो वह किसी को नहीं बताएगा। अगर हमारे यहाँ एक कुक है, वह कुकरी बुक नहीं छापेगा, वह यह नहीं बताएगा कि ये व्यंजन इतना स्वादिष्ट कैसे बनता है, बल्कि बनाते वक़्त साथ में उसका असिस्टेंट भी किचन में होगा, तो उसको बाहर भेज देगा, फिर उसमें मसाले वग़ैरह डालेगा। वो अपने असिस्टेंट को भी नहीं बताएगा कि कैसे

बनता है! हमारे यहाँ जो म्यूज़िशियन हैं, उनके शागिर्द नाक रगड़ते रहें, पड़े रहें उनके पैरों में, तब जाकर किसी दिन उनको रहम आ जाता है, तो कुछ सिखा देते हैं। मगर जहाँ तक होता है, नहीं सिखाते। वैसे अब म्यूज़िक की दुनिया में थोड़ा चेंज आ रहा है। लेकिन बाक़ी दूसरी जगहों पर अभी भी यही हाल है। हद तो यह है कि कॉरपोरेट ऑफ़िसेज में भी यह प्रॉब्लम है। जो सीनियर हैं, वो जूनियर को सारी इंफ़ॉर्मेशन नहीं देते।

मैं जब आया था फ़िल्म इंडस्ट्री में, ये बात है लेट सिक्सटीज़ की। क्या होता था कि जो कैमरामैन होता था, वह अपने असिस्टेंट को कैमरा से झाँकने भी नहीं देता था और जाते वक़्त लेंस निकालकर जाता था कि कोई देख न सके कि मैंने क्या फ्रेम बनाया है।

तो हम किसी को सिखाने से, सिस्टम डेवलप करने से, चीज़ों को रिकॉर्ड करने से घबराते हैं। हमें ऐसा लगता है कि अगर यह एक सिस्टम बन गया, ये इंफ़ॉर्मेशन रिकॉर्ड हो गई, तो ये तो किसी को भी मिल जाएगी, फिर मेरी क़द्र क्या? ये इल्म हमारे लिए, हमारी शान के लिए है। न जाने आयुर्वेद के कितने नुस्ख़े होंगे, जो उन लोगों के साथ चले गए, जिन्होंने अपने बच्चों तक को नहीं बताया। जो बच गया है, कम-से-कम हम उसकी रक्षा करें। और वो रक्षा तभी हो सकेगी, न सिर्फ़ रक्षा बल्कि वह बढ़ेगा तभी जब हम उसे किसी के साथ शेयर करेंगे। जब हम वो दूसरों को देंगे। इसलिए इस दोहे में वृंद कह रहे हैं कि आप अपना इल्म किसी को बाँट नहीं रहे, किसी को दे नहीं रहे, तो वो घट रहा है। इसलिए जो इल्म हमें हासिल है, जो कला हमारे पास है, जो नॉलेज है हमारे पास, उसे हमें किसी और के साथ शेयर करना चाहिए। विडम्बना ये रही कि ये हमारी ट्रेडिशन में, हमारी परम्परा में नहीं रहा। तो वृंद ने जो हमसे कहा था उसे हम याद करें और अपने अन्दर तब्दीली लाएँ :

सरसुति के भंडार की, बड़ी अपूरब बात।
ज्यूँ खरचई त्यूँ त्यूँ बढ़े, बिन खरचे घट जात॥

रहिमन मुसकिल आ पड़ी, टेढ़े दोऊ काम।
सीधे से जग ना मिले, उल्टे मिलें न राम॥

रहीम

इस दोहे को पढ़ते हुए कई यादें मेरे सामने आ गईं। याद आया कि यह दोहा मैंने सबसे पहले कहाँ सुना था, किससे सुना था। बरसों पहले जब मैंने शायरी शुरू की थी, कहीं छपी नहीं थी, कहीं छपने को भेजी भी नहीं थी। पब्लिकली सुनाता भी नहीं था। कुछ लोगों को मालूम था कि मैं लिखता हूँ, वरना मुझे तो सारी दुनिया स्क्रिप्ट राइटर की ही हैसियत से जानती थी।

जिन कुछ लोगों को जा के सुनाता था उनमें से एक डॉ. हरिवंशराय बच्चन भी थे। हिन्दी के महान कवि। और बच्चन साहब को सुनाने का मक़सद भी होता था कि कोई ग़लती, कोई कमज़ोरी हो तो प्वाइंट आउट कर दें। बताएँ कि क्या ग़लती है इसमें—इसको यूँ ले जाओ, ये सही रहेगा। उनसे मुझे बड़ा इनकरेजमेंट भी मिला। एक दिन मैं एक नज़्म जो उन दिनों लिखी थी, उन्हें सुना रहा था। वो नज़्म तो लम्बी है लेकिन कुछ हिस्से आपको सुनाता हूँ, आपको अन्दाज़ा होगा कि क्यों सुना रहा हूँ।

ये देखता हूँ तो सोचता हूँ कि अब जहाँ हूँ
वहीं सिमटकर खड़ा रहूँ मैं
मगर करूँ तो क्या?
ये जानता हूँ

रुक गया तो जो भीड़ पीछे से आ रही है
वो मुझको पैरों तले कुचल देगी, पीस देगी
अब जब चलता हूँ तो ख़ुद अपने पैरों
में आ रहा है किसी का सीना, किसी का बाज़ू
किसी का चेहरा।
चलूँ तो औरों पे जुल्म ढाऊँ
रुकूँ तो औरों के जुल्म झेलूँ...

ये दुविधा कि करूँ क्या—रुकूँ कि चलूँ? तो उन्होंने कहा कि नज़्म तो तुमने बहुत अच्छी लिखी है; एक दोहा सुनाता हूँ रहीम का, जो इस नज़्म के आसपास का है। मिलता-जुलता ख़याल है। और उन्होंने मुझे यह दोहा सुनाया।

रहिमन मुसकिल आ पड़ी, टेढ़े दोऊ काम।
सीधे से जग ना मिले, उल्टे मिलें न राम॥

सच है, ज़िन्दगी हर क़दम पर दोराहा है। ज़िन्दगी एक रास्ता नहीं है, बल्कि एक मुस्तक़िल, पर्मानेंट दोराहा है। हर क़दम पर दो रास्ते हैं—ये करूँ या वो करूँ? इधर जाऊँ या कि उधर जाऊँ? ये सही है या वो सही है? इसी दोराहे का ज़िक्र इस दोहे में भी है—एक तरफ़ राम हैं और एक तरफ़ जग। राम सिंबल है—ईमानदारी, सच्चाई, उसूल, मन की शान्ति, ज़मीर की सफ़ाई, इस इत्मीनान का कि मैंने अपने संस्कारों को, उसूलों को बेचा नहीं है। अपने आपको नीलाम नहीं किया। दूसरी तरफ़ दुनिया है—दुनिया की कामयाबी, दुनिया के रिश्ते, दुनिया के सम्बन्ध, धंधा, बिजनेस—तो किधर जाएँ, क्या करें? इस दुनिया को पूरी तरह सँभाला, तो वो हाथ से निकल जाता है। इसलिए कि यहाँ चाहिए तो बहुत कुछ और इसे पाने की जंग ऐसी है कि इसमें तरह-तरह के पैंतरे करने होते हैं। और उधर वो दूसरी जगह है, जहाँ सिर्फ़ सच्चाई है। किस

तरफ़ जाऊँ, क्या करूँ? अगर सच्चाई की तरफ़ जाता हूँ, तो दुनिया हाथ से निकल जाती है। दुनिया की तरफ़ जाता हूँ, तो अपने आप की नज़रों में गिर जाता हूँ। तो सही क्या है? ये बड़ी उलझन है।

अगर ये कहूँ कि ये कोई मुश्किल नहीं है तो ग़लत बात होगी। और ये आज़माइश हम सबकी ज़िन्दगी में आती है, लेकिन हमें जीना है। ज़मीर के साथ भी जीना है और दुनिया के साथ भी। मैं सोचता हूँ तो लगता है कि हमारे उसूल, हमारे आदर्श, हमारे संस्कार, जिसे हम सही समझते हैं, वो हमारी रूट्स हैं। वही तो हमें सँभाले हुए हैं। उसी पर तो हम खड़े हैं। उनसे अगर हट गए, तो हम गिर जाएँगे, टूट जाएँगे, ख़त्म हो जाएँगे। हमारी ज़िन्दगी ख़त्म हो जाएगी। वही तो हमें सब कुछ दे रहा है। लेकिन जो मज़बूत पेड़ है, आँधी आए, तूफ़ान आए, तो भी क्या वो बिलकुल सीधा खड़ा रहता है? नहीं, वह हिलता भी है दोनों तरफ़। पर जड़ नहीं छोड़ता अपनी। ऊपर-ऊपर हिलता है। ऊपर थोड़े से झकोरे लेता है। जिस दिन ऐसा झकोरा ले लिया कि जड़ टूट गई, तो उस दिन ख़त्म हो गया पेड़। तो इसी तरह ज़िन्दगी में भी कहीं कुछ बातें सँभालकर करनी पड़ती हैं। कहने में जो बातें ग़ैरमुनासिब लगें, नहीं कहो। कोई ज़रूरी नहीं है कि जो मन में हो वो सब कह दो। लेकिन अगर सवाल ज़मीर का आ गया है, संस्कार का आ गया है, उसूल का आ गया है, तो कह दो सब, फिर देखा जाएगा जो भी होगा।

लेकिन कई दफ़ा बहुत-सी बातें सच होती हैं, फिर भी उन्हें कहने की ज़रूरत नहीं होती। और ऐसा करके हम कोई अपने ज़मीर को भी बेच नहीं रहे। तो क्या कहें, क्या न कहें, ये समझदारी भी ज़रूरी है, ये विवेक भी ज़रूरी है। तो ये इतना सिम्पल नहीं है कि जो-जो सच है, वो सीधा रास्ता है और जो-जो झूठ है, वो टेढ़ा रास्ता। महत्त्वपूर्ण बात है इंटेशन, मंशा! आप अगर अपने ही मतलब से किसी आदमी से पूरा सच नहीं बोल रहे हैं, किसी आदमी से थोड़ा झूठ सुनकर चुप हैं, तो ये ग़लत

है कि सही है? इसके लिए समझदारी और मैच्योरिटी चाहिए कि हम ये समझें कि ग़लत क्या, सही क्या? एक बैलेंस हम ज़िन्दगी में क्रियेट कर सकते हैं जग और राम के बीच में।

ऐसा नामुमकिन नहीं है। ऐसा नामुमकिन होता तो दुनिया में कोई अच्छा आदमी ही नहीं होता। अगर ऐसा होता, तो सब बरबाद ही हो जाता। लेकिन ऐसा नहीं है, दुनिया में कामयाब लोग, ठीक-ठाक ज़िन्दगी गुज़ारते हुए लोग भी अच्छे लोग हैं। तो उन्होंने ये रास्ता कैसे ढूँढ़ा? वो रास्ता हमें ढूँढ़ना होगा बजाय इसके कि हम दोराहे पर खड़े होकर सिर्फ़ परेशान होते रहें :

रहिमन मुसकिल आ पड़ी, टेढ़े दोऊ काम।
सीधे से जग ना मिले, उल्टे मिलें न राम॥

बड़े-बड़े सौं रिस करै, छोटे सों न रिसाय।
तरू कठोर तोरै पवन, कोमल तृन बचि जाए॥

वृंद

वृंद कहते हैं कि जो बड़े होते हैं वो बड़ों से तो झगड़ते हैं, ग़ुस्सा करते हैं, लेकिन छोटों पर नहीं बिगड़ते, छोटों से नहीं लड़ते, जैसे कि आँधी। ये आँधी बड़े-बड़े पेड़ों को तो जड़ से उखाड़ने की कोशिश करती है, उखाड़ भी देती है, लेकिन जो छोटे-छोटे पौधे हैं, कोमल पौधे, वो बच जाते हैं उसके ग़ुस्से से। वो नहीं उखड़ते। वो नहीं टूटते।

ग़ुस्सा तो देखिए हवाओं को भी आता है और इनसानों को भी, लेकिन मैं समझता हूँ कि हर इनसान का ग़ुस्सा अलग तरह का होता है। ग़ुस्सा क्यों आया, कब आया, किस पर आया, इससे इनसान के बारे में पता चलता है। बड़ा आदमी जो होता है, बड़े-बड़ों से टकरा जाए, लेकिन छोटों पर नहीं बिगड़ता। छोटों पर बिगड़ने का क्या मतलब है? आपने उनसे झगड़ा किया, तो आपको मालूम है कि आपको कोई ख़तरा नहीं है। आप उससे बहुत ज़्यादा पावरफुल हैं, बड़ी पोज़िशन पर हैं। आपने उसको ह्यूमिलिएट कर दिया, अपमानित कर दिया, तो कौन-सा बड़ा काम कर दिया? मुक़ाबला बराबर का तो था ही नहीं। वहीं अगर आपने उसे माफ़ कर दिया, तो आपके ज़मीर पर ये सवाल नहीं आया कि तुम डर गए? क्या तुम झुक गए? क्या तुम्हारी हिम्मत नहीं हुई? क्या तुमने कम्प्रोमाइज़ कर लिया? नहीं, ये तो आपकी भलमनसाहत हुई, आपका

बड़प्पन, आपकी नेकी हुई कि आप झगड़ सकते थे, लेकिन नहीं झगड़े। आप चाहते तो उसको उखाड़कर फेंक सकते थे, मगर आपने माफ़ कर दिया। लेकिन यही काम जब बड़ों के साथ करते हैं, अपने से ताक़तवर इनसान के साथ करते हैं, तो आपके सामने एक सवाल आता है कि मैं ऐसा क्यों कर रहा हूँ? क्या मैं डर गया? क्या मैं झुक गया? क्या मुझे उस बड़े आदमी का ख़ौफ़ है? क्या इसमें मेरा कोई लालच है? क्या मैं उसूल की बात नहीं कर पा रहा हूँ? तो शरीफ़ आदमी छोटों को तो माफ़ कर देता है, लेकिन बड़ों के सामने अपने उसूल, अपने प्रिंसिपल में कोई भी कम्प्रोमाइज़ नहीं करता। ये ख़ूबी एक अच्छे इनसान में होनी चाहिए। जैसी कि आँधी में है। वह बड़े-बड़े पेड़ों को तो उखाड़ देती है, लेकिन छोटे-छोटे पौधों को जमा रहने देती है।

मुझे याद आता है कि मेरे एक प्रोड्यूसर दोस्त थे। वो फ़िल्में बनाते थे, हर साल-डेढ़ साल पर एक फ़िल्म बनती थी और उनकी हर फ़िल्म में एक एक्टर होता था, जो छोटे-मोटे रोल करता था। कोई स्टार नहीं था, लेकिन अच्छा एक्टर था। किसी बात पर वह उससे नाराज़ हो गए, तो कहने लगे कि अब आगे जो फ़िल्म बन रही है, मैं इसे हरगिज़ काम नहीं देनेवाला। मैं इसे फ़िल्म में रखूँगा ही नहीं। मैंने उनसे पूछा कि ये बताओ तुम इसको काम दोगे, तो क्या डिस्ट्रिब्यूटर तुम्हारी फ़िल्म नहीं ख़रीदेंगे? कहा, नहीं, ख़रीदेंगे। मैंने पूछा अगर वे ख़रीदेंगे तो इसके न होने की वजह से कुछ कम क़ीमत में ख़रीदेंगे? बोला, नहीं, ऐसी तो कोई बात नहीं। मैंने आगे पूछा कि तुम्हारी फ़िल्म सिनेमाघर में चलेगी, तो क्या कुछ लोग इसलिए फ़िल्म देखने नहीं आएँगे कि इस एक्टर को तुमने कोई रोल नहीं दिया? उन्होंने कहा, बिलकुल भी नहीं; किसी को ख़याल भी नहीं आएगा कि वो इस पिक्चर में नहीं है। तो मैंने कहा, जब इसको पिक्चर में रखने में और इसको निकाल देने में तुम्हारा कोई नुक़सान ही नहीं है, तो फिर तुम इससे बिगाड़ क्यों कर रहे हो? इससे

झगड़ा क्यों कर रहे हो? झगड़ा करना है, तो उससे करो, जिसके न होने से तुम्हें नुक़सान का भी ख़तरा हो।

अब इसमें दो बातें और—एक तो ये कि यह बात कई लोगों को पता है कि वो जुल्म तो कमज़ोर पर करते हैं, लड़ते तो कमज़ोर से ही हैं, लेकिन कहते हैं कि वो कमज़ोर थोड़े ही है। अरे, बड़ा ख़तरनाक है यार। उसको एक हौव्वा बना देते हैं, ताकि आराम से लड़ सकें और आराम से उसे मार सकें, कुचल सकें। एक खेल यह भी होता है दुनिया में। दूसरी, कि सारा क्रेडिट इन बड़ों को ही न दें, थोड़ा-सा क्रेडिट छोटे को भी जाना चाहिए। जो बच जाता है आँधी में। वो पौधा, जो नहीं उखड़ता है, उसमें भी कोई गुण है। सारे गुण बड़ों में ही नहीं हैं। कुछ गुण छोटों में भी होते हैं। जब आँधी आती है, तो बड़ा पेड़ अपनी जगह सीधा खड़ा रहता है, ऐसे में आँधी से टक्कर भी उसी की होती है। लेकिन ये जो छोटा पौधा है, थोड़ा-सा लचक जाता है। तो होता यह है कि लोच की वजह से आँधी उसके ऊपर से निकल जाती है और ये छोटा पौधा वापस खड़ा हो जाता है। एक कहावत भी है कि जो झुकते नहीं, वो टूट जाते हैं।

तो क्या मैं आपको मशविरा दे रहा हूँ कि झुक जाना चाहिए? नहीं, इसकी तीन स्टेजेज हैं, जिन्हें हमें बड़ी अच्छी तरह से समझना होगा। लोच खाना, झुकना और टूट जाना। ये तीनों स्टेजेज बहुत पास-पास हैं। मतलब उनको डिफ्रेंशिएट करना, उनको अलग-अलग देखना, थोड़ा मुश्किल काम है। कब ज़रा-सा हिल के वापस आ जाना है और कहाँ झुक जाना है, ये आपका अपना ज़मीर, आपका अपना दिल, आपके अपने उसूल आपको बतलाएँगे। पूरा आँधी पर ही भरोसा मत कीजिए कि कोमल को छोड़ ही देगी। ठीक है, आँधी अच्छी है, तो ऐसा ही करेगी कि बड़े पेड़ गिरा दे, छोटे पौधों को नुक़सान न पहुँचाए, लेकिन थोड़ी अक़्ल छोटे पौधों को भी रखनी चाहिए कि उसके बचने के लिए सिर्फ़ छोटा होना काफ़ी नहीं

है, कोमल होना भी ज़रूरी है। अगर बड़े भी कोमल होते, तो शायद बच गए होते। ख़ैर, इस बारे में आप भी सोचिए और मैं भी सोचता हूँ, और यह दोहा एक बार फिर सुनते हैं और इसे समझने की कोशिश करते हैं :

बड़े-बड़े सौं रिस करै, छोटे सों न रिसाय।
तरू कठोर तोरै पवन, कोमल तृन बचि जाए॥

सुन्दर थान न छोड़िये, जौ लौं मिलै न और।
पिछलौ पाँव उठाइयै, देख धरन को ठौर॥

वृंद

वृंद ने बात तो बहुत समझदारी की कही है, लेकिन मैं आपको एक सच बताऊँ कि मैंने ऐसा ज़िन्दगी में कभी किया नहीं, जबकि बात तो यही ठीक है, इनसान को करना तो ऐसा ही चाहिए। वो कहते हैं कि कोई जगह, जो ख़ूबसूरत है या सुरक्षित है या आपकी है, जहाँ आपको इत्मीनान है, जब तक कि कोई बेहतर अल्टरनेटिव, कोई बेहतर विकल्प न मिल जाए, एकदम पक्का, तब तक उस जगह को छोड़िए मत। आप कहीं एक पैर रखें, तो पिछला पैर तभी उठाएँ, जब पहला पैर बिलकुल वहाँ ठीक से जम जाए। सही बात है।

देखिए, ज़िन्दगी में दो तरह के लोग होते हैं। एक तो वो, जिन्हें जो मिल गया, उसी को सुन्दर स्थान मान लिया। जैसा भी है, उसी को ठिकाना बना लिया। चाहे शहर हो या मुहल्ला, घर हो या रिलेशनशिप, नौकरी हो या कैरियर या कोई पेशा, जो भी हो, सोच लिया, यही ठीक है। भले वो बहुत ठीक न हो, लेकिन अपना दिल बहला लेते हैं—अच्छा तो है, निभा लेते हैं, और ख़तरा मोल नहीं लेते। सोचते हैं कि कहीं आगे निकले, तो पता नहीं वहाँ क्या मिले, न मिले। तो एक तो ये लोग हैं। दूसरे वे लोग हैं, जो कहते हैं—'है जुस्तजू के ख़ूब से है, ख़ूब-तर कहाँ, अब ठहरती है देखिए जाकर नज़र कहाँ'*—तो वो जो उन्हें मिला, वो उन्हें सुन्दर स्थान नहीं लगता। फिर एक छलाँग मार देते हैं। वहाँ से फिर दूसरी छलाँग मार देते हैं। कभी गिर भी पड़ते हैं मुँह के बल। तो कहने का मतलब ये है कि एक्सट्रीम जो है, दोनों की ग़लत है। इतना केयरफ़ुल होना कि आप जिस सेल में रह रहे हैं, उसी के होकर रह

---

* अल्ताफ़ हुसैन हाली का शे'र

गए, कूपमंडूप—कुएँ का मेढक बनकर रह गए। दूसरे वो, जिन्हें तसल्ली ही नहीं है, बेहतर और बेहतर की तलाश में भागते चले जाते हैं। बेहतर और बेहतर के लालच में, जो बेस्ट है, उसे भी पीछे छोड़ आते हैं। आख़िर में, जहाँ पहुँचे, तो मालूम हुआ कि यहाँ तो कुछ था ही नहीं। यहाँ तो कुछ मिला ही नहीं। तो ये दोनों ही एटीट्यूड ग़लत हैं।

और मैं समझता हूँ कि अगर आप वृंद के दोहे को ग़ौर से सुनें और समझें तो वृंद यह कह भी नहीं रहे हैं। उन्होंने यह क्यों नहीं कहा कि जब तक कोई बेहतर जगह न मिले, तब तक आगे न जाओ। बेहतर जगह रिलेशनशिप की हो सकती है, बेहतर जगह आपके घर-बार, आपके कैरियर, आपकी ज़िन्दगी के एटीट्यूड की हो सकती है, आपके रवैये की हो सकती है, आपके संस्कारों की हो सकती है—लेकिन उन्होंने यह नहीं कहा कि क़दम मत उठाओ। ये जो पंक्ति है—*पिछलौ पाँव उठाइयै,* यह आपको पहला पाँव उठाने से रोक नहीं रही, ये दूसरा पाँव उठाने से रोक रही है। यानी आप हिम्मत तो कीजिए, आप जुगत तो कीजिए, आप आगे तो बढ़िए, पहला पैर रखिए, लेकिन पहला पैर रखकर यह महसूस कर लीजिए कि हाँ, मैं ये जो सीढ़ी चढ़ रहा हूँ, सीढ़ी का जो अगला स्टेटस है, जिस पर मैंने पैर रखा है, वो टूट तो नहीं जाएगा। कहीं ऐसा न हो कि मैं ये पैर उठाऊँ और वह भी टूट जाए, तो मैं तो नीचे चला जाऊँगा। तो आप चीज़ों को काटकर के नहीं, बल्कि पुल बना के चलिए। आप नदी में कूदने की कोशिश मत कीजिए। तैरना नहीं आता और नदी में कूद पड़े, तो आप डूब भी सकते हैं, लेकिन अगर पुल पर चलते हुए नदी पार करें तो कोई ख़तरा रहता नहीं डूबने का।

पुल कैसे बनता है? वो दोनों किनारों से जुड़ा होता है। इधर भी और उधर भी। यानी एक पैर उधर है और एक पैर इधर, ऐसे में कुछ गड़बड़ हो, तो पैर वापस भी ले सकते हैं। तो आगे बढ़ने के लिए पैर बढ़ाने की इजाज़त यह दोहा दे रहा है। तो आदमी आगे बढ़ने की कोशिश करे,

आगे बढ़ने का जतन करे, क़दम बढ़ाए, लेकिन उसमें इतनी अक़्ल और समझदारी भी होनी चाहिए कि उसे पता पड़ जाए कि जहाँ मैंने पैर रखा है, वो जगह मज़बूत है कि नहीं, वो जगह मेरे दोनों पैरों का बोझ ले पाएगी या नहीं? क्या यहाँ मैं जम सकूँगा? हम सीढ़ियाँ ऐसे ही चढ़ते हैं। पहले एक पैर रखते हैं और फिर उस पर वज़न डालकर देखते हैं कि मज़बूत है, तो फिर दूसरा पैर उठाते हैं।

सुन्दर थान न छोड़िये, जौ लौं मिलै न और।
पिछलौ पाँव उठाइयै, देख धरन को ठौर॥

सुबुध बीच परि दुहुँन कौं, हरत कलत रस पूर।
करत देहरी दीप ज्यौं, घर आँगन तम दूर॥

वृंद

वृंद ने इस दोहे में बड़ी ख़ूबसूरत और नाज़ुक बात कही है। ज़रूरत है इस बात को सही सन्दर्भ के साथ समझने की। मुझे नहीं मालूम कि बड़े-बड़े शहरों में रहनेवाले कितने लोग आँगन को जानते हैं। हमारे पुराने घरों में तो हमेशा ये होता था। चारों तरफ़ कमरे होते थे और बीच में एक खुली जगह होती थी। उस खुली जगह को आँगन कहते हैं। ऊपर आसमान होता था। एक तरह से आपका निजी आसमान ऊपर होता था। आपका पर्सनल स्काई। ये किसी और का नहीं, सिर्फ़ आपका, आपके घर का आसमान। तो ये आँगन जो था, कल्चरली बड़ी इम्पोर्टेंट जगह थी। यहीं आकर लोग बैठते थे। यहीं बात-मुलाक़ात होती थी। यहीं बैठकर कपड़े सिये जाते थे। यहीं पर बैठकर घर के कई और ज़रूरी काम होते थे। यहीं बैठकर पान बनते थे, छालियाँ काटी जाती थीं। यह एक बहुत सोशली एक्टिव जगह थी, और कमरा जो था वो प्राइवेसी की जगह था।

तो दरअसल ये जो दोहा है, ये कोई जंग के बारे में नहीं है, किसी युद्ध या किसी दुश्मन के बारे में नहीं है, बल्कि अपनों के बारे में है। वृंद कहते हैं कि जब समझदार आदमी दो लोगों के बीच में पड़ता है, किसी झगड़े को, किसी उलझन को सुलझाने के लिए बीच में आता है। कोई मनमुटाव हो गया है, उसे ख़त्म करने के लिए वो ऐसा करता है कि दोनों के बीच जिस वजह से मनमुटाव हुआ है, वो सुलझ जाए और

दोनों ठीक से रहें। अंग्रेज़ी में जिसे हम विन विन सिचुएशन कहते हैं, वो उसे क्रियेट करता है।

इस तरह की सिचुएशन उस घर में माँ-बाप के सामने तो रोज़ ही आती है, जहाँ छोटे बच्चे होते हैं। बच्चे आपस में झगड़ते हैं, आपको बीच में पड़ना पड़ता है, सुलह करानी पड़ती है। ये दोस्तों में भी अक्सर होता है। दोनों अपने हैं, दोनों दोस्त हैं। जैसे आपको घर से भी प्यार है, आँगन से भी। वैसे ही जब दोनों अपने हैं, जहाँ मुहब्बत के रिश्ते हैं, लेकिन कुछ अनबन हो गई है। किसी बात पर अबोला हो गया है, तो अब ये कैसे सुलझाया जाए? मेरे ख़याल से दोस्तों से भी ज़्यादा ये पेरेन्ट्स के लिए अहम है। ये बच्चों की जो उम्र है—छह साल, सात साल, आठ साल, ये क्रिएटिव एज है। इस उम्र में बच्चा कुछ डिसाइड करता है, उसकी पर्सनलिटी फ़ॉर्म होती है और किसके दरबार में, किसकी अदालत में? माँ या बाप की अदालत में। माँ, जो बच्चे के लिए दुनिया की सबसे बड़ी औरत है। बाप, जो बच्चे के लिए दुनिया का सबसे बड़ा आदमी है। यही दो लोग आए दिन दो भाइयों, दो बहनों, या एक बहन-एक भाई के झगड़ों के फ़ैसले करते हैं। ये खिलौना किसका है? पहले कौन खेलेगा। उस झूले पर पहले कौन बैठेगा, कौन-सी कुर्सी किसकी है। आए दिन इस तरह के प्रॉब्लम बच्चों के बीच पैदा होते हैं, जो आपको बड़े मामूली लग रहे हैं। आपको तो हँसी आ रही है। लग रहा है कि क्या बचपना है। लेकिन उन बच्चों के लिए वह बड़ी अहम बात है।

अब आप ऐसे दीप बने हैं, जो सही जगह रखा हुआ है। आँगन को भी रोशनी दे रहा है और कमरों को भी। उसी तरह से हम इन रिश्तों में दीप की तरह हैं—चाहे दो दोस्तों के बीच हों चाहे बच्चों के बीच। इस बात का ध्यान रहे कि कमरा या आँगन कहीं अँधेरा न रह जाए। अगर एक बच्चे को ये लगा कि आपने अपनी मोहब्बत की रोशनी, अपने फ़ैसले की रोशनी, अपने साथ की रोशनी एक तरफ़ दे दी, दूसरी तरफ़ नहीं,

तो ये बात भले आपको मामूली लगे, उसके लिए मामूली नहीं है। आप दुनिया के सबसे ताक़तवर, सबसे बड़े, सबसे इम्पोर्टेंट इनसान हैं अपने बच्चे के लिए। इसलिए दोनों बच्चों के साथ या दोनों दोस्तों के साथ या दो भाइयों के साथ, जिनके भी साथ हों आप, उनको लगे कि विन विन सिचुएशन है। आप एक ऐसी जगह बैठें, एक ऐसी जगह खड़े हों, जहाँ से दोनों ही को रोशनी मिले। मोहब्बत की रोशनी, अंडरस्टैंडिंग की रोशनी, ख़याल की रोशनी, ध्यान की रोशनी, एक तरफ़ चली गई, दोनों तरफ़ नहीं गई। ये बात शायद जंगों में नहीं की जा सकती है, ये बात सेकेंड वर्ल्ड वार के बारे में नहीं की जा सकती थी, लेकिन ये घर और आँगन, जो दोनों अपने हैं, इन दोनों से ही आपको बराबर का प्यार है, दोनों ही आपके लाइफ़ में बराबर के इम्पोर्टेंट हैं—ये उनके बारे में है :

सुबुध बीच परि दुहुँन कौं, हरत कलत रस पूर।
करत देहरी दीप ज्यौं, घर आँगन तम दूर॥

पावत बहुत तलास तैं, करतैं छूटी बात।
आँधी में टूटी गुड़ी, कौन जाने कित जात॥

वृंद

वृंद कहते हैं कि आँधी में जिस तरह कटी हुई, टूटी हुई पतंग कहाँ चली जाएगी, बता नहीं सकते, उसी तरह जो बात आपकी ज़बान से निकल गई, वो कहाँ तक जाएगी, कहाँ तक पहुँचेगी, उसका रुख़ किधर है, उसे आप रोक नहीं सकते, उसकी दिशा नहीं बदल सकते, उसे वापस भी नहीं ला सकते। सच बात है। इसलिए हर बात करने से पहले हमें ये सोचना होगा कि होठों से निकलने के बाद यह हमारी नहीं रह जाएगी। ये हमसे अलग हो जाएगी। फिर ये कहाँ जाए, किधर पहुँचे, इसमें से क्या मानी निकाले जाएँ, इसे किस तरह से सुना जाए, किस तरह से सुनाया जाए, आपका कोई कंट्रोल उस पर नहीं बचेगा। ये ख़ुदमुख़्तार हो जाएगी, ये इंडिपेंडेंट है अब। उसकी एक पर्सनैलिटी हो गई, हर उस बात की जो आपने कह दी। वो अब आपकी नहीं रही।

ठीक वैसे ही जैसे एक बार पतंग की डोर टूटी, तो फिर पतंग पर आपका कंट्रोल ख़त्म। अब यह हवाओं पर है कि वो इसे कहीं भी ले जाएँ। आपको पता नहीं ये पतंग अब कहाँ जाएगी? तो इस दोहे के माध्यम से वृंद समझाना यह चाह रहे हैं कि हम हर बात को बहुत सोच-समझकर कहें। कुछ भी कहने से पहले, उसे तोलें, फिर बोलें। लेकिन हम करते क्या हैं?—हम न अपने शब्द चुनते हैं, न ख़याल चुनते हैं, जो बात मुँह में आई, बोल देते हैं।

देखिए, हमारी फ़िल्में भी जो होती हैं, बनते ही रिलीज नहीं हो जाती हैं। फ़िल्म सर्टिफ़िकेशन का एक ऑफ़िस है, बनने के बाद फ़िल्म उस ऑफ़िस में जाती है। वहाँ कुछ लोग बैठकर, सिर्फ़ लोग नहीं, समझदार लोग कहना ज़्यादा सही है, वो बैठकर उस फ़िल्म को देखते हैं। फिर जो उन्हें ग़लत या ग़ैरज़रूरी लगता है उसे निकाल देने को कहते हैं। ये डॉयलॉग निकाल दीजिए, यह सीन ठीक नहीं है, इसे काट दीजिए। तो इस तरह से काट-छाँट के बाद सर्टिफ़िकेट मिलता है। तब जाकर वो फ़िल्म रिलीज़ होती है। मैं समझता हूँ कि हमारे माइंड में भी एक छोटा-सा सर्टिफ़िकेशन का ऑफ़िस होना चाहिए। कि हमें जो बात कहनी है, पहले वो सर्टिफ़िकेशन ऑफ़िस में गई, वहाँ उसे देखा गया आप ही के माइंड के द्वारा। ग़ौर से सोचा गया कि ये सही है या इसमें से ये वर्ड निकाल दिया जाए, ये बात यूँ कहीं जाए या कि यूँ की जाए। अब जब वहाँ से क्लियरेंस मिल जाए, तब वो बात होठों के थियेटर तक पहुँचनी चाहिए। मगर ऐसा होता नहीं है। और हम बाद में पछताते रहते हैं। सोचते रहते हैं, अरे हमने ऐसा क्यों कह दिया?

अच्छा हम तो आम लोग हैं, लेकिन आप अगर टीवी देखें और अख़बार पढ़ें, तो आपको मालूम होगा कि हमारे नेता लोग जो हैं, वो भी आए दिन यही सब करते रहते हैं। उसके बाद क्या होता है, कहते हैं मुझे ग़लत कोट किया गया। कहते हैं, मैंने तो ऐसा कहा ही नहीं था। लेकिन आजकल हर जगह वीडियो लगा होता है तो यह कहने की गुंजाइश ज़रा कम बची है कि मैंने कहा ही नहीं था। तो फिर एक और एक्सप्रेशन है, कहा जाता है कि ये बात जो है 'आउट ऑफ़ कंटेक्स्ट' कोट की जा रही है। यानी अगर मेरी बाक़ी बातों के साथ इस बात को देखेंगे, तो इतनी ग़लत नहीं लगेगी। लेकिन कुछ बातें तो इतनी ग़लत होती हैं कि आप कितनी ही बातों के साथ रखकर उन्हें देखें, वो ग़लत ही होती हैं।

तो ये सब इतने ओल्ड लोग जो मास कम्युनिकेशन में हैं, वो लोग

जिनका काम है हज़ारों लोगों से बात करना वो तक ये ग़लती करते हैं, बग़ैर सोचे, बग़ैर समझे कुछ भी कह देते हैं। ग़ुस्से में, एक्साइटमेंट में, अहंकार में, घमंड में और उसके बाद फिर पछताते हैं। अब ये लोग कब समझेंगे, मुझे मालूम नहीं, लेकिन मेरा ख़याल है कि मैं और आप जल्दी से समझ जाएँ, तो अच्छा है। कोई भी बात कहें, तो उसे सोच-समझ के, नाप-तौल के कहें। हमारी तरफ़ एक कहावत है कि होठों से निकली और कोठों पर चढ़ी—मतलब कहीं भी चली गई! तो देखिए ये कहावत भी ख़ूब है। लेकिन दुख की बात है, हमारे यहाँ कहावतें भी तो खो रही हैं। ऐसा लगता है कि हमने डोर तोड़ दी है भाषा की, ज़बान की। ये जितनी कहावतें थीं, ख़ूबसूरत शब्द थे, अच्छी-अच्छी बातें थीं, वो भी कहीं कटी हुईं, पता नहीं किस तरफ़ घूम रही हैं? कहाँ चली गई हैं? अब हमें उनकी तलाश करनी चाहिए, नहीं तो ये बड़ा नुक़सान होगा। हमें इसके बारे में भी सोचना चाहिए।

तो इस दोहे में कहा गया है कि बात नहीं छूटनी चाहिए ज़बान से, जबकि मौजूदा वक़्त में तो पूरी की पूरी ज़बान, पूरी भाषा ही कटी पतंग होती जा रही है। तो एक बार दोनों के ही सेंस में और दोनों के ही रेफ़रेंस में ये दोहा फिर सुनिए :

पावत बहुत तलास तैं, करतैं छूटी बात।
आँधी में टूटी गुड़ी, कौन जाने कित जात॥

सूरा सोइ सराहिये, अंग न पहरे लोह।
जूझै सब बन्द खोलि के, छाँड़े तन का मोह॥

कबीर

कबीर के इस दोहे के जो लफ़्ज़ी मतलब हैं यानी आप अगर सारे शब्दों को सिंपल ज़बान में ट्रांसलेट करें तो मतलब यह बनता है कि बहादुर आप उसे समझिए, और उसकी दाद दीजिए जो अपने बदन पर कवच, बुलेट प्रूफ़, सर पर लोहे का हेलमेट नहीं पहनता है। अपना कोई प्रोटेक्शन नहीं करता है और यह सारी चीज़ें हटाकर, खोल के, उतार के लड़ता है अपने बदन की परवाह किए बिना। तो क्या वाक़ई कबीर यही कह रहे हैं जो ये शब्द कह रहे हैं? नहीं।

देखिए पोयट्री में क्या होता है कि सिंबल इस्तेमाल किए जाते हैं और आपको उन सिंबल्स के, उन शब्दों के पीछे मानी क्या हैं कवि के, आपको वो समझना होता है। शब्द आपने सुने और जो उसके मानी हैं वही समझे तो नहीं समझा पोयट्री को। दोहे को नहीं समझा। कबीर जो अमन के, शान्ति के, एकता के, प्यार के, नम्रता के, तरक़्क़ी के, मोहब्बत के शायर हैं, जो नफ़रतों के ख़िलाफ़ बातें करते हैं, जो जंग के, हिंसा के ख़िलाफ़ बात करते हैं, वो कैसे कहेंगे ये, क्यों कहेंगे कि आप कवच उतार दें, हेलमेट उतार दें—फिर वो लड़ें—वो ऐसा कह ही नहीं सकते। उनका मतलब कुछ और है।

उस बहादुर से कहा जा रहा है जो ज़िन्दगी में, अपने नफ़्स से अपने

आप से या ज़िन्दगी की लालचों से या ज़िन्दगी की बुराइयों से लड़ रहा है। ये तन क्या है? जिसका मोह नहीं है। ये तन उसका सेल्फ़ है, उसकी इगो है—तरह-तरह के कवच पहनकर हम अपने सेल्फ़ को छुपाते हैं। ये कवच है दौलत का, ये कवच है ताक़त का, ये कवच है शोहरत का, ये कवच है जात-पाँत का, ये तरह-तरह के कवच, तरह-तरह के डिफ़ेंस हम अपने ऊपर बना लेते हैं और उसके अन्दर छुपे रहते हैं। अपना नाम, अपनी शोहरत, एक धुंध चारों तरफ़, एक इम्प्रेशन चारों तरफ़ क्रियेट किया हुआ है—अपनी दौलत से, अपनी शोहरत से, अपनी ताक़त से, अपनी पोज़िशन से। उसके अन्दर एक बदन है, इगो है जो छुपी हुई है। कबीर कहते हैं किये बुज़दिली है कि इतने झूठे कवच पहने हुए अन्दर अपने बदन को छुपाए हुए ज़िन्दगी से जूझने की कोशिश कर रहे हैं। ये तो तुम हो नहीं असली। अगर ये सारे बंध खोलो, ये अपनी दौलत के, शोहरत के, ये पोज़िशन के, स्टेटस के, ताक़त के ये कवच जो तुमने पहने हुए हैं, इनको उतारो। जब तुम्हारी इगो, तुम्हारी रियल सेल्फ़ एक्सपोज़ होंगे ज़िन्दगी में तब तुम सही बहादुर हो। तब बात तुम्हारे और ज़िन्दगी के बीच होगी। तब मालूम होगा कि तुम हो क्या? उससे पहले सब कवच ही कवच है, कवर ही कवर है, लौह है, तन नहीं। इस तन को सामने लाओ और फ़ेस करो लाइफ़ को, वही बहादुरी है। बहादुरी यह नहीं है कि हम तरह-तरह की रस्में, रीत, रिवाज़ अपने चारों तरफ़ क्रियेट कर लें और कहें साहेब कि ये तो ट्रेडिशन है, ये तो परम्परा है। ये सब कवच हैं। ये सारे लौह हैं जिन्हें हम पहने हुए बैठे हैं। इन सब को हटाओ, फिर ज़िन्दगी से जूझो, फिर ज़िन्दगी की नाइन्साफ़ी से, अन्याय से, ग़लत बातों से लड़ने की हिम्मत रखते हो, ताक़त रखते हो, तब तुम सूरमा हो।

इसी बात को और भी कई तरह से देखा और समझा जा सकता है। आज जो हम झूठी शानो-शौकत देखते हैं—शादियों में ख़र्चे हो रहे हैं या पार्टियों में ख़र्चे हो रहे हैं। या देखते हैं कि बड़ी शानो-शौकत से

रहनेवाले चाहते हैं कि जो इन्होंने किया है इससे उनकी इज़्ज़त, इससे उनका नाम हो, आप मानें कि वे बड़े आदमी हैं—ये भी कवच है। ये कवच है, ये लौह है जो वो पहने हुए हैं। उनके अन्दर कोई और इनसान है जो इस सारी झूठी शानो-शौकत के पीछे है। वो छोटा है कि बड़ा है, उसमें जुर्रत है ज़िन्दगी के सामने आने की या नहीं, ये एक अलग सवाल है। एक कवच और भी पहनते हैं लोग, एक लौह और भी है। पिताजी, चाचाजी, मामाजी, दादाजी, फ़ैमिली ये लौह जो हैं, ये उनको कवर किए हुए हैं। ये लौह उनकी सुरक्षा कर रहा है। ज़िन्दगी से लड़ रहे हैं—ये लौह पहनकर, कभी चाचाजी के नाम का, कभी पिताजी के नाम का, कभी परिवार के नाम का। अन्दर तुम कौन हो या अगर ये सारे एडवांटेजेज हैं—जो कि अनफेयर हैं, जो कि ग़लत हैं—इन्हें हटाकर तुम सामने आओ, ज़िन्दगी से उलझो—तब सूरमा हो। ये सुनिए एक बार फिर, और इस मानी से सुनिए, इस मानी से मैं पूरे यक़ीन से कहता हूँ कि कबीर ने ये दोहा कहा है :

सूरा सोइ सराहिये, अंग न पहरे लोह।
जूझै सब बन्द खोलि के, छाँड़े तन का मोह॥

देह धरे को दंड है, सब काहूँ को होय।
ज्ञानी भुगते ज्ञान से, मूरख भुगते रोय॥

कबीर

कबीर कहते हैं कि तन है यानी ज़िन्दगी है, तो तकलीफ़ भी है। और ये सबको होती है। हालाँकि, उन्होंने ये बात किसी और वजह से कही है, लेकिन यहाँ रुककर मैं एक और बात करता चलूँ। मैंने ये देखा है कि अगर आप किसी को बताइए कि तकलीफ़ सबको है, तो उसकी तकलीफ़ कहीं थोड़ी कम हो जाती है। उसे लगता है कि सब तकलीफ़ में हैं, वो अकेला थोड़े न है। तसल्ली मिलती है। हमारे यहाँ जब घरों में बिजली जाती है, तो पहले तो हम परेशान होते हैं कि बिजली चली गई। बालकनी में जाते हैं या बाहर गली में जाते हैं, सड़कों पर जाते हैं और जब देखते हैं कि पूरे एरिया में बिजली नहीं है, तो थोड़ी तसल्ली हो जाती है। सिर्फ़ मेरे घर की नहीं गई है, पूरे एरिया की ही गई है। फिर कोई आकर बताता है, अरे आधे शहर में नहीं है, तो और अच्छा लगता है। तो बड़ी अजीब-सी साइकॉलजी है हम लोगों की।

बहरहाल, दोहे में कबीर कह रहे हैं कि जब तक ज़िन्दगी है, तब तक तकलीफ़ है, दुख है, परेशानी है। लेकिन जो ज्ञानी है, समझदार है, होशियार आदमी है, जो बुद्धिमान है, अक़्लमन्द है, वो इसको झेलता है अपने ज्ञान, अपनी अक़्ल, अपनी समझदारी से। वह तकलीफ़ झेलता भी है और उससे सीखता भी है और उसे सुलझाने की कोशिश भी करता है, बग़ैर दुखी हुए। लेकिन जो मूरख है, नादान है, नासमझ है, वह अपनी

परेशानी पर सिर्फ़ रोता है। पर सिर्फ़ रोने से तो परेशानी कम होनेवाली नहीं। लिहाज़ा, वो उसी परेशानी में पड़ा रहता है। उसे सुलझाने की कोशिश वह ज़रा कम करता है। ज्ञानी अगर सुलझा न भी पाए तो उससे कुछ सीखता ज़रूर है।

देखिए, एक चीज़ हम लोग और बोलते हैं कि तजुर्बा, एक्सपीरिएंस, अनुभव, जो हमें अक़्ल देता है। आगे जो ज़िन्दगी है, उसे फ़ेस करने में, उसे सुलझाने में, अपना काम सही तरीक़े से करने में तजुर्बा काम आता है। ये तजुर्बा क्या चीज़ है? जो आपके साथ इंसिडेंट हुआ, जो आपको परेशानी आई, जो आपको दुख हुआ, या जो कुछ भी अच्छा हुआ, वो तजुर्बा है? नहीं, वो तजुर्बा नहीं, वह एक्सपीरियंस नहीं है। वो तो इंसिटेंड है, वाक़या है, एक घटना है, वो तजुर्बा नहीं है। तजुर्बा ये है कि आपने उससे नतीजा क्या निकाला? उससे आप समझे क्या?

पिछले बरस से मेरी पीठ में कुछ तकलीफ़ हो गई और मुझे हॉस्पिटल में एडमिट होना पड़ा। फिर दो-तीन दिन में ही ठीक हो गया। मुझे तभी मैसेज मिला कि हॉस्पिटल को जो चलानेवाले हैं, जो फाउंडर हैं, जिन्होंने बनाया है यह हॉस्पिटल, वो मिलना चाहते हैं आपसे। तो मैंने कहा—ज़रूर। मैं गया उनसे मिलने, और मुझे मालूम हुआ कि जिन्होंने इस हॉस्पिटल को बनाया है वो ख़ुद व्हीलचेयर पर हैं। वो आर्मी में थे और माउंटेनियर भी थे। हिमालय की चोटी तक गए और वहाँ जाकर उन्होंने तिरंगा लहराया। सिक्सटी फ़ाइव के वार में लड़ रहे थे और एक गोली उनकी कमर के पास ऐसी लगी कि उनके नीचे का हिस्सा हमेशा के लिए पैरालाइज़्ड हो गया और वे व्हीलचेयर पर आ गए। आप सोचिए—कैसी अजीब ट्रेजिडी है! एक ऐसा इनसान जो आर्मी में था, फ़िज़िकली फिट था, जो पहाड़ों पर चढ़ता था, माउंट एवरेस्ट पर जाकर झंडा लगा चुका हो, वो आदमी एक व्हीलचेयर पर है।

लेकिन यहीं ज्ञानी और मूरख का फ़र्क़ मालूम होता है। मेजर अहलूवालिया ने सोचा कि जो तकलीफ़ मुझे है, मैं इस तरह व्हीलचेयर पर हूँ, मेरी बैक में प्रॉब्लम हुआ है, मेरे पैर बेकार हो गए हैं, तो ऐसी प्रॉब्लम दूसरों को भी आती होगी। तो कुछ करना चाहिए। इस दुख ने, तकलीफ़ ने उनको ये हिम्मत दी, ये जुर्रत दी, ये ख़याल दिया कि क्यों न मैं एक ऐसा हॉस्पिटल बनावाऊँ, जहाँ मेरे जैसे दुख पाने वाले लोगों का इलाज हो सके। लेकिन वो एक आर्मी ऑफ़िसर थे, उनका काम हॉस्पिटल चलाना तो नहीं था, पर जब उन्होंने ठान ली, तो हॉस्पिटल बनता कैसे है, चलता कैसे है, ये ज्ञान भी उनके पास आ गया। उन्होंने इतना बड़ा हॉस्पिटल बना दिया और आज भी उस हॉस्पिटल को चला रहे हैं, न जाने कितने लोगों का दुख उनकी वजह से मिट रहा है। सोचिए, इनकी जगह कोई दूसरा होता, तो ये भी हो सकता था कि व्हीलचेयर पर बैठकर सारी ज़िन्दगी रोता रहता और आपको अपनी ट्रेजिडी सुनाता रहता। जबकि उस हँसमुख और बहादुर इनसान ने इतनी बड़ी मुसीबत को पॅज़िटिव बना लिया। मुसीबत को झेलकर मुसीबत को समझा और दूसरों की मुसीबत को कम करने में लग गया। सलाम करता हूँ उस शख़्सियत को। ये दोहा तो हमें उन्हीं को डेडिकेट कर देना चाहिए :

देह धरे को दंड है, सब काहूँ को होय।
ज्ञानी भुगते ज्ञान से, मूरख भुगते रोय॥

सो साईं तन में बसे, अक्यो न जाणै तास।
कस्तूरी में मृग ज्यूँ, फिर फिर सूँघे घास॥

कबीर

कबीर कहते हैं कि तेरे साईं तो तेरे मन में बसे हैं, लेकिन ये बात तू नहीं जानता। तेरी हालत उस हिरण जैसी है, जिसके पेट में कस्तूरी है।

कस्तूरी तो आम तौर से लोग जानते हैं लेकिन फिर भी, शायद, कुछ लोग न भी जानते हों, उन्हें बतला दूँ—कस्तूरी गेंद जैसी चीज़ होती है, जो किसी-किसी हिरण के पेट में बन जाती है और उसकी ख़ूशबू ऐसी होती है कि हिरण को भी पागल कर देती है। हिरण को ये समझ में नहीं आता कि ख़ूशबू कहाँ से आ रही है। वह पागलों की तरह जंगल में यहाँ से वहाँ, वहाँ से वहाँ भागता है। घास को, पौधों को, पेड़ों को सूँघता है कि ये ख़ुशबू कहाँ से आ रही है, जबकि वो ख़ूशबू है उसके अन्दर।

अब साईं का अर्थ तो शायद कोई धार्मिक आदमी ईश्वर, भगवान, ख़ुदा ही निकालेगा, लेकिन मुझे नहीं लगता कि हर आदमी ईश्वर, भगवान और ख़ुदा को ही ढूँढ़ रहा है। दरअसल ढूँढ़ किसे रहे हैं आप? जिसे ढूँढ़ रहे हैं वो ही आपका साईं हैं। हमसे पूछिये तो सुकून है, ख़ुशी है, जिसकी हमें तलाश है। इसके लिए हम क्या कुछ नहीं करते। जैसे हिरण भागता है इधर से उधर कस्तूरी को ढूँढ़ने के लिए, वैसे ही हम भी ख़ुशी के लिए क्या-क्या नहीं करते!

हम इनसानों के जंगल में, कंक्रीट के जंगल में, जिसे शहर कहते हैं,

उसमें कैसे मारे-मारे घूम रहे हैं। कैसे-कैसे जोड़-तोड़, हंगामे, कोशिशें, जतन, तरक़ीबें कर रहे हैं, ख़ुशी की तलाश में। दरअसल ख़ुशी की हमारी जो परिभाषा है, उसी में कहीं गड़बड़ी है। इसी वजह से वह हमें नहीं मिल पा रही है। एक्साइटमेंट एक चीज़ है, जॉब एक चीज़ है, थ्रिल एक चीज़ है, हम उसको हैप्पीनेस कहते हैं कि बहुत मज़ा आया। हम मज़े करने लगे, ऐश करने लगे, वो है ख़ुशी। उसके लिए प्लेज़र की चीज़ें ख़रीदते हैं, पार्टियाँ करते हैं, नई-नई जगहों पर जाते हैं, मनपसन्द खाना खाते हैं, बड़ा पैसा ख़र्च करते हैं।

लेकिन ये जो थ्रिल है, एक्साइटमेंट है, ये ख़ुशी नहीं है। ये तो ऐसा है कि जैसे आप रोलर कोस्टर पर बैठे हुए ऊपर-नीचे, नीचे-ऊपर हो रहे हैं, मज़ा आ रहा है, लेकिन उस पर से तो उतर जाना है। जैसे कि मेले में आपने देखा है कि ज्वाइंट व्हील ऊपर की ओर जाता है, तो एक्साइटमेंट होता है। पर ये ख़ुशी नहीं होती, वो तो थोड़ी देर का एक्साइटमेंट है। आपको लॉटरी भी लग जाए तो आपको लगेगा कि मुझे ख़ुशी हो रही है। नहीं, ये एक्साइटमेंट है। अभी आप उतावले हो गए, वाह, कमाल हो गया! लेकिन कितनी देर तक रहेगा ये? थोड़ी देर बाद ख़त्म हो जाएगा। बड़े से बड़ा जो हंगामा है ज़िन्दगी का, थोड़ी देर के बाद ख़त्म हो जाता है। शादी के बड़े-बड़े पंडाल लगते हैं। ज़रा पंडाल को जाकर देखिए बाद में, कितना वीरान लगता है। वो घर जहाँ से बारात जा चुकी है, ख़ाली लगता है। जिस चीज़ का अन्त हो रहा है, वो आपकी परमानेंट ख़ुशी है ही नहीं, वो एक्साइटमेंट है। एक्साइटमेंट ख़ुशी नहीं है। ख़ुशी है, फ़िक्र का, दर्द का न होना।

दरअसल, जिसकी तलाश है, जो इतना महत्त्वपूर्ण है, वो कहीं बाहर नहीं, वो हमारे अन्दर है। लेकिन हम उसे चारों तरफ़ ढूँढ़ रहे हैं। वो असली ख़ुशी हमें तभी मिल सकती है, जब हमारे अन्दर ऐसी कोई बात न हो, जिससे हम आँखें चुरा रहे हों। अगर हम अपने-आप से आँखें चुराते हैं,

तो वो जो असली ख़ुशी है, जो हमारे अन्दर छुपी है, वो भी हमारी आँखों से ओझल हो जाती है। हम अपने-आप से आँख चुराते क्यों हैं? इसलिए कि हमने कुछ ऐसा किया है, जो हमें ख़ुद भी मालूम है कि ग़लत है। इसलिए हम अन्दर देखने से डरते हैं। इसलिए कि अगर वहाँ देखा, तो वो दिखाई दे जाएगा जो हम नहीं देखना चाहते। किया तो था, लेकिन हमें याद मत दिलाओ। किया तो था, लेकिन आज, अब हम उसे फ़ेस नहीं कर सकते। जब अन्दर सफ़ाई होगी और आप अन्दर देख सकेंगे, तो आपको मालूम होगा कि वो कस्तूरी, जिसे आप बाज़ार में, हॉल में, थियेटर में, पार्टीज़ में, ज्वैलरी शॉप में ढूँढ़ रहे थे, वो कस्तूरी आपके अन्दर है। वो इत्मीनान, वो सुकून, वो परमानेंट हैप्पीनेस, वो आपके अन्दर छुपी हुई है। कबीर ने सच कहा है :

सो साईं तन में बसे, अक्यो न जाणै तास।
कस्तूरी में मृग ज्यूँ, फिर फिर सूँघे घास॥

सोना सज्जन साधु जन, टूटि जुरहि शतवार।
दुर्जन कुंभ कुम्हार का, एकहि धके दरार॥

कबीर

कबीर कहते हैं कि सोना एक ऐसी चीज़ है, वो सौ बार टूट जाए, सोने का जेवर सौ बार टूटे, उसे जोड़ दीजिए, वह जुड़ जाएगा और उसकी क़ीमत में भी कोई कमी नहीं आएगी। वो सोना ही रहेगा और उतना ही क़ीमती रहेगा जितना कि था। लेकिन कुम्हार का घड़ा, जो मिट्टी का बना हुआ है, उसे ज़रा-सा भी धक्का लगे, तो टूट जाएगा। और एक बार टूट गया तो वह जुड़ नहीं सकता।

रिश्ते भी कुछ इसी तरह के होते हैं। जो भले इनसान के साथ रिश्ता है, अच्छे इनसान के साथ, जो शरीफ़ है, जिसके दिल में मुहब्बत है, उससे रिश्ता नहीं टूटता आसानी से, कितनी बार भी झगड़े हो जाएँ। लेकिन यह बात एकतरफ़ा नहीं हो सकती। बात दोनों तरफ़ देखनी पड़ेगी। सोना जब जुड़ता है, तो दोनों तरफ़ सोना ही होता है। ऐसा नहीं होता कि एक तरफ़ कुम्हार के टूटे हुए घड़े के टुकड़े हों और दूसरी तरफ़ सोना। लिहाज़ा पहले ये समझिए कि हमें दोनों तरफ़ भले ही लोग चाहिए। अगर दो अच्छे लोग, जिनमें मुहब्बत भी हो, जो एक-दूसरे को समझते भी हों, जिन्होंने इस रिश्ते को क़ीमती समझा हो, वो अगर कभी किसी वजह से झगड़ भी पड़ें, तो भी वो रिश्ते को जोड़ लेते हैं। और जब वो रिश्ता बनता है, तो उसका वही स्टैंडर्ड रहता है, उसकी वही इंटेंसिटी रहती है, उसमें वही मुहब्बत रहती है, उसमें वही रैपो होता है, उसमें वही अपनाइत

होती है, जो पहले थी। रिश्ता उतना ही क़ीमती रहता है, जितना हमेशा था। दूसरी तरफ़ जो रिश्ते घटिया हैं, जिनमें गहराई नहीं है, जिनमें एक सस्तापन है, जो मामूली हैं, जिनमें गम्भीरता नहीं है, जिनमें मुहब्बत का सोना नहीं दमक रहा, बल्कि ख़ुदग़र्ज़ी की, मतलब की और बिलकुल वक़्तपरस्ती की मिलावट हो, उस रिश्ते में वह बात नहीं होती। वह जब टूटता है, तो टूट ही जाता है।

अब इसमें एक बात और भी है, यह भी ख़याल रखें कि अगर वह नहीं जुड़ रहा है, तो ज़रूरी नहीं कि सामने जो है, वही मिट्टी है। ऐसा भी हो सकता है कि वह सोना हो और हम ही मिट्टी हों। ऐसा भी तो मुमकिन है। तो रिश्तों को सोने का बनाने के लिए ज़रूरी है कि हम ख़ुद भी सोने के हों। जब मैं और आप दोनों सोने के होंगे, तो रिश्ता सोने का हो जाएगा। हममें से एक भी अगर सोना नहीं, कमतर है, तो फिर वो रिश्ता सोने का नहीं हो सकता। तो कोशिश यही करनी चाहिए कि हम जिन रिश्तों को क़ायम करते हैं, हम जिन रिश्तों की इज़्ज़त करते हैं, उनसे हमारी अनबन हो गई है किसी वजह से, किसी वजह से हम उस रिश्ते से रूठ गए या वो हमसे रूठ गया, हमारी कुछ खटपट हो गई, तो फिर हमें यह भी साथ में सोचना चाहिए कि यह क्यों हुआ? कहीं ऐसा तो नहीं है कि हमारे सोने में कुछ खोट था? हमारे सोने में कोई मिलावट रह गई थी? अगर ऐसा था, तो उसे कुन्दन बनाने के लिए वापस अपने आप को भी ठीक करें। जब ये ख़याल दोनों तरफ़ से होता है, तो रिश्ता सोना हो जाता है।

कमाल की बात यह है कि हम लोग ज़िन्दगी की हर क़ीमती चीज़ को सँभाल कर रखते हैं—अँगूठी है, घड़ी है, फाउंटेन पेन है, कोई जेवर है, कभी लापरवाही से नहीं रखते। हम इसे कहीं छोड़ आएँ, किसी अपने की नज़र उस पर पड़ जाए, तो वो हमें डाँटता भी है कि भई क्या है, कमाल कर रहे हो तुम, सोने की अँगूठी वहाँ बाथरूम में छोड़ आए!

लेकिन रिश्ते को लेकर न हमसे कोई कहता है और न हम ख़ुद सोचते हैं कि यह रिश्ता सोने का है, ये टूटना नहीं चाहिए, ये क़ीम्ती है। ये ठीक है कि दोनों तरफ़ से सोने का है तो जुड़ जाएगा, तो जेवर भी जुड़ जाएगा लेकिन जेवर हम पटक तो नहीं देते, उसी तरह से जो रिश्ते सोना हैं, जो सम्बन्ध सोना हैं, उनकी क़ीमत वैसे ही कीजिए, जैसे आप इन चीज़ों की करते हैं। बल्कि मैं कहूँ कि जेवर से कहीं ज़्यादा क़ीमत रिश्तों की आँकिये।

अब सवाल है कि क्या बात हो गई कि हमारे लिए चीज़ें ज़्यादा क़ीमती हो गई हैं और इनसान कम। ऐसा तो नहीं होना चाहिए था। अगर रिश्ता सोने का है, टूट भी गया, तो फिर जुड़ जाएगा, लेकिन पहली कोशिश तो यही होनी चाहिए कि वह टूटे ही नहीं। ये बात हो ही क्यों? इसे सँभाल कर रखें। वाक़ई सही कहा है कबीर ने :

सोना सज्जन साधु जन, टूटि जुरहि शतवार।
दुर्जन कुंभ कुम्हार का, एकहि धके दरार॥

शब्द सम्हारे बोलिये, शब्द के हाथ न पाव।
एक शब्द औषध करे, एक शब्द करे घाव॥

कबीर

कबीर ने एक बहुत निराली बात कही है और बहुत अहम बात कही है। कबीर इस दोहे को यूँ भी लिख सकते थे :

बात सम्हारे बोलिये, बात के हाथ न पाव।
एक बात औषध करे, एक बात करे घाव॥

बात के बारे में भी उन्होंने बहुत बार लिखा है। उनके बहुत दोहों में ज़िक्र है कि बात कैसे करो, कैसे न करो। शब्द क्यूँ कहा? बात नहीं, शब्द। ये एक बड़ी अहम बात है। और इस बात को जितना मैं समझता हूँ, कहूँगा। इसलिए कि मैं राइटर हूँ। राइटर के लिए शब्द वही हैं, जो पेंटर के लिए रंग होते हैं। बल्कि यहाँ तक कह सकता हूँ कि जो क्रिकेटर के लिए बैट होता है, वो हर बॉल को इसी बैट से वापस भेजता है और दूर भेजता है। शब्द के बारे में हम लोग ग़ौर नहीं करते। अक्सर, जो चीज़ें हमारे पास होती हैं, उन्हें हम ध्यान से नहीं देखते, ध्यान से नहीं सोचते उनके बारे में, जबकि वो बिलकुल सामने होती हैं। शब्द सिर्फ़ वो नहीं है, जो डिक्शनरी में हैं। डिक्शनरी में शब्द का एक मीनिंग होता है। एक ही मीनिंग के कई शब्द हो सकते हैं डिक्शनरी में, लेकिन वो इस्तेमाल में बिलकुल अलग हो गए हैं। जैसे कहते हैं 'Man is known by company he keeps' जिस कम्पनी में इनसान रहा है, जिन लोगों के

साथ रहा है, आप उस आदमी को उससे भी पहचान सकते हैं। उसी तरह शब्द भी हैं। शब्द 'is also known by the company that particular word has kept'। यानी किन शब्दों के साथ ये शब्द रहा है

मुझे तो कभी-कभी लगता है कि शब्द इनसानों की ही तरह होते हैं। दरवाज़े पर नॉक हुई, दरवाज़ा खुला, एक इनसान एंटर हुआ, जिससे आप पहली बार मिल रहे हैं। जो पहली चीज़ आपको दिखाई देगी, वो उसका फ़िज़िकल एपीरिएंस है। दूसरा जब आपका उससे परिचय होगा, इंट्रोडक्शन होगा, तो आपको मालूम होगा कि अच्छा ये डॉक्टर है। तब आपको मालूम होगा कि इनका प्रोफ़ेशन क्या है। उसके बाद वो बैठकर आपसे बात करेगा। तब आपको पता चलेगा कि अच्छा ये इलाहाबाद के रहनेवाले हैं, या पूना के रहनेवाले हैं। फिर आप कहेंगे अच्छा सुनिए, पूना में तो मेरे भी एक जाननेवाले हैं। अब आपको कई बातें मालूम होंगी। वो अपनी डिटेल्स बताना शुरू करेगा, तब उसको आप समझेंगे कि यह किस तरह का इनसान होगा। इसका बैकग्राउंड क्या है।

शब्द भी वैसे ही हैं। जब आप एक शब्द सुनते हैं तो जो पहली चीज़ आपको छूती है, वो साउंड है, जिसे फ़ोनेटिक्स कहते हैं। ये उसकी फ़िज़िकल एपीरिएंस है। दूसरी चीज़, शब्द के मानी हैं, जो डिक्शनरी में हैं। ये उसका काम है, जैसे किसी आदमी का काम डॉक्टरी है, इंजीनियरिंग है, कोई आदमी राइटर है, कोई आदमी प्रोफ़ेसर है, कोई पुलिसमैन है, कोई पायलट है। इसी तरह से शब्दों का एक काम है। मीनिंग को एक जगह से दूसरी जगह पहुँचाना। ये उनका पेशा है। फिर उस शब्द को आप ग़ौर से पढ़ते हैं, याद करते हैं, कहाँ-कहाँ पढ़ा था, कहाँ-कहाँ सुना था, तब आपको मालूम होता है कि इसका बैकग्राउंड क्या है। ये किन शब्दों के साथ रहा। क्यों इस्तेमाल होता है, कहाँ काम आता है। कहाँ काम नहीं आता है।

देखिए, कुछ शब्द ऐसे हैं, जो आज सही नहीं मानी जाते। कोई दूसरे शब्द इस्तेमाल होते हैं उनकी जगह। आप ये नहीं कहेंगे ये बुड्ढा है, ये बूढ़ा है, आप कहेंगे कि कोई बुज़ुर्ग आए हैं। आज आप ये नहीं कहेंगे कि वो ब्लाइंड है। आप कहेंगे विज़ुअली चैलेंज्ड है। यहाँ तक तो ठीक है। ये तमीज़ की बात है। लेकिन वो वर्ड जो ज़ाहिरा तौर पर देखने-सुनने में ऐसा तो समझ में नहीं आता कि वहाँ बदतमीज़ी की बात है? वहाँ शब्द अलग-अलग मानी क्यों रखते हैं? जबकि डिक्शनरी में उनके मानी एक हैं, सवाल यह है कि ये उनका घर है या उनका मकान है। इसमें बड़ा फ़र्क़ है। वैसे तो कहने का एक ही मतलब हुआ। सवाल ये है कि कुटिया और झोंपड़ी में क्या फ़र्क़ है। डिक्शनरी में तो दोनों का मतलब एक है। लेकिन कहीं कोई फ़र्क़ ज़रूर है। कुटिया जो है साधु की होगी, और झोंपड़ी ग़रीब की होगी। हालाँकि चीज़ें एक ही हैं। ये मैं आपको एक मिसाल दे रहा हूँ। ऐसे तो न जाने कितनी मिसालें हैं। घंटों इसके बारे में बात की जा सकती है। सारे जहाँ से अच्छा हिन्दोस्ताँ हमारा, हम बुलबुले हैं इसकी, ये गुलिस्ताँ हमारा। डिक्शनरी में गुलिस्ताँ का क्या मतलब है गार्डन। बाग़ का क्या मतलब है गार्डन, अगर ये कहें हम बुलबुले हैं इसकी, ये बाग़ है हमारा, तो कुछ ऐसा लगता है कि देश छोटा हो गया। हम अपने देश को गुलिस्ताँ तो कह सकते हैं, बाग़ नहीं कहेंगे। क्यों? डिक्शनरी में तो मतलब एक है। बाग़ तो हमने देखा है, कम्पाउंड वॉल होती है, उसमें कुछ पेड़-पौधे लगे होते हैं। गुलिस्ताँ उसको हमने कभी बोला ही नहीं। तो गुलिस्ताँ सिर्फ़ हमारी इमेजिनेशन में है। वो गुलिस्ताँ बहुत बड़ा है। उसकी कोई सरहद ही नहीं है। उसकी कोई हद ही नहीं है। वह अथाह है, फैला हुआ है, दूर-दूर तक है। तो हम अपने देश को गुलिस्ताँ कहने में नहीं हिचकिचाते, बाग़ कहने में हिचकिचाएँगे। बाग़! इतने बड़े देश को बाग़ कैसे कह देंगे?

तो ये कमाल है, ये जादू है, ज़बान का। कुछ शब्द आपके ज़ेहन में

जाकर, आपकी सोच में जाकर पिघलते हैं और अलग तरह की तस्वीरें बनाते हैं। भले डिक्शनरी में उनका मतलब वही हो, जो किसी दूसरे शब्द का है। वो शब्द आप इस्तेमाल करेंगे तो मीनिंग सेम होगा लेकिन वो वातावरण, वो फ़िज़ा नहीं बनाएगा सुननेवाले के ज़ेहन में, जो दूसरा शब्द बनाएगा। तो ये समझना हो तो ठीक है। वह ज़ाहिर बात है। लेकिन जब बदतमीज़ी की बात आती है, जो रूड वर्ड हैं, उन्हें मत इस्तेमाल कीजिए, पोलाइट वर्ड इस्तेमाल कीजिए। लेकिन इसके आगे भी एक हुनर है, एक फ़न है, एक कला है, जहाँ एक ही मीनिंग के दो वर्ड्स, जो दोनों ठीक हैं कहने को, तो उनमें से कौन-सा सही है, कौन-सा इस्तेमाल होना चाहिए, यह बात भी हमें समझनी चाहिए। सही बात कही है और बहुत गहरी बात कही है कबीर ने और वाक़ई ये एक महाकवि ही कह सकता है :

शब्द सम्हारे बोलिये, शब्द के हाथ न पाव।
एक शब्द औषध करे, एक शब्द करे घाव॥

कोटि करम लागे रहे, एक क्रोध की लार।
किया कराया सब गया, जब आया अहंकार॥

कबीर

कबीर कहते हैं कि जो लाख करम किये थे, जो लाख अच्छे काम किये थे, वो सब भस्म हो जाते हैं, जल जाते हैं, ग़ुस्से की एक आँच, एक लपट, एक शोले से। वो जो तुम्हारा अहंकार है, जो तुम्हारा घमंड है, ग़ुरूर है, वो तुम्हारे सारे किये-कराये को बरबाद कर देता है। सही बात है। देखिए, रिश्ते आसानी से नहीं बनते हैं। दिल आसानी से नहीं जीते जाते। दिलों में जगह आसानी से नहीं मिलती। मुहब्बतें और यक़ीन एक दिन में पैदा नहीं होते। धीरे-धीरे ही कुछ भी बनता है। कुछ भी बनने में वक़्त लगता है। फिर रिश्ता बनना तो बहुत मुश्किल काम है। सच्चा रिश्ता, गहरी दोस्ती, पूरा भरोसा, पूरा यक़ीन आसानी से थोड़े ही होता है।

आप देखिए, मकान बनता है। एक ईंट पर दूसरी, दूसरी पर तीसरी, बीच में सीमेंट लगायी जाती है, फिर वो खिड़कियाँ बन रही हैं, दरवाज़े बन रहे हैं, उसमें यहाँ स्क्रू लग रहे हैं। कितना मुश्किल है ये और उसे तोड़ देना क्या मुश्किल है! लगा दीजिए उसमें डाइनामाइट। एक मिनट में पूरे का पूरा ढह जाएगा। ये ग़ुस्सा भी जो है, डाइनामाइट है। जो रिश्ता, जो रिलेशनशिप आपने बनाई थी, न जाने कितनी घड़ियाँ ऐसी गुज़री थीं, जिनमें आपने मुहब्बत का अहसास दिलाया था एक-दूसरे को और उससे मुहब्बत की थी। न जाने कितने ऐसे मौक़े आए थे जब आपने उसके लिए तकलीफ़ें उठाई थीं। आप आउट ऑफ़ द वे गए थे उसके लिए।

न जाने कितने ऐसे मौक़े आए थे, जब वो दुखी होकर आया था और आपने उसे तसल्ली दी थी। न जाने कितनी बार ऐसा हुआ था कि वह किसी मुश्किल में था, आपने उसकी मुश्किल आसान की थी। आज वह आपसे मुहब्बत करता है, आप पर यक़ीन करता है, आप पर विश्वास करता है। वो आपका आभारी रहता है। वो मुँह से कहे न कहे, दिल में रहती हैं बहुत सारी बातें। तो क्या किया कि ये सारा जो इतना बड़ा बनाया था, अपनी मुहब्बत से, अपनी भावना, अपने जज़्बात, अपने इमोशन, अपनी नेकी से, जिसके लिए तकलीफ़ उठाई थी, वो सब-का-सब एक दिन किसी बात पर आप बिगड़ गए और ऐसे शोले, ऐसी लपटें उठीं ग़ुस्से की, उसमें न जाने आपने क्या कह दिया कि वो एक पल में जल गया। ये कितनी नादानी है। किया कराया सब गया जब आया अहंकार।

ये किया-कराया भी मुझे एक दिलचस्प बात लग रही है कबीर की कि पहली लाइन में उन्होंने क्रोध की लार कहा है यानी क्रोध के जो शोले होते हैं, जो लपट होती है, उस आग की बात की है। अच्छा हमेशा किया-कराया के साथ पानी का ख़याल क्यों आता है? किये-कराये पर पानी फिर गया। कभी आपने किया-कराया इसके बग़ैर नहीं सुना होगा। तो इसमें लफ़्ज़ पानी तो इस्तेमाल नहीं किया, लेकिन पानी कहीं छुपा हुआ है। इंटरेस्टिंग बात यह है कि एक ही दोहे की एक लाइन में आग की तबाही का ज़िक्र है और दूसरे दोहे में पानी का रेफ़रेंस आता है इनडायरेक्टली। किया-कराया सब गया, जब आया अहंकार।

मैं जो समझता हूँ घमंड या अहंकार के बारे में, वो ये कि वो सिर्फ़ बुरा नहीं है, बल्कि बेवक़ूफ़ी भी है। इसलिए कि जिस आदमी से आपका अच्छा रिलेशन है, जिस आदमी से आपको मुहब्बत है, जो आदमी आपको पसन्द करता है, उसके लिए आपने कोई अच्छी बात की होगी, अच्छा काम किया होगा। एक तरह से देखिए तो वो इस आदमी में आपका इनवेस्टमेंट है। जैसे एक कम्पनी होती है, हम उसमें शेयर ख़रीद

लेते हैं। अब वह कम्पनी अगर बरबाद हो गई या उस कम्पनी को आप तबाह करने की कोशिश करेंगे या उसकी नीलामी करवाना चाहेंगे, या उसे बैंकरप्ट करवाना चाहेंगे, तो आपके जो शेयर हैं वो भी तो चले जाएँगे। वैसे ही—किया कराया आपका ये है कि आपने इस आदमी के अन्दर अपने लिए गुडविल पैदा की थी। आपने इस आदमी के दिल में अपने लिए मुहब्बत पैदा की थी। ये आदमी शायद कभी आपके काम भी आता। काम नहीं आता तो कम-से-कम हमदर्दी रखता। हमदर्दी भी न करता तो जाकर लोगों को कम-से-कम इतना तो कहता कि ये अच्छे आदमी हैं और इन्होंने मेरी बड़ी मदद की, आपके लिए एक अच्छा प्रोग्राम ट्रांसमिट करनेवाला वो एक मोबाइल ट्रांसमीटर है, जिसमें आपने कुछ अच्छा फ़ीड किया है। अच्छे प्रोग्राम फ़ीड किये हैं। अच्छी बातें आपके बारे में कहेगा। आपने उस ट्रांसमिशन को, जो कि एक इनसान है, उस बैंक को, जिसमें आपका इंवेस्टमेंट था, अहंकार में बर्बाद कर दिया। बैंक वह पैसे का हो, ये कोई ज़रूरी नहीं है, मुहब्बत का भी बैंक होता है, दोस्ती और ख़ुलूस का भी बैंक होता है। वहाँ आपका इन्वेस्टमेंट है। आपने ग़ुस्से में आकर, अहंकार में आकर उसी को तबाह कर दिया। तो ये काम जो है, बुरा तो किया ही आपने, नादानी का काम भी किया, बेवक़ूफ़ी का काम भी किया।

अहंकार जो है, ये ख़राब तो है ही, इसमें बुराई तो है ही, लेकिन इसमें बेवक़ूफ़ी भी है। मैं आपको एक अजीब बात बताऊँ। दुनिया में बहुत होशियार आदमी और बहुत शरीफ़ आदमी, दोनों में अहंकार नहीं होगा, इसलिए कि अहंकार पॉलिसी वाइज भी ग़लत है और मॉरली भी ग़लत है। अच्छा क्या, बुरा क्या, आप एक पल को यह भूल भी जाएँ, तो भी ये आप सोचेंगे कि आपका फ़ायदा किसमें है, नुक़सान किसमें है। आप अपने मतलब के रहिये, लेकिन अपने मतलब के रहने में भी जो अहंकार है वो आपके ख़िलाफ़ काम करता है। यह बात ज़रा अजीब-सी है, मगर

सच्ची है कि जिसे हम अहंकार कहते हैं वो शराफ़त के भी ख़िलाफ़ है और समझदारी के भी ख़िलाफ़ है। इसलिए कि अहंकार एक ऐसी चीज़ है जिसमें नुक़सान ही नुक़सान है। तो सही कहा है कबीर ने :

कोटि करम लागे रहे, एक क्रोध की लार।
किया कराया सब गया, जब आया अहंकार॥

काग काको धन हरे, कोयल काको देत।
मीठों सबद सुनाय के, जग अपनो कर लेत॥

कबीर

यह कबीर का बड़ा ख़ूबसूरत दोहा है। इसमें उन्होंने कौवे और कोयल की बात कही है। वो शायद इसलिए कि जब यह दोहा उन्होंने लिखा था तो आम इनसान की ज़िन्दगी में ये चिड़ियाएँ हुआ करती थीं। अब तो ऐसा लगता है कि हमारी ज़िन्दगी से सारी चिड़ियाएँ उड़ गई हैं, हमारी सारी डालियाँ सूनी हो गई हैं, नेचर से इनसान का रिश्ता दिन-ब-दिन कमज़ोर होता जा रहा है, और ये दुख की बात है। मुझे ऐसा लगता है कि आज आप यंग जेनरेशन में किसी को पेड़ पर बैठी हुई कोयल दिखाकर पूछेंगे कि ये कौन-सा पक्षी है तो वह नहीं बता सकता। और, मैं उसे क्या दोष दूँ। अभी पिछले दिनों एक अजीब बात हुई। आपको लगेगा कि मैं बड़ी रोमांटिक बात कर रहा हूँ आपसे, या कुछ बड़ी पोयटिक बात करने की कोशिश कर रहा हूँ लेकिन ऐसा नहीं है। ये एक रियल इंसिडेंट है।

दिल्ली में सरकार ने, क्यूँकि मैं पार्लियामेंट में हूँ (था), एक बड़ा-सा घर दे दिया है (था), उसका जो लॉन है (था), उसमें चिड़िया आती रहती थीं। एक दिन मैं बैठा था और मैंने देखा कि एक फ़ाख़्ता आकर बैठी हुई है घास पर। उसे देखकर मेरी आँखों में आँसू आ गए। आँसू इसलिए आ गए कि अचानक मुझे याद आया कि मैंने एक फ़ाख़्ता कितने वर्षों के बाद देखी है। ये तो मैं अपने बचपन में लखनऊ में देखता था, अब

तो ये चिड़िया मुझे कहीं दिखाई नहीं देती। जो आम चिड़िया होती थी उसे चिड़िया ही कहते थे, वो सब कहाँ चली गईं? दिखाई ही नहीं देतीं। छोटी-छोटी चिड़ियाँ जो सुबह-सुबह चूँ-चूँ करती थीं वो अब हर शहर में ख़त्म हो रही हैं। कभी ये सब हमारी ज़िन्दगी का हिस्सा थीं, इसीलिए पुरानी कविताओं में, पुरानी शायरी में, पुराने दोहों में कागा का, बुलबुल का, फ़ाख़्ता का, कोयल का, मोर का ज़िक्र है, इसलिए कि वो हमारी ज़िन्दगी का हिस्सा थीं और हर इनसान समझता था कि हम क्या बात कर रहे हैं, अब एक आख़िरी चिड़िया जो हमारी ज़िन्दगी में बची है वो कौआ ही है, देखिए—वो भी कब तक!

कबीर दोहे में यह कह रहे हैं कि वो कौआ जिसकी आवाज़ लोगों को पसन्द नहीं है—काँय-काँय-काँय करता है, वो किसी से क्या छीन लेता है, उसने किसी की प्रॉपर्टी ले ली है, किसी के बैंक अकाउंट पर क़ब्ज़ा कर लिया है, किसी की कम्पनी का दिवाला निकलवा दिया है, क्या किया है? किसी की अमानत खा गया है? ऐसा तो कुछ भी नहीं है। और कोयल जिसकी आवाज़ बहुत सुरीली होती है। बल्कि अच्छा गानेवाली लड़कियों को कहते हैं कि ये तो कोयल है। उस कोयल ने दुनिया को क्या दे दिया है भाई। उसमें और कौए में ऐसा क्या फ़र्क़ है। तो फ़र्क़ एक्चुअली ग़ौर कीजिए तो नहीं है। तो ज़रा सोचिये। हम लोग तो सोचते नहीं है चिड़ियों के बारे में। कहीं जंगल में, जंगल में नहीं तो कहीं किसी बाग़ में या किसी घर के कम्पाउंड में जहाँ चार-छह पेड़ हैं, बड़े-बड़े, वहीं पर जिन पेड़ों के नीचे से आप अक्सर गुज़रते होंगे, आपका ध्यान नहीं जाता कि इस पेड़ के ऊपर कहीं कोई घोंसला है। तो ऐसा ही घोंसला एक कौए का होता है और कहीं एक बुलबुल का और कोयल का होता है। सुबह दोनों ही अपने घोंसले से उड़ते हैं कि उन्हें खाना ढूँढ़ना है, ख़ुराक ढूँढ़नी है। दोनों के ही अंडे होते हैं और फिर उन अंडों से बच्चे भी निकलते हैं। कोई फ़र्क़ नहीं है उनकी

ज़िन्दगी में। दोनों कहीं-न-कहीं से कुछ दाने चुगते हैं। कोई उन्हें आकर पेड़ पर तो देता नहीं है, कोई होटल तो नहीं है जहाँ से वो दाने मँगवा लें। इसलिए दोनों दाने लाकर अपने बच्चों को भी खिलाते हैं। कौआ भी खिलाता है और कोयल भी खिलाती है। दोनों के काम एक जैसे हैं। तो फिर वजह क्या है कि कौआ लोगों को पसन्द नहीं है, और कोयल की मिसाल दी जाती है।

सिर्फ़ एक वजह है कि कोयल की आवाज़ अच्छी है और कौए की आवाज़ आपके कान को बुरी लगती है। अब ज़रा सोचा जाए, ज़िन्दगी में हमें अक्सर लोगों से सिर्फ़ मिलना-जुलना ही होता है, कुछ ख़ास व्यवहार भी नहीं होता, बस इतना कि कैसे हैं भाई, अच्छे हैं, आप गुज़र गए सामने से, कहीं मिल जाते हैं, पार्टी में मिल गए, सड़क पर मिल गए, मोहल्ले में मिल गए, सामने चाय की दुकान पर मिल गए, कोई बात हुई, वो अपने घर चले गए आप अपने घर चले गए, उनकी अपनी ज़िन्दगी है, आपकी अपनी ज़िन्दगी है। एक तो वो लोग हैं और एक वो लोग हैं जिनसे आपका कुछ व्यवहार है, रिश्ता है, बिजनेस है, लेकिन आमतौर से जो लोग हैं आपकी ज़िन्दगी में, आप मालूम करें, हिसाब लगाएँ तो मेरे ख़याल से 75 से 80 प्रतिशत लोग वो होंगे जिनसे आपको सिर्फ़ मिलना-जुलना होता है, ऐसा कोई लेन-देन नहीं है आपमें, वो आपको पसन्द करते हैं या नहीं पसन्द करते, कुछ लोगों को पसन्द किया जाता है, कुछ लोगों को पसन्द नहीं किया जाता। क्यों?

सिर्फ़ ज़बान, सिर्फ़ बातचीत की कड़वाहट या मिठास से। कड़वे तरीक़े से कहनेवाली बात आपको कागा बना देती है, वही बात आप मीठे तरीक़े से करें, अच्छे लहज़े में करें तो आप कोयल होंगे। यहाँ कुछ न लेना है, न देना है, अक्सर हम लोग जब झगड़ों में भी पड़ते हैं, बहस में भी पड़ते हैं तो किसी ऐसे टॉपिक पर जिनका हमारी ज़िन्दगी से कोई वास्ता नहीं है, न उसकी ज़िन्दगी से न मेरी ज़िन्दगी से, लेकिन मैं लड़ रहा

हूँ उससे, वह भी मुझसे लड़ रहा है—ये हुई कौए की आदत कि वो काँय-काँय-काँय-काँय करेगा, लेकिन जो कोयल है वो अलग है, अगर हम टेम्परामेंट में कोयल हैं तो फिर हम जहाँ जाएँगे, कुछ मीठे गीत सुना देंगे, कुछ मीठी बातें होंगी, लोग हमें पसन्द करेंगे। तो वाक़ई सच बात है कि कौए ने किसी से कुछ छीना नहीं और कोयल ने किसी को कुछ दिया नहीं है, सिर्फ़ मीठे शब्द से, मीठी बात से अच्छी बात से, मीठे लहज़े से कोयल दुनिया को अपना कर लेती है। तो आपको सोचना है कि आपको अपने गले में कौआ रखना है या कोयल। तो एक बार दोहा फिर सुनिये, फिर सोचिये इस पर :

कागा काको धन हरे, कोयल काको देत।
मीठो सबद सुनाय के, जग अपनो कर लेत॥

निर्बल को न सताइये, जाकी मोटी हाय।
मुए बैल की खाल से, लोह भसम होइ जाए॥

कबीर

कबीर ने इस दोहे में निर्बल और कमज़ोर की तरफ़ से बात की है, जो वे आमतौर से करते थे। बड़ी हैरत की बात है! आमतौर से दुनिया समझती है कि आज से सौ सवा सौ साल पहले कार्ल मार्क्स ने हमको बताया कि क्लास स्ट्रगल क्या है, एक सेक्शन, एक सेगमेंट और एक सोसायटी एक-दूसरे को कैसे एक्सप्लायट करते हैं। लेकिन कार्ल मार्क्स से सात सौ, साढ़े सात सौ साल पहले ये बातें कबीर के दोहे में आपको मिलती हैं, और बड़े कांशस लेवल पर मिलती हैं। यहाँ वो आपको बताते हैं कि कमज़ोर, ग़रीब, जो डाउन ट्रॉडन हैं, जो निर्धन हैं, जो निर्बल हैं, उनके साथ क्या हो रहा है और ये क्यूँ नहीं होना चाहिए।

निर्बल को न सताइये, जाकी मोटी हाय।

ये हाय क्या है? इसके बारे में बात करेंगे। अभी तो आप यही समझिए कि बद्दुआ की जो फ़रियाद है उसमें बड़ी ताक़त है। जैसे कि *मुए बैल की खाल से,* ये एक ज़रूरी बात, थोड़ा-सा मैं बताता चलूँ—कि पहले ज़माने में लोहार होते थे। इनकी एक भट्ठी होती थी जिसमें लोहा पिघलाते थे और लोहे को इतना गर्म कर लेते थे कि उसे पीटकर उसकी शक्ल बदल सकें। लेकिन उस भट्ठी की आग भड़की ही रहे, उसके अंगारे सुर्ख़ लाल रहें, इसके लिए एक धौंकनी होती थी। वह धौंकनी बहुत

बड़ा-सा बैग हुआ करती थी चमड़े का, जिसमें हवा भरती थी जब उसे ऊपर खींचते थे, फिर दबाते थे तो हवा भट्ठी के अन्दर जाती थी और वह अंगारों को भड़काती रहती थी। ये बैग, जो बहुत बड़ा-सा होता था इसे धौंकनी कहते थे। ये चमड़े की होती थी जिसे किसी ढोर, किसी जानवर की खाल से, मोटी खाल से बनाया जाता था।

तो कह रहे हैं कि जो जानवर मर गया है, उसकी जो खाल है—वो अल्टीमेटली लोहे को पिघलाने का काम कर रही है। इसी तरह जो कमज़ोर है, इसकी जो हाय है, इसकी जो आह होगी, वो तुम्हें बरबाद कर देगी। और इसमें सच्चाई है। इसे हम किस तरह देखें कि हाय क्या है? और बद्दुआ क्या है? है क्या कि जहाँ आप किसी कमज़ोर पर जुल्म करते हैं या एक क्लास है, जो एक कमज़ोर क्लास पर जुल्म करती है—लैंड लेबरर्स हैं, किसान हैं या ग़रीब मज़दूर हैं, जो भी लोग हैं, ग़रीब लोग हैं, झोंपड़-पट्टी में रहनेवाले वर्कर्स हैं—जब उन पर जुल्म होता है, थोड़ा जुल्म तो वह सह लेंगे, इसलिए कि वो क्या कर सकते हैं, उनके पास च्वाइस नहीं है। लेकिन अंग्रेज़ी में एक कहावत है—"back against the wall" यानी जहाँ आपने उन्हें इतना पुश किया, इतना पुश किया कि उनकी पीठ दीवार पर जाकर लगे कि वे पीछे जा ही नहीं सकें। वो बड़ी ख़तरनाक बात होगी। यह हाय जो है, यह इलविल है, यह हाय जो है ये ग़ुस्से की एक-एक बूँद है। धीरे-धीरे यह बूँदें जमा होती रहती हैं, जमा होती रहती हैं और आहिस्ता-आहिस्ता जो हाय बनती है, यह दरअसल एक सुनामी होती है उस ग़ुस्से की। उस ग़ुस्से की बूँदों से मिलकर बनी हुई सुनामी है जो आहिस्ता-आहिस्ता एक दरिया बना। ये क्लास लेवल पर भी सही है कि ग़रीबों पर, निर्धन, कमजोर पर, जिसे हम छोटी जाति भी कहते हैं—क्या छोटी जाति—क्या बड़ी जाति, ये सब बेकार बातें हैं, लेकिन फिर भी दुनिया में ये सब बातें होती हैं; और ये इंडिविडुएल लेवल पर भी सही है।

हमें अपनी फ़ैमिली, अपने रिश्तों, अपने सम्बन्धों में भी ये चीज़ देखनी चाहिए कि कहीं ऐसा तो नहीं है कि जो निर्बल है, जो कमज़ोर है, उसके ऊपर जुल्म होता ही जा रहा है, होता ही जा रहा है। कई ख़राबियाँ हैं उसमें। ऐसा नहीं होता कि आप एक इनसान पर जो जुल्म कर रहे हैं उसके बाद सब इन्साफ़ है—ऐसा हो ही नहीं सकता। समाज में या तो अन्याय है या नहीं है। जुल्म या तो है या नहीं है। अगर आप किसी एक पर भी जुल्म कर रहे हैं तो वो भी छलकेगा, वो दूसरे रिश्तों पर भी जाएगा। अगर जुल्म करने की मुझे आदत है, तो मैं एक पर करूँगा ज़्यादा, इसलिए कि मैं उसके साथ ज़्यादा कर सकता हूँ, लेकिन जहाँ थोड़ा-बहुत भी कर सकता हूँ वहाँ भी क्यूँ रुकूँगा। तो धीरे-धीरे बात बिगड़ेगी। जिस घर में किसी एक पर जुल्म होता है, वो घर कभी ख़ुश हो ही नहीं सकता। इसलिए कि नाइन्साफ़ी करने की तमन्ना दिल में है, अन्याय करने की आरज़ू दिल में है। तो जहाँ ज़्यादा मौक़ा मिल रहा है वहाँ ज़्यादा हो रहा है, जहाँ गुंजाइश कम है वहाँ कम, तो होता ये है कि फिर वो अन्याय आहिस्ता-आहिस्ता जमा होते रहते हैं, वो आपके सिस्टम को बिगाड़ते रहते हैं। और एक दिन एक मेजर ब्लास्ट होता है, और आप हैरान हो जाते हैं कि यह कैसे हो गया और याद नहीं करते कि इतने दिनों से धीरे-धीरे-धीरे-धीरे हमने इसके साथ क्या किया। ये तो होना ही था। तो अगर लौह को भस्म नहीं होना है, अगर लोहे को पिघलना और जलना नहीं है तो उसे इस बात का ख़याल रखना पड़ेगा। इस भरोसे में न रहें कि वो लोहा हैं। हम अक्सर अपने आप को लोहा समझने लगते हैं और दूसरे को कमज़ोर। ये ग़लत है :

निर्बल को न सताइये, जाकी मोटी हाय।
मुए बैल की खाल से, लोह भसम होइ जाए॥

ठौर छूट तैं मीत हू, होय अमित सत रात
रवि जल उखरे कमल कैं, जारत गारत जात।

वृंद

वृंद ने बड़ी गहरी बात कही है, और मुझे ऐसा लगता है कि जब उन्होंने यह बात लिखी थी, तब इसे समझना और सोचना इतना ज़रूरी नहीं था जितना आज हो गया है। वे कहते हैं कि जब अपनी जगह से हट गया, अपनी जड़ों से कट गया तो फिर तेरा दोस्त भी तेरा दोस्त नहीं रहेगा। जैसे कि वो कमल का फूल जो पानी में था, तालाब में था, सूरज की किरणों से खिला करता था, कमल और सूरज की एक दोस्ती थी, एक रिश्ता था; लेकिन उसी कमल के फूल को उखाड़कर तालाब से निकाल लीजिए और किनारे पर रख दीजिए, तो वही सूरज अपनी किरणों से उसी कमल के फूल को जलाकर ख़ाक कर देता है। ख़त्म कर देता है। अपनी जड़ों से जिस तरह कमल के फूल को जुड़े रहना और अपने माहौल में, यानी तालाब में रहना ज़रूरी है, सूरज की किरणों से भी फ़ायदा उठाने के लिए, उसी तरह हम हैं।

ये दुख की बात है, मगर सच्ची है। हम भी अपनी जड़ों से कट रहे हैं। मैं अक्सर स्कूलों और कॉलेजों में जाता हूँ, वहाँ बात भी होती है मेरी लड़के-लड़कियों से, तो मैं उनसे एक सवाल करता हूँ। वे हॉल में हैं, ख़ूब चिल्लाते हैं—यस। अच्छा, ये बताओ कि जो भी हिन्दुस्तान की भाषाएँ हैं उनमें से कोई भी तुम्हारी मदर टंग होगी, मातृभाषा होगी, तुम वो बोलते नहीं हो, तुम्हें हिन्दुस्तान की ज़बान पसन्द नहीं है, तुम्हें

हिन्दुस्तान का खाना अच्छा नहीं लगता, तुम्हें हिन्दुस्तान का म्यूज़िक नहीं पसन्द, तुम वेस्टर्न म्यूज़िक सुनते हो, तुम्हें हिन्दुस्तान के कपड़े नहीं पसन्द, तुम सबके सब लोग टी-शर्ट जींस पहने हो, तुम्हें हिन्दुस्तान की हिस्ट्री में कोई इंटरेस्ट नहीं है। तुम्हें हिन्दुस्तान के डांसर अजीब लगते हैं, क्लासिकल डांसेज के बारे में तुम कुछ नहीं जानते। हिन्दुस्तान का जो फोक लिटरेचर है, फोक म्यूज़िक है, फोक सोंग्स हैं, उनसे तुम्हारा कोई सम्बन्ध नहीं। तो फिर अगर हिन्दुस्तान के कपड़े, खाने, ज़बान, म्यूज़िक, नृत्य, हिस्ट्री इनमें से किसी चीज़ में तुम्हारी दिलचस्पी नहीं है, किसी भी चीज़ से तुम्हें मोहब्बत नहीं है, किसी भी चीज़ से तुम जुड़े नहीं हो, तो फिर तुम हिन्दुस्तान से मुहब्बत कैसे करते हो।

एक देश सिर्फ़ ज़मीन, धरती, पेड़-पौधे, पहाड़, दरिया थोड़े ही होता है—वो एक पूरी सभ्यता है, पूरी संस्कृति है। ये जो कल्चर है वो है देश और उससे आप अपना रिश्ता तोड़े डाल रहे हो। ख़ैर इसमें थोड़ा हमारा भी दोष है! हमारा दोष यह है कि हमने अपने बच्चों को वो परम्परा, वो ट्रेडिशन दी ही नहीं। हमने उन्हें ज़बान नहीं सिखाई, हमने उन्हें एक्सपोज़ नहीं किया उस सबसे, जब वे इम्प्रेशन लेने की उम्र में थे। हमने उनको इस तरह का म्यूज़िक सुनाया ही नहीं, हम सुन रहे होते तो बच्चों को मालूम होता कि हमारे माँ-बाप सुनते हैं भई रविशंकर। वो बैठकर सुन रहे हैं—उनका रिकॉर्ड लगाया हुआ है या उनके कंसर्ट में गए हैं। हरि प्रसाद चौरसिया को सुनते हैं, मानते हैं उन्हें या घर में लिटरेचर की किताबें होतीं, लोग पढ़ रहे होते, हिन्दुस्तान के बड़े राइटर्स को, उनके बारे में बात हो रही होती तो आदमी बोलता। साहित्य सिर्फ़ कहानी-क़िस्सा थोड़े ही है। उसके ज़रिये आप अपनी ज़मीन की हक़ीक़त को जानते हैं। साहित्य जो है वो आपकी जड़ें मज़बूत करता है। कभी-कभी बनाता भी है। हमने ये सब चीज़ें अपनी यंग जेनरेशन को दी नहीं। शायद इसी वजह से उनका दोष कम है, हमारा दोष ज़्यादा कि वो अपनी जड़ों से कटे, और मैं यह

नहीं कहता हूँ कि हमें बाहर से असर नहीं लेना चाहिए। मैं यह नहीं कहता हूँ कि हमें बाहर से नहीं सीखना चाहिए। मैं उनमें से नहीं हूँ जो अंग्रेज़ी के ख़िलाफ़ हैं। अंग्रेज़ी इन्तिहाई ज़रूरी है। अंग्रेज़ी आज एक आदमी को नहीं आएगी तो वह हैंडीकैप्ड है। वह आनी ही चाहिए। लेकिन उतना ही इम्पोर्टेंट है कि अपनी मदर टंग भी आनी चाहिए। उसकी मदर टंग अगर गुजराती है, पंजाबी है या मराठी है या तेलुगु है, उर्दू है, सिंधी है, जो भी है वह उसे आनी चाहिए। उसके बिना उसकी आइडेंटिटी, अपनी ज़मीन से, अपनी परम्परा से, अपनी हिस्ट्री से कैसे बनेगी?

अब आप क्या करते हैं! जब बच्चे को उसकी जड़ों से काटकर छोड़ दिया, अब वो वेस्टर्न कल्चर, जिससे वह बहुत कुछ हासिल कर सकता था, अगर उसका अपना वेल्यू सिस्टम सही होता। अगर उसकी अपनी हिन्दुस्तानियत पूरी मज़बूत होती, तो वह वहाँ से जो अच्छी-अच्छी चीज़ें हैं, वो ले सकता था—पहले भी लोगों ने वहाँ से अच्छी चीज़ें ली हैं। अच्छी चीज़ें कहीं से भी मिलें, लेना चाहिए। लेकिन अब आपके पास अपना कुछ नहीं है, तो फिर आपको यह भी नहीं मालूम कि लेना क्या है और क्या नहीं लेना है। वो जो ख़ाली ख़ाने हैं, जो आपके थे, जहाँ पर, जिन घड़ों में आपके संगीत को, आपकी भाषा को, आपके नृत्य को, आपके साहित्य को रहना था वो ख़ाली हो गए तो उसमें कुछ भी घुस गया। और वो जो कुछ भी है वो सेहतमन्द नहीं है, वो हेल्दी नहीं है। वो आपकी मानसिकता को, सोच को, आपके कल्चर को, आपके जीने के ढंग को, सही शक्ति, सही ताक़त नहीं दे सकता। दुनिया से आपको इल्म मिल सकता है, सीख मिल सकती है, लेकिन तभी जब आप अपनी जड़ों से जुड़े हुए हों। पेड़ की तरह ही इनसान भी है, उसकी जड़ें जितनी गहरी होंगी, उतना ही वह ऊँचा भी जा सकेगा और उतनी ही उसकी टहनियाँ बाहर फैल सकती हैं। बाहर से कंटेक्ट जो है वो शाखाओं के फैलने की तरह है, ब्रांचेज की तरह है। लेकिन अगर जड़ें ही गहरी नहीं होंगी और

आप ब्रांचेज फैलाते चले जाएँगे तो गिर पड़ेंगे, ख़त्म हो जाएँगे, कुछ भी नहीं रहेंगे। आप उस कमल के फूल की तरह मुरझा जाएँगे, जो तालाब से निकालकर कोने पर रख दिया गया है। वो सूरज जो आपको ज़िन्दगी देता अगर आप अपनी जड़ों से जुड़े होते, वही आपको झुलसाकर ख़त्म करेगा। सही बात कही वृंद ने, बहुत ही सही बात कही है :

ठौर छूट तैं मीत हू, होय अमित सत रात।
रवि जल उखरे कमल कैं, जारत गारत जात॥

साधु ऐसा चाहिए, जाका पूरा मंग।
बिपत पड़ै छाड़ै नहीं, चढ़ै चौगुनो रंग।।

कबीर

कबीर कहते हैं कि इनसान ऐसा होना चाहिए जो अन्दर-बाहर पूरी तरह से मज़बूत हो, और इसके लिए उन्होंने जो मेटाफर इस्तेमाल किया है वह उनके अपने प्रोफेशन, अपने टेंपरामेंट से आया है। हमारे यहाँ आज भी ऐसा है कि अगर कोई किसी को बताए कि मैं राइटर हूँ या पोयट हूँ तो वह बड़ा ख़ुश होकर कहेगा, अच्छा-अच्छा! और फिर पूछेगा कि आप काम क्या करते हैं? इसलिए कि राइटिंग तो कोई काम माना नहीं जाता है। आज क्या शायद पहले भी नहीं माना जाता होगा। कबीर जैसे महान कवि को भी ज़िन्दगी गुज़ारने के लिए कोई और काम करना पड़ता था, आप लोग तो जानते होंगे कि वे बुनकर थे।

अब साहेब, पोयट बुनकर भी हो जाए तो उसमें से भी कविता निकाल लेगा। एक प्रोसेस था कपड़े को रँगने का और वो ऐसा होता था कि रंग कपड़े में पूरी जगह हो जाए, रंग उसके अन्दर तक चला जाए। रंग ऊपर-ऊपर है तो वह ज़रा-सा धुला और रंग छूट जाता है। रंग निकलता है तो उसे रंग छूटना कहते हैं तो *विपत्ति पड़ै छाड़ै नहीं,* अगर मुसीबत आए तो रंग छूटे नहीं बल्कि *चढ़े चौगुनो रंग,* वो और ज़्यादा हो जाए। तो ये इनसान के अन्दर भी है, जो रंग हैं उसके वो उसूलों के, प्रिंसिपल के, बिलीव के, कन्विक्शन के, सोच के, संस्कार के ये ऊपर-ऊपर हैं या उसके अन्दर तक जज़्ब हो चुके हैं, सोख लिया है उसने इन चीज़ों

को? होता ये है कि ज़रा-सी मुसीबत पड़ी तो हमारे जो कन्विक्शन थे, हमारे जो जीने के ढंग थे, जिन चीज़ों को हमने सही माना था, जिन चीज़ों को हमने ग़लत माना था, जिसे हमने करना पसन्द किया जिसे नापसन्द किया, सब गडमड हो जाता है। हम घबड़ा जाते हैं। ये तो कहावत है ही कि कौआ चला हंस की चाल, यहाँ तक तो ठीक है कि भाई कौआ हँस जैसे ख़ूबसूरत जानवर की, बेहतर जानवर की, पक्षी की ही चाल चलने की कोशिश कर रहा है, लेकिन देखा यह जाता है कि अक्सर मुसीबत में जो हंस थे वो कौए की चाल चलने की कोशिश करने लगते हैं, इसलिए कि वो जो रंग था, जो यक़ीन था, जो कन्विक्शन थे वो ऊपर-ऊपर थे—जब तक उस कन्विक्शन से, उस तरीक़े से, जीने के उस ढंग से, उन्हें कोई नुक़सान नहीं हो रहा था, कुछ फ़ायदा हो रहा था तब तक तो चल रहा था और जहाँ चैलेंज आया, जहाँ ज़रा हालात टेढ़े हुए, जहाँ कोई मुश्किल आई, इम्तहान की घड़ी आई तो हाथ-पाँव ठंडे हो गए और उन कन्विक्शंस को उन्होंने न सिर्फ़ छोड़ना शुरू किया, बल्कि उन्हें ग़लत समझने लगे। ये एक कमज़ोरी की बात है।

दूसरे एक और कमज़ोरी देखी है इनसान में जो ये दोहा कहता है कि नहीं होनी चाहिए। हम लोग जब हालात ठीक हैं, जब सिचुएशन सही है, कोई गड़बड़ नहीं है तो बड़े नॉर्मल रहते हैं, बड़ा इत्मीनान, सेल्फ़ कांफिडेंस, सब कुछ होता है, लेकिन जहाँ कोई मुसीबत आई तो हम घबड़ा जाते हैं, हमारी अक़्ल काम करना बन्द कर देती है, हम दूसरों से पूछते हैं क्या करें? कहाँ जाएँ? क्या होगा? सच्ची बात तो ये है कि जब हालात नॉर्मल हैं, तो आप कंफ़्यूज़ हो जाएँ, आप किसी से राय ले लें, अपनी बात न सोचें, भूल जाएँ, सब कुछ आप होल्ड कर सकते हैं, लेकिन जब विपदा पड़ी है उस वक़्त जो आपके कन्विक्शन हैं, वही तो घड़ी है जब कन्विक्शन इस्तेमाल होने हैं, तभी तो आपका माइंड कूल रहना चाहिए, लेकिन मालूम हुआ कि जो अक़्ल का रंग था वो छूट कर

जा रहा है। वो वक़्त है कूल रहने का, वो वक़्त है मुसीबत में क्लियरली सोचने का। बल्कि पहले भले लापरवाही से सोचते हों, आधा सोचते हों, आधा नहीं सोचते, आधा ध्यान देते, आधा ध्यान नहीं देते हों, लेकिन जब मुश्किल की घड़ी आए उसमें आपकी अक़्ल, आपकी सोच, आपकी समझ, आपका एक्सपेरियंस एक जगह आ जाना चाहिए, उसकी ताक़त चौगुनी हो जानी चाहिए, और हो जाएगी अगर आप उसका कन्विक्शन रखें। ये मुमकिन है, और मैंने देखी है लोगों में ये ख़ूबी वो लोग जो बात भूल भी जाते हैं, याद नहीं रहती, या लापरवाही से काम कर रहे हैं या पूरी कोशिश से नहीं कर रहे हैं लेकिन मुश्किल आई तो ऐसा लगता है कि शॉर्प फोकस में हैं सिमट गए और उनकी सारी शक्तियाँ, सारी ताक़तें, उनकी सारी सोच, उनकी सारी इंटलिजेंस एक जगह सिमट आई है, फोकस हो गई हैं।

तो फिर से देखिए क्या कह रहे हैं कबीर, 'विपत्ति पड़ै छाड़ै नहीं, चढ़े चौगुनो रंग' उस वक़्त तो ज़रूरी यह है कि जब मुसीबत पड़े तो आपके पास जो कन्विक्शन का रंग है, आपके पास जो सोच का रंग है, आपके पास जो हिम्मत का रंग है, आपके पास जो इंटलीजेंस का रंग है, आपके पास जो फन का, टेक्ट का, टेक्नॉलोजी का, जो कुछ भी है आपके पास, वो उस वक़्त आप भूल न जाएँ, वो आपके हाथ से निकल न जाए घबड़ाहट में। बल्कि ये तमाम चीज़ें जो आपने बरसों से जमा की है, वो तमाम तजुर्बा, वो तमाम अक़्ल, वो तमाम ज्ञान सिमट कर चौगुना रंग बन जाए और तब आप विपदा का मुक़ाबला करें। बिलकुल सही बात :

साधु ऐसा चाहिए, जाका पूरा मंग।
विपत्ति पड़ै छाड़ै नहीं, चढ़े चौगुनो रंग॥

अपनी अपनी ठौर पर, सबकों लागै दाव।
जल में गाड़ी नाव पर, थल गाड़ी पर नाव॥

वृंद

वृंद ने बड़ी अच्छी बात कही है और बड़े दिलचस्प तरीक़े से कही है, और जो सीख दी है वो बड़े मज़े की है। वे कहते हैं कि अपनी-अपनी जगह हर आदमी कमाल का है। जब उसका वक़्त पड़ता है, मौक़ा आता है तो उसी का दाँव लगता है, उसी का काम होता है, उसी का हुनर काम आता है। जैसे कि पानी में अगर नदी क्रॉस करनी है तो गाड़ी जो है वो नाव पर रख दी जाएगी लेकिन जब किनारा आएगा और ज़मीन पर चलना है, तो नाव गाड़ी पर आ जाएगी। यहाँ नाव चली और वहाँ गाड़ी चली। अगर गाड़ी पानी में चलना चाहे तो डूब जाएगी, नाव अगर ज़मीन पर चलना चाहे तो टूट जाएगी, वक़्त-वक़्त की बात है—कौन-कब किस काम आ जाए।

बहुत अच्छी बात है और ये बात समझने की है लेकिन बड़ी हैरत की बात है कि हम लोग यह बात भूल जाते हैं। लेकिन ये बात हमारे कुछ मिज़ाज में, कुछ संस्कार में शामिल है, कि जिसे कहते हैं टीम वर्क वो हममें ज़रा कम होता है। मैं ऐसा मानकर चलता हूँ कि एक आम हिन्दुस्तानी जो है उसका आइ-क्यू काफ़ी अच्छा होता है। हो सकता है वो पढ़ा-लिखा नहीं हो, गाँव का रहनेवाला हो, शहर का रहनेवाला हो वो अलग बात है, लेकिन अगर आप उसकी प्योर इंटेलिजेंस देखिए तो मुझे लगता है कि वो ख़ासा इंटेलिजेंट आदमी होता है। यही वजह है कि

वो कहीं भी गया, तो उसने अपनी जगह बनाई है और कामयाब हुआ है। लेकिन हममें एक गड़बड़ भी होती है जिसे हमें दूर करना चाहिए। वो ये कि टीम वर्क की स्पिरिट हममें कम है। ज़िन्दगी का जो रास्ता है उसमें मैदान भी आएँगे और नदियाँ भी आएँगी, तो कभी किसी इनसान की ज़रूरत आपको पड़ेगी, कभी उसे आपकी ज़रूरत पड़ेगी। लेकिन हम इस टीम वर्क में कमज़ोर हैं, उसकी वजह यह है कि हम या तो दूसरों पर उतना यक़ीन नहीं कर पाते जितना हमें करना चाहिए या हमको ऐसा लगता है कि हम अगर नाव हैं तो हम इस गाड़ी को क्यों पार करवाएँ, ये फिर आगे निकल गई तो और अगर गाड़ी हैं तो सोचते हैं कि मैं क्यों इस नाव को सहारा दूँ जिसे चलना हो चले।

ये एक तरह की स्पिरिट हममें है जिससे हम एक-दूसरे को सपोर्ट नहीं करते—अगर सपोर्ट करते नहीं तो सपोर्ट पाते भी नहीं। दूसरी एक और बात है जो बड़ी वर्चू बनती है। लोग अक्सर बात करते हैं, कुछ लोग हैं जो चाहते हैं कि सब एक जैसे हो जाएँ। तरह-तरह के सेक्शन में मैंने भी देखा है कि वो चाहते हैं कि लोग एक तरह सोचें, एक तरह रहें, एक तरह खाएँ, एक तरह पिएँ, एक जैसे हो जाएँ, उनके कन्विक्शन एक हों, लेकिन एक हेल्दी समाज वही है जिसमें तरह-तरह की सोच के लोग हों। ये बात अक्सर हमारे ध्यान से निकल जाती है कि ये अच्छा ही है कि हमारे पास वेरायटी हो, तरह-तरह के लोग हों, तरह-तरह के फ़नकार हों, तरह-तरह के टेक्नीशियन हों, तरह-तरह के फ़िलॉस्फ़र हों, साइंटिस्ट हों और उनका जो हुनर है वो एक-दूसरे से बिलकुल अलग हो जैसे नाव और गाड़ी बिलकुल अलग हैं। आप कहें कि नाव ग़लत है—तो ये ग़लत होगा, आप कहें कि गाड़ी ग़लत है तो ये भी ग़लत होगा, फ़ैक्ट यह है कि जो समाज का सफ़र है, जो ज़िन्दगी का सफ़र है उसमें अलग-अलग तरह के लोग चाहिए होते हैं जो कि समाज को, ज़िन्दगी को आगे ले जा सकें।

मैं तो ऐसा मानता हूँ कि अगर सारे लोग एक जैसे—दो आदमी अगर एक जैसे हैं तो फिर उन्हें साथ रहने की क्या ज़रूरत है, एक ही काफ़ी है, और ये भी सच है कि दो आदमी अगर बिलकुल अलग हैं तो साथ कैसे रहेंगे। कुछ भी कॉमन नहीं, लेकिन गाड़ी और नाव में एक बात कॉमन है, दोनों आगे ले जा रही हैं, दोनों सफ़र में आपकी मददगार हैं, कब गाड़ी चाहिए कब नाव चाहिए—ये बात हमेशा हमें समझनी चाहिए, और ये बात हमें माननी होगी कि हम गाड़ी में हैं तो तैर नहीं सकते, तैरने में मदद नाव करेगी, अगर हम नाव हैं तो धरती पर नहीं चल सकते, यहाँ गाड़ी हमारी मदद करेगी। न कोई छोटा न कोई बड़ा। आप कहें कि गाड़ी बड़ी होती है या नाव, दोनों ही बड़ी हैं, हम दोनों ही हैं दोनों एक-दूसरे से अलग हैं और अलग होने के बावजूद एक-दूसरे के काम आ सकते हैं।

हक़ीक़त ये है कि हम अलग-अलग तरह के होकर भी एक कम्पलीट टीम वर्क बना कर एक बहुत स्ट्रांग यूनिट बन सकते हैं।

ये सच्चाई सिर्फ़ देश और समाज के लिए नहीं है घर के लिए भी है। लेकिन हम घर में भी यही चाहते हैं, अगर हमारा वश चले तो सब बिलकुल वैसे ही चलें जैसा हम कहते हैं, कोई ज़रा-सा अलग काम कर रहा है, अलग तरह से सोचता है तो हमें लगता है कि ये तो बिलकुल ग़लत हो गया। हक़ीक़त यह है कि इससे घर में जो केपेबिलिटीज़ है, कैनवास है वो थोड़ा-सा बड़ा हुआ है, हो सकता है किसी दिन वही काम आए आपके, हो सकता है उसकी सोच, उसका हुनर, उसका प्रोफ़ेशन, उसका तरीक़ा एक दिन कहीं आपको हेल्प करे। अगर आप ओपेन हैं, ये मानते हैं कि इसके पास कुछ है जो मेरे पास नहीं है और मेरे पास कुछ है जो इसके पास नहीं है, तो हम मिल-जुलकर क्यों न ज़िन्दगी को कंप्लीट कर लें। जैसे गाड़ी और नाव साथ चलें तो फिर उन्हें कौन रोके, भले नदी आए या बीच में रेगिस्तान आ जाए इनका सफ़र तो चलता

ही रहेगा। तो आइए कुछ गाड़ियाँ, कुछ नाव जमा हो जाएँ और आगे चलें, देखते हैं कौन-सा समन्दर हमें रोकता है या कौन-सा रेगिस्तान हमें रोकता है, कोई नहीं रोक सकेगा।

अपनी अपनी ठौर पर, सबकों लागै दाव।
जल में गाड़ी नाव पर, थल गाड़ी पर नाव॥

रात गँवाई सोय कर, दिवस गँवायो खाय।
हीरा जनम अमोल था, कौड़ी बदले जाय॥

कबीर

कबीर कहते हैं, रात सो-सो कर गँवा दी, दिन खा-पी के निकाल दिया। ये ज़िन्दगी तो अनमोल थी, इसे कौड़ियों के भाव बेच दिया। ज़िन्दगी, जो हम सबके लिए बहुत बड़ी चीज़ है। हम बड़ा अहम समझते हैं उसे, क़ीमती समझते हैं, प्यार करते हैं अपनी ज़िन्दगी से, और चाहते हैं कि हमें लम्बी से लम्बी ज़िन्दगी मिले। कुछ लोग खुलकर कहते हैं, कुछ लोग दिल में चाहते हैं, लेकिन हर इनसान जीना चाहता है।

यहाँ लेकिन एक बड़ी समझने की बात है, जो अक्सर हम सोचते नहीं! ये ज़िन्दगी बनी किस चीज़ की है? जैसे ये कुर्ता कपड़े का बना हुआ है, जैसे एक मोटर कार है, वो कुछ लोहे की, कुछ रबर की बनी होती है, जैसे कि एक मैगज़ीन है, एक अख़बार है, वो काग़ज़ का बना होता है। हर एक चीज़ किसी-न-किसी चीज़ की बनी होती है। कुर्सी है, मेज है, लकड़ी की बनी हुई है। ये ज़िन्दगी किस चीज़ की बनी हुई है? ये ज़िन्दगी बनी है वक़्त से, समय से, तो अगर आप वक़्त को बरबाद कर रहे हैं, तो ज़िन्दगी को बरबाद कर रहे हैं। अगर इस कुर्सी की लकड़ी को कोई जला रहा है तो कुर्सी को ही तो जला रहा है। तो ये जो वक़्त हम बरबाद करते हैं, हम ये समझते हैं कि ये एक दिन है—चला गया। यही ज़िन्दगी है, हम इसकी क़द्र नहीं करते, हम इसकी इज़्ज़त नहीं करते। और न सिर्फ़ ये कि ये वक़्त—ये वक़्त जो हमारी ज़िन्दगी का,

हमारे पहले दिन से आख़िरी दिन तक का जो वक़्त है, ये जो ज़िन्दगी है, ये वाक़ई अनमोल है। अनमोल इसलिए है कि जब से ये कायनात बनी है, ऐसी ज़िन्दगी न आज तक कभी थी, न आइन्दा होगी। आपकी ज़िन्दगी कभी थी ही नहीं, ऐसी ज़िन्दगी कभी थी ही नहीं। हर इनसान और हर इनसान की ज़िन्दगी यूनीक है, दोबारा ऐसी होगी ही नहीं। आपको लगेगा कि क्या बात है भाई! आम इनसान तो आम इनसान है, सड़क पर भीड़ चलती है, सभी आम इनसान हैं। ऐसी क्या ख़ास बात है ज़िन्दगी में जो उसको आप कहें कि अनमोल है, ऐसी कभी हुई न थी, ऐसी कभी होगी नहीं?

अगर आप थोड़ा-सा ध्यान दें तो आपको अन्दाज़ा होगा कि एक आदमी की ज़िन्दगी जो है—एक आदमी जिस जगह खड़ा है, वह ज्हाँ से दुनिया को देख रहा है, उसने दुनिया को जहाँ से छुआ है, जहाँ पे समझा है, जहाँ से जाना है, जहाँ से देखा है ये जगह ही पहले नहीं थी। दो इनसान एक जैसे हैं ही नहीं—उनकी ज़िन्दगी एक जैसी नहीं है। कहने को सब एक जैसे लगते हैं आपको, लेकिन हर एक ज़िन्दगी और हर इनसान यूनीक है, इसलिए अनमोल है। देखिए मैं और मेरा भाई कहने को एक घर में पैदा हुए, एक माँ-बाप के घर में पैदा हुए, एक जैसी हमारी ज़िन्दगी रही—बचपन में कम-से-कम। लेकिन ऐसा नहीं है! सच यह है कि मैं और मेरा भाई या कोई भी दो भाई हों, बहनें हों, कोई भी इनसान एक घर में जन्म नहीं लेते। मैं जिस घर में पैदा हुआ था वहाँ सिर्फ़ माँ-बाप थे। माँ-बाप का कोई बच्चा नहीं था। मैं पहला बच्चा हुआ। मेरा भाई जब घर में पैदा हुआ वहाँ एक माँ थी, एक बाप था और एक बेटा था, जो उसका बड़ा भाई हुआ। मैं जिस घर में पला-बढ़ा, वहाँ माँ-बाप थे, एक छोटा भाई था, वो जिस घर में पला-बढ़ा वहाँ माँ-बाप थे, एक बड़ा भाई था। तो हम एक घर में कहाँ पले, एक माँ-बाप के घर कहाँ पैदा हुए! मैं तो उन माँ-बाप के घर पैदा हुआ था, जिनकी कोई औलाद ही न थी।

वो उन माँ-बाप के यहाँ पैदा हुआ जिनके एक बेटा था। सारी ज़िन्दगी जिस तरह दो फिंगर प्रिंट्स नहीं मिल सकते, उसी तरह दो ज़िन्दगियाँ भी नहीं मिल सकतीं। हम सब ज़िन्दगी को एक ऐसी जगह से देख रहे हैं, आप भी और मैं भी, जो जगह मेरे होने से पहले नहीं थी, आपके होने से पहले भी नहीं थी।

तो इसका मतलब यह है, कॉमनसेंस यह कहता है कि अगर हम ऐसी जगह से दुनिया देख रहे हैं जो जगह पहले नहीं थी, तो फिर हमें ऐसी कोई चीज़ देखनी चाहिए जो आज तक दिखाई ही नहीं दी। और अगर हम नहीं देख रहे हैं तो ये हमारी नज़रों का क़सूर है, या शायद हम लापरवाह हैं। तो ये अनमोल, अनोखी, निराली ज़िन्दगी जो है इसकी हम क़द्र न करें तो ये कितनी ग़लत बात होगी। और जो हमने भोगा है, जो हमने देखा है, जो हमने जाना है, हम वो पहला इनसान हैं जिसने ये जाना है। तो कुछ-न-कुछ, कोई-न-कोई बात तो हम लोगों को ऐसी सिखा सकते हैं, बता सकते हैं या दुनिया में छोड़के जा सकते हैं, जो सिर्फ़ हमारी है, जो हमने सोची है। और इसके लिए कोई बहुत बड़ा साइंटिस्ट, कोई बहुत बड़ा नेता, बहुत बड़ा राइटर कुछ भी होने की ज़रूरत नहीं है। अगर वो हैं तो वह भी बहुत अच्छी बात है—वो भी यही कर रहे हैं। लेकिन आम इनसान, एक माँ, एक बाप जो और कुछ नहीं अपने बच्चे को पाल रहे हैं, कोई नौकरी करते हैं, काम करते हैं, एक घर चला रहे हैं—वो भी कुछ-न-कुछ आनेवाली पीढ़ी को ऐसा दे सकते हैं, जो सिर्फ़ उन्होंने ही दिया है और कोई नहीं दे सकता। ये जो ख़ज़ाना है इनसानियत का, उसकी समझ का, कुल मिलाकर उसमें वो एक दाना ही सही, एक कण ही सही लेकिन कुछ बढ़ा सकते हैं। कुछ दे सकते हैं कि कोई कहे वाह! यह तो इन्हीं की सोच थी, ये तो इन्होंने ही सिखाया। वही तो बात होगी—ये ज़िन्दगी अनमोल है, इस ज़िन्दगी की क़द्र कीजिए और याद रखिए कि ये ज़िन्दगी किसी की

कभी नहीं थी, और किसी की कभी नहीं होगी।

तो इस अनोखी ज़िन्दगी से, कोई अनोखी बात निकलेगी अगर आप इसे भरपूर तरीक़े से जिएँगे। इसके एक-एक लम्हे के एक-एक पल की इज़्ज़त करेंगे। एक बहुत अच्छा शे'र शायर ने कहा था—'सरसरी तुम जहान से गुज़रे, वर्ना हर जा जहान-ए-दीगर था।'* इसका मतलब यह है कि तुम ऐसे ही निकल गए बिना देखे-भाले, वरना हर क़दम पर एक नई दुनिया थी। अगर तुमने दुनिया को ग़ौर से देखा होता तो रात गँवाई सोय कर, दिवस गँवायो खाय। आप ये कर रहे हैं। ये बात ठीक नहीं है। ये बात याद रखिए जो कबीर ने आपको टोका है और सही टोका है :

रात गँवाई सोय कर, दिवस गँवायो खाय।
हीरा जनम अमोल था, कौड़ी बदले जाय॥

* मीर तक़ी 'मीर'

जे न होय दृढ़ चित्त के, तहाँ न रहेय सटेक।
ज्यों काँचे घट में सलिल, ठहरत नहीं छिन एक॥

वृंद

वृंद कहते हैं कि जो लोग मज़बूत कैरेक्टर के न हों, जिनके अन्दर पावर न हो, वो किसी भी रिज़ोल्यूशन पर, या किसी भी चीज़ पर, या किसी भी उसूल पर, किसी भी फ्रंट पर ठहर नहीं पाते। जैसे कि पानी कच्चे घड़े में डाला जाए तो धीरे-धीरे घड़ा गल जाता है और पानी निकल जाता है। पानी उसमें ठहर नहीं पाता। बड़ी अच्छी बात कही, सही बात कही।

देखिए, एक बात है जो कुछ टेढ़ी लगे शायद, थोड़ा सिम्पैथी से सुनिएगा यह बात। होता क्या है कि हम जब भी कोई क़सम खाते हैं, हम जब भी कोई अहद करते हैं, अपने आपसे प्रॉमिस करते हैं, अपने आपसे कोई रिज़ोल्यूशन बनाते हैं कि हम ये काम नहीं करेंगे या ये काम हम करेंगे—एक आदमी है वो शराब पीता है, वह सोचता है कि मैं कल से शराब नहीं पिऊँगा। या एक आदमी है जो लेट उठता है, सुबह उसकी नींद नहीं खुलती, वह सोचता है, मैं आज से सुबह-सवेरे ही उठा करूँगा। अब ये एक रेज़ोल्यूशन हुआ ज़िन्दगी में कि ये नहीं करना है, एक रेज़ोल्यूशन ये हुआ कि ये करना है। दोनों में जब हमारे अन्दर से ये ख़याल आता है तो उसी दिमाग़ में, उसी ज़ेहन में, उसी मस्तिष्क में, जहाँ ये ख़याल आया नहीं उसके ख़िलाफ़ भी काम शुरू हो जाता है। बड़ी अजीब बात है! हमारा जो पूरा माइंड है, हमारे कंट्रोल में नहीं है, वो हमसे लड़ता भी रहता है। कभी-कभी देखिएगा कि आप कोई बात सोचते हैं, तो फ़ौरन

ये ख़याल आता है कि लेकिन अगर ऐसा हो गया तो! वह ख़याल भी तो उसी दिमाग़ में आया। ये जो आपको इंजेक्शन देते हैं। इंजेक्शन क्या दिया जाता है, जिस बीमारी का इंजेक्शन देना है, उसी के जर्म आपकी बॉडी में डाले जाते हैं तो आपकी बॉडी में उसके एंटीबॉडीज़ पैदा होते हैं। उस जर्म को ख़त्म करने के लिए ज़िद पैदा होती है। हमारा सिस्टम ऐसा है कि उसमें हर चीज़ की ज़िद उसका अल्टरनेट पैदा होता है। तो जब ये ख़याल आया कि ये नहीं करना है तो ये ख़याल भी आता है कि क्या हर्ज है करने में, इसमें भी तो मज़ा आता है, ये ख़याल कहीं-न-कहीं माइंड में मँड़राता है। अरे देर तक सोएँगे तो अच्छा ही लगेगा, सुबह की नींद तो सबसे अच्छी होती है। अच्छा! थोड़ी देर और सो जाओ। ये कंट्राडिक्शन जो है हमारे अन्दर होती है, और कमाल की बात यह है कि यही कंट्राडिक्शन, जो भी हमारा रिजोल्यूशन है, जहाँ भी हम खड़े हुए हैं, जिस बात पर, जिस उसूल पर, जिस मिशन पर, वो हमसे तुड़वा देता है, कितनी भी अच्छी बात हो, बल्कि जितनी अच्छी बात है उसका रेज़िस्टेंस भी उतना ही स्ट्रांग होता है हमारे अन्दर। तो मज़बूत आदमी कौन है, मज़बूत आदमी वो है जो इस रेज़िस्टेंस को दबा दे। ये आपका रेजोल्यूशन नहीं करेगा, ये आप करेंगे।

आपका रेजोल्यूशन तो दरअसल ख़याल पैदा करवा रहा है। आपने जब सोचा है, ये मुझे करना है, इसी वजह से ख़याल पैदा हो रहा है कि नहीं करना चहिए। इसी ने तो वो किया है, उसने एंटीबॉडीज़ पैदा की है आपके सिस्टम में, आपके थॉट में। अब यह आपका अपना चरित्र, आपका कैरेक्टर, आपका किरदार है कि वो जो हमला हुआ है रेजोल्यूशन पर, वो उसको टूटने न दे। वरना यह रेजोल्यूशन या जो कच्चा घड़ा है हमारे कैरेक्टर का, धीरे-धीरे वह पिघल जाएगा, और वह बह जाएगा।

ये कैसे होता है और क्यों होता है? रेजोल्यूशन जो लोग बनाते हैं और नहीं टूटता। एक बड़ा कॉमन है, न्यू ईयर रेजोल्यूशन बनाय, और जनवरी

आमतौर पर गुज़र भी नहीं पाता, वो पहले ही टूट जाता है। मगर जो लोग क़सम खा लेते हैं या अहद करते हैं कि हमें ये काम करना है, या सोचते हैं कि यहाँ जाना है, वहाँ तक पहुँचना है या ये नहीं करना है, कोई भी काम जो हमने तय किया है, अपने आप से जो वायदा किया है, वो इसे निभाते कैसे हैं। लोग कहते हैं किसी के बारे में कि इसकी बड़ी विल पावर है। कभी कहते हैं कि क्या बताऊँ मेरी विल पावर नहीं...बात तो सोचता हूँ, कर नहीं पाता। यह विल पावर क्या चीज़ है? ये विल पावर क्या कोई आसमान से आती है आपके पास? कुछ नहीं—एक ही चीज़ है विल पावर कि आपकी कितनी तमन्ना है। आपकी ख़्वाहिश कितनी है, कितनी इंटेंस ये डिज़ायर है आपमें कि ये काम होना चाहिए या ये काम अब नहीं होना चाहिए। ये डिज़ायर अगर स्ट्रांग है तब फिर कच्चा घड़ा नहीं है। लेकिन अगर आपकी डिज़ायर में कहीं कमी है, तो आपकी रेजोल्यूशन में भी कमी होती है। आपके डिज़ायर की इंटेंसिटी से, अगर आपके बॉडी का एक-एक सेल, आपके दिमाग़ का एक-एक न्यूरॉन, अगर चाहता है कि यही करना है, या कि यह नहीं करना है और ऐसा लगता है जैसे दीवार सामने आ गई, ये अब हो नहीं सकता, ये जो मैंने छोड़ा है, मुमकिन ही नहीं है। सामने जो दीवार है, उधर मैं जा ही नहीं सकता। जब तक ये पॉसिबिलिटी है कि शराब छोड़ तो दिये, कभी-कभी पी भी जा सकती है। अगर ये ख़याल आपमें कहीं है, तो आपका रेजोल्यूशन टूट जाएगा। अच्छा आज थोड़ी देर तक सो जाता हूँ, अरे! थोड़ी देर और। जहाँ ये जगह है, छोटी-सी खिड़की भी अगर दीवार में है, तो दीवार टूट जाएगी। जब बनाई है तो ऐसी दीवार बनाइए जिसमें हिलने की जगह न हो। और ये तभी बन सकती है, जब आपका इतना ही दिल चाह रहा है, वरना आप जो सोचेंगे, जो काम सोचेंगे उसमें ज़रा मुश्किल आई, आप उससे सहम जाएँगे। इसलिए कि दिल में ख़याल पैदा हुआ—अरे ऐसा न हो कि इसकी मुश्किल की वजह से वो जो पहला काम था, वो भी चला जाए और ये भी चला जाए, फिर क्या होगा मेरा? वो तरह-तरह

के विचार आके आपके ऊपर हमला कर रहे हैं, आपके रेजोल्यूशन पर। जो काम करने को हम सोच रहे थे, उसे तोड़ने के लिए। लेकिन आप दीवार खींच देते हैं, अब मुझे सोचना ही नहीं है—नहीं। यही करना है और कुछ नहीं करना है, इसके अलावा और कुछ करना इम्पॉसिबल है। जब ये बात आपके अन्दर उतर जाएगी, तब वह घड़ा कच्चा नहीं रहेगा और पानी घड़े में रहेगा। वरना कच्चा घड़ा है आपका इरादा, आपका चरित्र टूटेगा और पानी बह जाएगा। तो सुनिए :

जे न होय दृढ़ चित्त के, तहाँ न रहेय सटेक।
ज्यों काँचे घट में सलिल, ठहरत नहीं छिन एक॥

चोरी करे निहाय की, करे सुई का दान।
ऊँचा चढ़ कर देखता, केतिकी दूर विमान॥

कबीर

कबीर कहते हैं कि इनसान भी अजीब है। चोरी तो करता है निहाई की और दान सूई का देता है। सुई तो ख़ैर आप जानते हैं, लेकिन निहाई आजकल ज़रा कॉमन वर्ड नहीं है। बहुत से लोगों को निहाई का मतलब मालूम नहीं होगा। पुराने ज़माने में जो लोहार होते थे, वे कोई भी चीज़ जो लोहे से बनी होती थी उसे हथौड़े से ठीक करते थे। लेकिन जिस चीज़ के ऊपर रखकर उस ताले को, चाभी को, किसी भी चीज़ को ठोककर ठीक करते थे, वह एक बहुत भारी-सा लोहे का टुकड़ा होता था, ऊपर से फ़्लैट। ये लोहे का टुकड़ा बहुत ही भारी होता था। इसको कहते थे लोहार की निहाई। चोरी तो इतने भारी-भरकम लोहे के टुकड़े की है, जिसका वजन बेपनाह है, और दान दिया है एक सुई का—'ऊँचा चढ़कर देखता, केतिक दूर विमान।' और आप छत पर खड़े होकर स्वर्ग से विमान का इन्तज़ार कर रहे हैं कि मैंने तो इतनी नेकी कर दी, अब तो मुझे विमान भेजे ऊपर से स्वर्ग वाला, ताकि मैं सीधा स्वर्ग जाऊँ अब।

हम लोग भी कमाल के हैं—अजीब लोग। हम दूसरों की छोटी-से-छोटी बुराई देख सकते हैं, अपनी बड़ी-से-बड़ी ग़लती दिखाई नहीं देती। हमने कोई ज़रा-सा अच्छा काम कर दिया, तो काम ऐसा लगता है जैसे कि हम मैग्नीफ़ाइंग ग्लास से देख रहे हैं। वो जितना अच्छा है उससे एक हज़ार गुना बड़ा हमें दिखाई दे रहा है। हमारी आँखें मैग्नीफ़ाइंग ग्लास

बन जाती हैं, अपनी नेकी के बारे में। जो चोरी है निहाई की, उसे हम चोरी नहीं कहते, वरना हम जिएँगे कैसे अपने साथ! उसके हमने अलग-अलग नाम रख दिये हैं—यह तो भई दुनियादारी है, बी प्रैक्टिकल, और भई ये तो बिजनेस है—बिजनेस टैक्टिक्स। पता नहीं क्या-क्या टर्म बना लेते हैं। बुरे काम करने में थोड़ी तकलीफ़ होती है, तो उसका भला-सा नाम रख लेते हैं। तो ये तो चोरी हुई, और चोरी सिर्फ़ पैसे की नहीं होती, चोरी बहुत-सी चीज़ों की होती है। मैं समझता हूँ कि हमारे समाज में महिलाओं के अधिकारों की चोरी बहुत बड़ी चोरी है! औरतों को जो राइट मिलने चाहिए, जो उनकी पोज़िशन होनी चाहिए, जो उनकी इज़्ज़त होनी चाहिए, जो उनका मक़ाम होना चाहिए, वो उन्हें नहीं मिल पाता है, और इस चोरी को हम चोरी नहीं कहते। हमने इसका भी दूसरा नाम रख लिया है कि ये हमारी परम्परा है, ट्रेडिशन है और साहब ये प्यूरिटी ऑफ़ कल्चर, और पता नहीं क्या-क्या नाम रख दिए गए हैं कि ये तो हमारी जो है सभ्यता उसके ख़िलाफ़ होगा और दुनिया-भर की बातें—मगर फैक्ट यह है कि ये निहाई की चोरी होगी। फिर हम ज़रा-सा कुछ ठीक कर देते हैं, ज़रा-सा काम सही करते हैं तो हम कहते हैं, देखिए हम कितने बड़े दिल के हैं, हम कितने अच्छे हैं, हम कितने नेक हैं, हमसे तो किसी का दुख देखा ही नहीं जाता। अगर वाक़ई हम तमाम लोग किसी का दुख देख ही नहीं पाते तो फिर हमारे समाज में, हमारी दुनिया में इतना दुख है कैसे?

बात ये है कि हम अपने समाज में निहाई की चोरियाँ कर रहे हैं और सूई का दान कर रहे हैं। ये सिर्फ़ इंडीविजुएल लेवल पर नहीं है, हर लेवल पर है। हमारे यहाँ बुरा न मानें कॉरपोरेट, लेकिन जिसे फिलॉनथेरेपी कहते हैं, जिसे सुई का दान कहते हैं, वो सुई भी ऐसी ढूँढ़ते हैं जो सबसे छोटी है। दूसरे मुल्कों में देखिए, जो डेवलेप्ड कंट्रीज कहलाते हैं, उनमें देखिए तो वहाँ पर जो आदमी अमीर हो जाता है, जो टाइकून बन

जाता है, वो इतना पैसा नेक कामों में बाँटता है कि ठिकाना नहीं। कई लोग ऐसे हैं बिलियनॉयर, जिन्होंने आधी से ज़्यादा दौलत इन कामों में लगा दी। लेकिन हमारे यहाँ एक-दो को छोड़ दीजिए तो सुई का दान करनेवाले भी नहीं मिल पाते हैं। कुछ हैं—ये तो सच बात है, वो मानना पड़ेगा, उनकी इज़्ज़त करनी चाहिए, जो आज से नहीं ज़माने से कर रहे हैं अच्छे काम, उन्होंने इंस्टीट्यूशन खोले हैं, हॉस्पिटल खोले हैं, कई स्कूल खोले हैं, कॉलेजेज खोले हैं। उन्हें फंड करते हैं। लेकिन आमतौर से ऐसा नहीं होता। ये लोग आप गिनना शुरू करें तो आपको उँगलियाँ बहुत ज़्यादा लगेंगी अपनी। और वो जो सुई भी दान देते वक़्त छोटी सुई ढूँढ़ते हैं, उन्हें ये यक़ीन है कि वो बहुत अच्छे लोग हैं, और उन्हें यक़ीन है कि स्वर्ग में उनकी जगह बिलकुल बुक हो चुकी है।

ख़ैर वो तो कॉरपोरेट हुए, टाइकून हुए, बिलियनॉयर हुए, लेकिन हम-आप, जो हम लोग हैं, हम भी क्या कर रहे हैं? हम अपनी ज़िन्दगी में, रिश्तों में ले ज़्यादा रहे हैं कम दे रहे हैं—यही तो निहाई की चोरी और सुई का दान हुआ। हमें ये सोचना होगा, और अपने-आप को भी टटोलना होगा, सिर्फ़ दूसरे को देखने से काम नहीं चलेगा। ज़रूरी है कि हम निहाई की चोरी बन्द करें। एक सुई दुनिया से लें, एक सुई दुनिया को दें तो फिर यह दुनिया बेहतर चलेगी। फिर आपको छत पर खड़े होकर किसी विमान का इन्तज़ार भी नहीं करना पड़ेगा। इसलिए कि कोई विमान तो आने वाला है नहीं। स्वर्ग आपको यहीं बनाना है। इसी दुनिया को स्वर्ग बनाना है और यह दुनिया स्वर्ग बन सकती है अगर निहाई की चोरियाँ हम बन्द कर दें। जो हम बिजनेस में भी करते हैं, रिश्तों में भी करते हैं, अपनों के साथ भी करते हैं, ग़ैरों के साथ भी करते हैं और फिर कुछ सुइयाँ बाँट देते हैं। ये खेल अब बन्द होना चाहिए। सुनिए फिर :

चोरी करे निहाय की, करे सुई का दान।
ऊँचा चढ़ कर देखता, केतिकी दूर विमान॥

जो पहले कीजै जतन, सो पीछे फलदाय।
आग लगे खोदे कुआँ, कैसे आग बुझाय॥

वृंद

वृंद कहते हैं कि जो जतन आप पहले कर लें, जो इन्तज़ाम आप पहले कर लें वही वक़्त पे काम आता है। अब आग लग गई तो आपने कहा भई आग बुझानी है, चलो कुआँ खोदो। तो तब तक तो घर जल कर ख़ाक हो जाएगा। तो ये कुआँ पहले से ख़ुदा रहे ये बेहतर है। सही बात। जब ये दोहा पढ़ा मैंने, तो जो पहला मुझे ख़याल आया वो आपके साथ शेयर करता हूँ।

आज से कुछ 14-15 साल पहले की बात है। मैं अमरीका गया हुआ था। वहाँ वॉशिंगटन में मेरा कोई प्रोग्राम था और उसके बाद था शिकागो में। तो शाम को मैंने वॉशिंगटन में टीवी पर देखा कि शिकागो में तो फ़्लड आ गया, सड़कों पर पानी भरा हुआ है, सारा कारोबार रुका हुआ है शहर का। दो दिन बाद मुझे जाना था तो मैंने लोगों से कहा भई, ये तो प्रॉब्लम हो गया, मेरा तो फंक्शन है वहाँ, मैं कैसे जाऊँगा! बल्कि वो हो भी नहीं पाएगा, इतना बड़ा सैलाब वहाँ आ गया है। तो उन्होंने कहा, नहीं साब अभी तो दो दिन हैं, देखिए सब ठीक हो जाएगा। और वाक़ई जब दो दिन बाद मैं वहाँ पहुँचा और शिकागो एयरपोर्ट से बाहर निकला तो मैंने देखा सड़कें बिलकुल नॉर्मल हैं, कहीं एक बूँद पानी नहीं। हैरत भी हुई कि अरे 48 घंटे पहले तो ये सारी सड़कें पानी में डूबी हुई थीं। ये तो हमने टीवी पर देखा था। तो मैंने पूछा कि भई, ये कहाँ गया सारा

पानी अचानक? तो उन्होंने बताया कि साब क़िस्सा ये है कि आज से कोई 90 बरस पहले शिकागो में एक बहुत बड़ा फ़्लड आया था। बड़ा पानी भर गया था और बड़ा नुक़सान हुआ था। तो तब उन्होंने एक पूरा ड्रेनेज सिस्टम बनाया था अभी वो बन्द था, इसलिए कि उसके बाद तो ऐसा फ़्लड कभी आया नहीं था। लेकिन उसे मेंटेन किया जाता था। और जब इतने बरसों के बाद फिर इतना बड़ा फ़्लड आया तो वो डक खोल दिए गए, वो ड्रेनेज सिस्टम खोल दिया गया और चार घंटे में सारा पानी शहर से निकल गया। मैंने कहा भई वाह! कहीं ये भी इन्तेज़ाम होते हैं! हमारे यहाँ तो जब मुसीबत आ जाती है, जब बरबादियाँ हो जाती हैं, तब हम सोचते हैं कि क्या किया जाए! और फिर बरबादी के हफ़्तों...महीनों... तक ये बात चलती रहती है कि कुछ करना चाहिए। और फिर पता नहीं बाद में भी कुछ होता है कि नहीं होता। लेकिन ये क़ुसूर सिर्फ़ सरकार का, सरकारी अफ़सरों का, अलग-अलग शहरों की म्युनिसिपैलिटीज़ का ही नहीं है, इसमें कुछ हमारी भी ज़िम्मेदारी है।

हम अपने घरों को देखें, अपनी ज़िन्दगी को देखें कि कोई मुश्किल जो आनेवाली है, आ सकती है, जिसके आने का कोई चांस है, क्या हमने उसका कुछ इन्तज़ाम करके रखा है? एक आम घर में पूछिये जहाँ बच्चे हैं कि फर्स्ट एड बॉक्स है घर में? अक्सर में नहीं होगा। होना चाहिए। बच्चे खेलते हैं, कूदते हैं, कहीं पैर फिसल गया, चोट लग गई, बच्चों को लगती ही है चोट। तो क्या ये सारी चीज़ें घर में हैं? कहीं होंगी लेकिन अक्सर नहीं होंगी।

सही बात है कि अब कुआँ खोदने की ज़रूरत नहीं है, लेकिन आग एक सीरियस प्रॉब्लम हो गई है। हमारे शहरों में ख़ासतौर से बड़े शहरों में जहाँ ऊँची बिल्डिंगें हैं, वहाँ तो अक्सर देखने को मिलता है कि चालीसवें माले पे, बयालीसवें फ़्लोर पे आग लग गई। लेकिन हममें से अक्सर लोग जो हैं इस मामले में लापरवाह होते हैं। फायर का कोई सिस्टम, उसे बुझाने

का कोई सिस्टम हम अपने घरों में नहीं रखते हैं।

ये तो आग और पानी की बात हुई, लेकिन प्रॉब्लम तो लाइफ़ में हज़ार तरह के आते हैं। और अगर हम ये दूरअन्देशी रखें, इतने दूरदर्शी हम हों कि भई आगे की बात सोच सकें कि ऐसा प्रॉब्लम आना पॉसिबल है, चाहे रिश्तों में, चाहे कैरियर में, प्रोफ़ेशन में कहीं भी कि ये आग लग सकती है। आग सिर्फ़ मकानों में थोड़ी लगती है, बिल्डिंग में थोड़े ही लगती है। दोस्तियों में, रिश्तों में और मुहब्बतों में भी आग लग जाती है। तो अगर कोई गड़बड़ हो गई तो उसे सँभालेंगे कैसे? उसके लिए क्या इन्तेज़ाम है? रिश्तों में, दोस्तियों में, प्रोफ़ेशन में, तिजारत में, बेज़नेस में किसी जगह अगर नुक़सान हो गया तो इस नुक़सान की भरपाई हम कैसे कर पाएँगे? इस नुक़सान को हम कंट्रोल कैसे करेंगे? जब सब अच्छा हो रहा होता है तो हम सब भूल जाते हैं, लापरवाह हो जाते हैं। ज़रूरी बात ये है कि अच्छे से अच्छे वक़्त में हम ये ध्यान रखें कि अगर यहाँ कोई गड़बड़ हुई तो उसे हम कैसे सँभालेंगे? उसे कैसे रोकेंगे और उस परेशानी को कैसे दूर करेंगे? जो लोग ये सोचके रखते हैं, वो ज़िन्दगी में ज़्यादा सुरक्षित और महफ़ूज़ रहते हैं। तो एक बार फिर सुनिए और एक बार फिर सोचिए।

जो पहले कीजै जतन, सो पीछे फलदाय।
आग लगे खोदे कुआँ, कैसे आग बुझाय॥

क्यों कीजै ऐसो जतन, जातै काज न होय।
परबत पै खोदै कुआँ, कैसे निकसै तोय॥

वृंद

वृंद कहते हैं कि ऐसे जतन क्यों करते हो कि जिनसे काम होने ही वाला नहीं है। अब तुम परबत पे, चट्टान के ऊपर जाकर कुआँ खोदोगे तो पानी तो निकलेगा नहीं। कैसे निकलेगा पानी वहाँ? वो तो पत्थर है, उसे तुम खोद रहे हो। उसमें कहाँ पानी होगा? तो क्या करें? जतन न करें? नहीं ऐसा नहीं। जतन तो करना है ज़िन्दगी में। असल में मुझे तो ज़िन्दगी में कई तरह के लोग दिखाई दिए। एक वो लोग हैं जो कोई जतन करना ही नहीं चाहते। कोई कुआँ खोदना ही नहीं चाहते। और एक वो लोग हैं, जो जहाँ देखिए किसी भी परबत पे कुआँ खोदने को तैयार हैं। वो भी ग़लत हैं।

दरअसल हम क्या करना चाहते हैं! जतन तो वो है जो हम करना चाहते हैं और कुआँ वो है जो हम पाना चाहते हैं। चाहते हैं कि उसका पानी हमें मिले। इसमें एक बैलेंस चाहिए। हम क्या करना चाहते हैं? हमें क्या चाहिए? और हम क्या कर सकते हैं, और क्या हो सकता है? मुमकिन क्या है? हालाँकि मुमकिन को, सम्भव को बहुत लिमिटेड नहीं करना चाहिए, उसे आप थोड़ा आगे बढ़ा सकते हैं हमेशा। ज़िन्दगी तो ऐसे ही आगे बढ़ी है। मुझे कभी-कभी ख़याल आता है, एक आदमी था एडिसन, उसको कैसे ख़याल आया होगा कि एक ऐसी चीज़ बनाऊँ जिसमें आवाज़ क़ैद हो जाए। एक अजीब, कुछ पागलपन का ख़याल लगता है। लेकिन

वो लगा रहा और उसने ग्रामोफ़ोन बना लिया। तो मुमकिन को हमें ये नहीं समझना चाहिए, सम्भव को हमें ये नहीं समझना चाहिए कि जो है वही सम्भव है। नहीं! ये तो ऐसा होगा कि जैसे हम मानें कि कुआँ वहीं होगा जहाँ है, अब कोई नया कुआँ बन ही नहीं सकता। ऐसा नहीं है। हमें नई कोशिश करनी है, ऐसा जतन करना है जो नहीं हुआ है, वो करना और अच्छी बात है। ज़िन्दगी और दुनिया ऐसे ही आगे बढ़े हैं। उस जतन से आगे बढ़े हैं जिसे आमतौर से लोग असम्भव समझते थे, लेकिन उसे सम्भव करके दिखाया गया। वो नामुमकिन लगता था, लेकिन उसे मुमकिन करके दिखाया गया। उसी जतन ने दुनिया में कुएँ बनाए हैं, जिन कुओं से आपको नॉलिज भी मिलती है, साइंस मिलती है, टेक्नॉलोजी मिलती है। आराम मिलता है, सहूलियतें मिलती हैं।

वो सच है। लेकिन, हर बात की एक लिमिट है। ऐसा नहीं है कि हर चीज़ मुमकिन है। ये भी आपको समझना होगा कि ये यहाँ नहीं हो सकता। यहाँ नहीं हो सकता है, इसका मतलब यह नहीं है कि कहीं नहीं हो सकता है। यहाँ नहीं हो सकता। अब ये पत्थर जो है इसे खोदकर आप पानी नहीं हासिल कर सकेंगे। कल को एक आदमी सोचे जो रहता है जबलपुर में या इन्दौर में या अलीगढ़ में कि मैं किंग ऑफ़ जापान बनना चाहता हूँ तो बन ही नहीं सकता वो। पॉसिबल ही नहीं है। तो जो चीज़ें नामुमकिन हैं उनपे जतन करना, उनपे मेहनत करना वक़्त ज़ाया करना है। ये आपकी समझदारी का सबूत होगा कि अगर आप समझें कि क्या हो सकता है मैं क्या कर सकता हूँ और इस बात को हम कहाँ तक ले जा सकते हैं? या कौन-सा असम्भव है जिसे सम्भव बनाया जा सकता है? यहाँ तो मैदान है ना, यहाँ तो ज़मीन है, यहाँ कुआँ नहीं है लेकिन यहाँ कुआँ बन सकता है। अगर आपमें ये अक़्ल है कि यहाँ कुआँ बन सकता है तो आपमें ये अक़्ल भी होनी चाहिए कि कहाँ कुआँ नहीं बन सकता। जब आप अपनी मेहनत, अपना जतन उन चीज़ों मे ज़ाया करते

हैं जहाँ वो होनी नहीं हैं, तो आप अपनी ज़िन्दगी बरबाद कर रहे हैं, अपनी एनर्जी बरबाद कर रहे हैं, और उससे हासिल भी कुछ नहीं होगा।

जतन ज़रूर कीजिए। बिना जतन के ज़िन्दगी ही नहीं है। लेकिन जतन ये सोच के और समझ के कीजिए कि इतना जतन मैं कर सकता हूँ। एक तो आपको अपने जतन पर यक़ीन होना चाहिए और उसकी सही नाप और तोल आपके पास होनी चाहिए। दूसरे मैं कहाँ कर रहा हूँ? ये जतन कहाँ कामयाब हो सकता है? हो सकता है बहुत से लोग आपसे कहें, नहीं होगा। उनकी परवाह मत कीजिए। आप सोच-समझकर ये फ़ैसला कीजिए कि ये जतन यहाँ कामयाबी दे सकता है। अगर ग़लत जगह आप जतन कर रहे हैं, ग़लत जगह आप कोशिश कर रहे हैं, तो फिर आप वक़्त बरबाद करेंगे और ज़िन्दगी बरबाद करेंगे, तो :

क्यों कीजै ऐसो जतन्, जातै काज न होय।
परबत पै खोदै कुआँ, कैसे निकसै तोय॥

अरि छोटौ गनिए नहिं जाते होत बिगार।
तृन समूह कौ छिनक में, जारत तनक अंगार॥

वृंद

वृंद कहते हैं कि जिससे दुश्मनी हो गई है, अनबन हो गई है, उसको कभी कमज़ोर, छोटा, मामूली मत समझो। इसलिए कि एक छोटी-सी चिंगारी बड़े से बड़े घास के ढेर को पल में भस्म कर देती है, तो एक छोटा-सा दुश्मन भी जो है, वो आपके लिए ख़तरनाक हो सकता है।

अब इसमें एक एंगल और भी है। ये भी समझना चाहिए कि फिर छोटे-से भी दुश्मनी करना अक़्लमन्दी का काम नहीं है। इसलिए कि जब छोटा दुश्मन बनेगा तो छोटी-सी चिंगारी बन जाएगा और छोटी-सी चिंगारी ख़तरनाक है। ये चिंगारियाँ जो हैं ये चारों तरफ़ हैं, हम सब की ज़िन्दगी में हैं, ये एक हक़ीकत है, सच्चाई है जिसे हमको मानना पड़ेगा। ये चिंगारियाँ आप देखिए आज, अख़बार पढ़िए, टेलीविज़न पर न्यूज़ सुनिए तो आपको मालूम होता है कि कुछ देश के बाहर भी हैं, कुछ देश के अन्दर भी हैं, कुछ शहर में हैं कुछ मोहल्ले में हैं। कभी-कभी बदनसीबी से ऐसी कुछ चिंगारियाँ हमारी रिश्तेदारियों में भी निकल आती हैं। इन सबका ख़याल रखना, एहतियात रखना और अपने आप को सुरक्षित रखना बहुत ज़रूरी है। कुछ ज़िम्मेदारी सरकार की है, कुछ पुलिस की, कुछ आर्मी की और कुछ हमारी अपनी भी।

अलग-अलग चिंगारियाँ हैं, इन चिंगारियों के बारे में बात भी होती है और

इन चिंगारियों को बुझाने के तरीक़े भी सोचे जाते हैं।

लेकिन कुछ और चिंगारियाँ हैं, कुछ और दुश्मन हैं, जो बाहर कहीं नहीं हैं, वो हमारे अन्दर हैं, वो चिंगारियाँ भी बड़ी ख़तरनाक हैं। तो आइए उस दुश्मन की भी बात करें जो हमारे अन्दर ही है, बल्कि हम ख़ुद हैं। मुझे शेक्सपियर के कुछ प्लेज़ ध्यान में आते हैं जोकि ट्रेजिडीज़ कहलाते हैं, जिनका कि अंजाम ट्रैजेडी में हुआ, हालाँकि उन प्लेज़ का जो हीरो था वो बड़ा कमाल का आदमी था इसीलिए वो हीरो था। लेकिन उस हीरो में एक कमी थी, एक कमज़ोरी थी और वही कमज़ोरी उसकी दुश्मन बनी। मैकबेथ, ओथैलो, हैमलेट, शेक्सपियर की ये ट्रेजीडीज़, ये प्लेज़ बड़े मशहूर हैं। मैकबेथ में कोई कमी नहीं थी सिवाय एक के कि उसमें लालच था, एम्बीशन था। एम्बीशन बुरी चीज़ नहीं है, लालच बुरी चीज़ है, एम्बीशन तो ये है कि हम कुछ पाना चाहें लेकिन लालच ये कि हम वो पाना चाहें जो एक्चुअली हमारा नहीं है, जो हम डिज़र्व नहीं करते, जो किसी और की चीज़ है, जो किसी और का अधिकार, किसी और का हक़ है। ये एक बुराई है जो मैकबेथ में थी, और इस एक बुराई ने उसे धीरे-धीरे करके किस तरह से बरबाद किया। दूसरा कैरेक्टर ओथैलो—कामयाब आदमी, जंग जीतकर वापस आया हुआ जनरल, बहुत ज़बरदस्त आदमी, बड़ा पावरफुल आदमी। एक ही कमज़ोरी थी उसमें, वो शक्की था। तो डेस्डीमोना जो उसकी बीवी थी उससे वफ़ादार थी, उससे मुहब्बत करती थी, उसे चाहती थी लेकिन वो उस पर शक करने लगा। और ये शक्की मिज़ाज जो था उसका, उसने कैसे उसकी ज़िन्दगी को बरबाद किया, डेस्डीमोना को भी ख़त्म कर दिया और उसे भी ख़त्म कर दिया। बाक़ी कोई कमी नहीं थी उसमें, सब गुण ही गुण थे, लेकिन इस एक चिंगारी ने उस पूरे इनसान को जलाकर राख कर दिया।

हेमलेट प्रिंस था, उसमें क्या कमी थी? सिवाय एक के कि वो फ़ैसला नहीं कर सकता था, 'टु बी और नॉट टु बी'। ये कमज़ोरी हममें भी है,

ये सारी कमज़ोरियाँ हममें हैं, उनमें तो एक-एक थी, हममें से अक्सर में तीनों हैं। तो सबसे बड़ी चिंगारियाँ और सबसे ख़तरनाक चिंगारियाँ जो हैं वो हमारे अन्दर हैं, जो हमारा सबसे ख़तरनाक दुश्मन है वो हमारे अन्दर है, हमें उससे लड़ना चाहिए, हमें उस चिंगारी को बुझाना चाहिए। हम भी लालच करते हैं उन चीज़ों का जो हमारी नहीं हैं, जो हम डिज़र्व नहीं करते, जो किसी और की हैं। हम भी शक करते हैं उन लोगों पर जो हमसे वफ़ादार हैं, हमसे प्यार करते हैं, हमसे मुहब्बत करते हैं, हम भी कभी-कभी फ़ैसला नहीं कर पाते—टु बी और नॉट टु वी, ये करें या वो करें? फ़ैसले का एक वक़्त होता है, अगर हम उस वक़्त पर फ़ैसला न करें, तो वक़्त तो हमारा इन्तज़ार नहीं करेगा, ज़िन्दगी और ज़माना तो हमारा इन्तज़ार नहीं करेगा। वो निकल जाएँगे, वो मौक़ा निकल जाएगा, वो ऑपरच्यूनिटी हम हमेशा के लिए खो देंगे, और उसके बाद कुछ भी करेंगे तो ग़लत हो जाएगा।

तो ज़रूरी ये है कि हम जहाँ बाहर जो हमारे दुश्मन हैं उनका ख़याल रखें, उन चिंगारियों को आग न लगाने दें बल्कि बुझाते रहें, उतना ही ज़रूरी ये भी है कि हमारे अन्दर जो छुपा हुआ दुश्मन है, जो हम ख़ुद हैं, वो चिंगारियाँ जो हमारी रगों में तैर रही हैं, हमारे दिल में, हमारी सोच में, हमारे दिमाग़ में उन चिंगारियों को भी बुझाते रहना उतना ही ज़रूरी है, बल्कि शायद ज़्यादा ज़रूरी है। तो एक बार फिर सुनिए :

अरि छोटौ गनिए नहिं जाते होत बिगार।
तृन समूह कौ छिनक में, जारत तनक अंगार॥

होय न कारज मो बिना, यह जु कहै सु अजान।
जहाँ न कुक्कुट सबद तहं, होत न कहा बिहान॥

वृंद

वृंद कहते हैं कि किसी का ये कहना कि मेरे बिना तो अब काम चलेगा ही नहीं, ये एक बड़ी नादानी की बात है। एक समझदार आदमी ऐसी बात नहीं करेगा कि मेरे बग़ैर तो कुछ होगा ही नहीं। जैसा आपने एक कहानी सुनी होगी—कि एक गाँव था, उस गाँव में एक आदमी था उसके पास एक मुर्ग़ा था। उस ज़माने में लोगों के पास घड़ी-वड़ी तो होती नहीं थी। तो सुबह जब मुर्ग़ा बाँग देता था तो लोग उठ जाते थे कि भई सुबह हो गई है। किसी बात पर उस आदमी का गाँव वालों से झगड़ा हो गया। तो उसने कहा अच्छा अब मैं बताता हूँ। मैं अपना मुर्ग़ा लेकर जा रहा हूँ गाँव छोड़कर। अब मेरा मुर्ग़ा होगा नहीं, सुबह मेरा मुर्ग़ा बाँग नहीं देगा और जब वो बाँग नहीं देगा और कुकड़ूँ कू नहीं बोलेगा तो सुबह ही नहीं होगी। और वो मुर्ग़ा लेकर चला गया। तो क्या उस मुर्ग़े के न होने से, उस मुर्ग़े के चले जाने से उस गाँव में सुबह होना बन्द हो गई?

ज़ाहिर है कि नहीं। उसी तरह ये सोचना कि मैं हूँ और मेरे बग़ैर तो काम चलेगा नहीं दुनिया का, ये एक नादानी है। ज़रा पलटकर देखिए, कैसे-कैसे लोग थे दुनिया में! क्या-क्या उन्होंने काम किये हैं, बड़े-बड़े साइंटिस्ट, राइटर, लीडर, स्पोर्ट्समैन, बड़े-बड़े आर्टिस्ट, कलाकार नहीं रहे। इस दुनिया में जो भी आया है वो जाएगा, कम-से-कम अभी तक तो यही है। हो सकता है किसी दिन साइंस इसका भी इलाज ढूँढ़ ले। लेकिन अब

तक तो हम यही देख रहे हैं और मानते हैं कि जो आया है वो जाएगा। लेकिन जब वो चला जाता है तो ऐसा नहीं है कि दुनिया रुक जाती है, दुनिया का कामकाज रुक जाता है। दुनिया तो चलती रहती है, हम उसे थोड़ी देर मिस भी करते हैं, और मिस भी करना कैसा होता है, किसी का ग़म भी कैसा होता है, जैसे आपके चोट लगती है तो ख़ून बहता है फिर थोड़ी देर बाद वो ख़ून बहना बन्द हो जाता है, फिर उस पर एक पपड़ी बनती है, फिर वो पपड़ी भी झड़ जाती है, फिर वो हल्का-सा निशान होता है और धीरे-धीरे वो निशान भी मिट जाता है। ऐसे ही अगर हम हैं, और अगर हम हट भी गए, चले भी गए, नहीं भी रहे, तो कुछ देर शायद किसी को ग़म भी होगा लेकिन धीरे-धीरे सब ठीक हो जाएगा, दुनिया यूँ ही चलती है, और दुनिया यूँ ही चलेगी।

मुझे तो कभी-कभी ऐसा लगता है जैसे कि ये छत पे जो छिपकलियाँ चिपकी होती हैं, शायद ये भी सोचती होंगी कि हम हट जाएँगे तो छत गिर जाएगी, लेकिन ऐसा तो है नहीं, छत अपनी जगह है। इसी तरह हम इस दुनिया में हैं, जब नहीं रहेंगे तब भी दुनिया चलेगी, पिछले लोग नहीं रहे तब भी दुनिया चलती रही, तो फिर जीने का तरीक़ा क्या है? हम क्या सोचें अपने काम के बारे में कि ये इम्पोर्टेंट है या नहीं है? अगर हमारे बिना भी काम चलेगा तो हमारे काम की इम्पोर्टेंस क्या है? हम काम क्यों करें? जाने दीजिए फिर किसी और से करा लीजिए।

नहीं! बात ये है कि जब हमने जनम लिया तो जनम लेते ही हमें एक क्लब की मेंबरशिप मिल गई, क्लब का नाम है ये दुनिया, ये समाज, इस क्लब में ये टैम्परेरी मेंबरशिप है, इस क्लब में हमें बहुत सारी चीज़ें मिली हैं। देखिए ये मोटरकार है, ये हवाई जहाज़ है, ये रेडियो है, ये टेलीविज़न है, टेलीफ़ोन है, मोबाइल फ़ोन हैं, कपड़ा है, बिल्डिंगें हैं, ये सब हमने तो नहीं बनाई हैं। हमसे पहले कुछ लोग थे जिन्होंने धीरे-धीरे इस तरह की चीज़ें ईजाद की, बनाईं और इस दुनिया में रहने वालों की

ज़िन्दगी को आसान, बेहतर और ख़ूबसूरत बनाया। ये हमें बनी-बनाई मिल गई हैं, तो अब हमारा फ़र्ज़ ये है कि एक तो हम इस क्लब में कोई गड़बड़ न करें और इससे भी अच्छी बात ये होगी कि हम भी कुछ काम कर दें, हम ऐसा काम कर दें कि ये जो क्लब है इसमें एक चीज़ और हो जाए, ये थोड़ा-सा बेहतर बन जाए। अब वो बेहतर बनाने के लिए जो काम है, वो सारी दुनिया के लिए भी हो सकता है, सिर्फ़ एक घर के लिए भी हो सकता है, एक परिवार के लिए भी हो सकता है, एक मुल्क के लिए भी सकता है, एक शहर के लिए भी, किसी के लिए भी, सिर्फ़ एक इनसान के लिए भी। अगर आपने उसकी ज़िन्दगी को बेहतर बना दिया, उसकी ज़िन्दगी में कुछ कर दिया या कुछ भी ऐसा काम किया जिससे दूसरों का भला हुआ, तो अच्छा किया आपने। इसलिए कि दूसरों ने जो काम किये थे, जो आपसे पहले चले गए, उनकी वजह से आपका बड़ा भला हुआ है। तो आप चले जाइए, उसके बाद फिर दुनिया चलेगी और फिर कोई लोग आएँगे और फिर दुनिया को और बेहतर बनाने की कोशिश करेंगे। काम न जाने वालों की वजह से रुका था, न हमारी वजह से रुकेगा, न आइन्दा जो लोग आएँगे और जाएँगे उनकी वजह से रुकेगा, ज़िन्दगी तो चलती रहेगी, ये दुनिया चलती रहेगी। तो ये घमंड हमें नहीं होना चाहिए कि हमारे बिना काम नहीं चलेगा। लेकिन इसका ये मतलब नहीं है कि हम ये सोचें कि हमारे बिना भी काम चलेगा तो फिर हम काम ही क्यों करें? ऐसा नहीं है। तो इसे सुनिए और इसे सही तरह से सोचिए।

होय न कारज मो बिना, यह जु कहै सु अजान।
जहाँ न कुक्कुट सबद तहं, होत न कहा बिहान॥

सब देखै पै आपनौ, दोष न देखै कोई।
करै उजेरौ दीप पै, तरे अँधेरो होई॥

वृंद

वृंद कहते हैं कि इनसान को दूसरे की ग़लतियाँ तो दिखाई देती रहती हैं, वह दूसरे की ग़लतियाँ तो बताता रहता है लेकिन उसे अप्ने दोष और अपनी ग़लतियाँ दिखाई नहीं देती हैं। जैसे कि चिराग़ जो है वो औरों को तो बड़ी रौशनी दे रहा है लेकिन अपने ही तले अँधेरा है। वक़ई सच है।

मेरे एक दोस्त होते थे, साबिर दत्त उनका नाम होता था, ये सुनील दत्त साहब के कज़न थे, राइटर थे, पोएट थे, एक मैग्ज़ीन भी निकालते थे, उसके एडिटर-पब्लिशर थे। तो उन्होंने मैग्ज़ीन का एक ईशू निकाला था उसका नाम था 'आपबीती नम्बर'। आपबीती नम्बर में कोई 200 लोगों की आपबीती थी, जो उन्होंने ख़ुद लिखी थी, कोई 10-15 पेज में, तो एक मोटी-सी मैग्ज़ीन निकली थी। उनमें आप जब 200 लोगों की ज़िन्दगी पढ़िए तो आपको ऐसा लगता था कि इनमें से हरेक पर बचपन से लेकर बड़े होने तक बड़ा जुल्म हुआ है, बड़ा अन्याय हुआ है, हरेक के साथ। तो एक सवाल कहीं ध्यान में आया कि भई अगर सबके ही साथ जुल्म हो रहा है और सबके ही साथ अन्याय हो रहा है तो फिर ये अन्याय कर कौन रहा है? ये जुल्म कर कौन रहा है? हरेक तो जुल्म सह रहा है!

हक़ीक़त ये है कि जुल्म करनेवाले और जुल्म सहनेवाले अलग-अलग नहीं होते। कुछ लोगों पर लोग कुछ जुल्म कर रहे हैं और वो कुछ लोग

किसी और पर जुल्म कर रहे हैं। हम दूसरे का दोष देखते हैं इसलिए कि उसमें दोष है। लेकिन हममें भी कोई दोष है, कभी-कभी हम अपने दोष को नकार देते हैं, नहीं भी देखते, और कभी-कभी ऐसा भी होता है कि दूसरे में जो दोष नहीं है वो भी हमें दिखाई देने लगता है। अपने आप से जो मोहब्बत है हमें, वो हमें इस तरह के धोखे देती है। और ज़्यादातर रिश्तों में, ज़्यादातर सम्बन्धों में गड़बड़ी ही ये है, ग़लती ही ये होती है कि हम अपनी ग़लती नहीं देख पाते, अपना दोष नहीं देख पाते, और दूसरे का दोष बड़े ग़ौर से देखते हैं, बल्कि थोड़ा बढ़ा-चढ़ाकर देखते हैं।

आप कभी देखिएगा, मैंने कई बार ऑब्ज़र्व किया है कि किसी आदमी के बारे में आपको मालूम हो कि किसी से उसकी तू-तू, मैं-मैं हो गई, कुछ झगड़ा हो गया तो आपको मिले तो उससे पूछिये क्या हुआ था? तो वो आपको क़िस्सा कैसे सुनाता है। वो अपना लहज़ा क्या रखता है और सामनेवाले की टोन क्या रखता है। अपना बड़ा रीज़नेबल, बड़ा ठंडा, बड़ा लॉजिकल और बहुत पेशेंस और सब्र वाला और दूसरा बिलकुल ग़लत बात करने वाला उल्टी-सीधी बातें करनेवाला। भई क्या हुआ था? तो कहेगा अरे भई कुछ भी नहीं, मैं तो बैठा हुआ था, अचानक वो आ गए, तो उसकी एंट्री भी ग़लत कर दी, फिर उसके बाद कहेगा कि जनाब शुरू हो गए बग़ैर कुछ सोचे-समझे, वो कर दिया तुमने और ये है और वो नहीं! मैंने कहा भई क्या बात कर रहे हो। तो अपना लहज़ा वो एकदम रीज़नेबल रखेगा और दूसरे का बिलकुल ग़लत। यही ज़िन्दगी में हमारा रवैया है, जिसकी वजह से हम बहुत दुख उठाते हैं और दुख देते भी हैं, और जब दुख देंगे तो फिर दुख ही मिलेगा हमें जवाब में भी।

ज़रूरी ये है कि हम दूसरे का दोष देखने से पहले, दूसरे की ग़लती देखने से पहले अपनी ग़लती अपने दोष अपनी कमी को देखें। और जिस दिन भी हममें थोड़ी-सी भी ये सलाहियत पैदा हो गई तो फिर ये दुनिया बेहतर जगह बन जाएगी, हमारा घर, हमारा माहौल जो है, हमारा समाज जहाँ

हम घूमते-फिरते हैं और सारी दुनिया बेहतर हो सकती है। आपने कभी एक बात नोट की है कि वो यूएसए हो कि रशिया हो, इंडिया हो कि पाकिस्तान हो, चीन हो कि जापान हो, दुनिया के हर मुल्क में मिनिस्ट्री ऑफ़ डिफ़ेंस है, सब डिफ़ेंस कर रहे हैं। अगर सब डिफ़ेंस कर रहे हैं तो ऑफ़ेंस कौन कर रहा है? वॉर होती कैसे है? हर आदमी तो डिफ़ेंस कर रहा है, हर देश डिफ़ेंस कर रहा है, किसी मुल्क में ऐसी कोई मिनिस्ट्री नहीं है जिसका नाम हो मिनिस्ट्री ऑफ़ ऑफ़ेंस, कि हमने ये मिनिस्ट्री बनाई है हमला करने के लिए—नहीं है। सब हमले से अपने बचाव के लिए बनाई हुई हैं मिनिस्ट्रीज़। तो सब बचाव कर रहे हैं, सब डिफ़ेंड कर रहे हैं तो फिर जंग कैसे हो रही है? यही ज़िन्दगी में भी है। हम कहते हैं कि हमने तो अपने को डिफ़ेंड करने के लिए ऐसा किया था, वो भी यही कहता है, लेकिन फिर भी झगड़े होते हैं, फिर भी कड़वाहटें होती हैं, फिर भी मिसअंडरस्टैंडिंग्स होती हैं। उसकी वजह ये है कि हम वो दीप हैं जो दूसरे को तो सही बातें बता रहे हैं, दूसरे को तो हम कह रहे हैं कि ये करना चाहिए और वो करना चाहिए, लेकिन हमारे ही तले अँधेरा है। तो फिर पढ़िए, फिर सुनिए, फिर सोचिए :

सब देखै पै आपनौ, दोष न देखै कोई।
करै उजेरौ दीप पै, तरे अँधेरो होइ॥

सबल न पुस्ट शरीर को, सबल तेज युत होय।
हृष्ट पुस्ट गज दुस्ट ज्यौं, अंकुस के बस होय॥

वृंद

वृंद कहते हैं कि जिस्मानी ताक़त जो है वो इतनी बड़ी चीज़ नहीं है। असली ताक़त जो है वो दिमाग़ की ताक़त है, सोच की ताक़त है, दिल की ताक़त है इसलिए कि एक भारी-भरकम सरकस का हाथी भी जो है वो एक छोटे अंकुश के, 'अंकुश' वो है जो महावत, जो हाथी को चलाता है, हाथी के ऊपर बैठा होता है उसके हाथ में होता है, जिससे हाथी उसके कंट्रोल में रहता है। वो हाथी जिसमें महावत से कई सौ गुणा ज़्यादा ताक़त होगी। लेकिन महावत अपनी समझदारी से अपनी महारत से अपनी अक़्ल से हाथी को कंट्रोल कर लेता है, ताक़त से नहीं।

ये दोहा हमें एक बात ये बताता है कि जो डोमिनेंस है, अगर वो फिज़िकल हैं, मतलब ताक़त से है और ताक़त से अगर है तो उसमें इनसान थोड़ी देर को मजबूर भी हो जाए लेकिन बहुत देर तक नहीं रहेगा, बग़ावत आएगी, और वो सही कंट्रोल नहीं है, सही डोमिनेंस नहीं है। सही बात ये है कि आप जिससे व्यवहार कर रहे हैं उसका दिल, उसका दिमाग़ आप जीत लें। उसके दिल को लगे कि आप सही कह रहे हैं और आप जो हैं वो सही इनसान हैं। उसके दिमाग़ को उसकी लॉजिक को ऐसा लगे कि ये बिलकुल सही है तब आप उसे सही तरह से कंट्रोल करते हैं कि वो आपकी बात अपने दिल से और दिमाग़ से माने, बजाय इसके कि मजबूरी से माने। मजबूरी से मान रहा है तो जब तक ही मानेगा जब

तक कि मजबूरी है, उसके बाद नहीं मानेगा। अब ये जो कहा गया है कि ये जो हृष्ट-पुष्ट गज है, हाथी है, ये अंकुश के बस में होता है। अंकुश और कार की स्टेयरिंग व्हील में बड़ा फ़र्क़ है। कार का स्टेयरिंग व्हील तो ऐसा है कि एक ड्राइवर उठा दूसरा ड्राइवर आ गया। वो भी चलाएगा तो कार वैसे ही चलेगी। लेकिन ये अंकुश ऐसा नहीं है कि इसे लेकर कोई भी बैठ जाए तो ये हाथी बस में आ जाएगा, और ये हाथी उसकी सुनेगा। ये अंकुश जब उसी महावत के हाथ में होगा जोकि इस हाथी का साथी है, जिसे ये हाथी पहचानता है, जो हाथी को चारा भी देता है, खाना भी देता है, जो हाथी को अगर कहीं चोट लग गई तो उस पर मरहम भी रखता है। हाथी से महावत का एक इमोशनल रिश्ता होता है। हाथी महावत के टच को पहचानता है। उस पर भरोसा रखता है इसलिए उसके हलके से इशारे को भी मानने को तैयार होता है। लेकिन अगर यही अंकुश आप किसी अजनबी के हाथ में दे देंगे तो वो हाथी को कंट्रोल नहीं कर पाएगा।

महावत का इसमें ज़िक्र नहीं है लेकिन अंकुश सिंबल उस महावत का ही है, जिसके हाथ में है अंकुश। तो ये सच्ची बात है कि हम ज़िन्दगी में लोगों को अपनी ताक़त से, अपनी पोज़िशन से, हैसियत से, अपनी दौलत से, अपनी पोस्ट से दबाने की कोशिश करते हैं। हम ये नहीं कहते कि देखो ये बात इस तरह सही है, इसलिए हम चाहते हैं कि तुम इसे मान लो, या एक ऐसी बात हम कहें जो उसके दिल को लगे उसके इमोशन को टच करे और वो कहे कि मान जाते हैं। बल्कि हम उसे हुकुम देने की कोशिश करते हैं। कभी-कभी हम कामयाब भी होते हैं। लेकिन जिसने थोड़ी मजबूरी में आपकी बात मान भी ली है, वो कब तक मानेगा? और मानेगा तो दुखी ही रहेगा। और अगर आपके आस-पास कोई इनसान दुखी है तो वो आपको सुख नहीं देनेवाला, वो किसी-न-किसी तरह आपको दुख ही देगा। तो अच्छी बात ये है कि आप ताक़त से, डोमिनेंस से अपनी

बात मनवाएँ इसके बजाय उसकी अक़्ल को, उसके दिल को जीतें। उसके दिल को लगे कि आप सही कह रहे हैं, उसके दिल को लगे कि आप सही हैं। जो रिश्ता महावत का अंकुश से और अंकुश का हाथी से है वो बिलकुल ताक़त का नहीं है, अगर ताक़त का होता तो हाथी, महावत को एक मिनट में नीचे फेंक देता। ये रिश्ता एतमाद का है, कॉन्फ़िडेंस का है, ट्रस्ट का है, और यही रिश्ता सही है :

सबल न पुस्ट शरीर को, सबल तेज युत होय।
हृष्ट पुस्ट गज दुस्ट ज्यौं, अंकुस के बस होय॥

दान दीन को दीजिए, मिटै दरिद को पीर।
औषण वाको दीजिए, जाके रोग सरीर॥

वृंद

बड़ी साफ़ और सामने की बात है, लेकिन इसे कहने की ज़रूरत क्यों पड़ी? कोई वजह होगी कि वृंद ने कहा है कि दान ग़रीब आदमी को दीजिए, दुखी आदमी को दीजिए कि उसकी मुसीबत, उसका दर्द, उसकी मुश्किलें कम हों। और दवा उसे दीजिए जिसके बदन में कोई मर्ज़ है, कोई बीमारी है। बड़ी खुली हुई बात है, तो फिर इसे कहा क्यों है? यक़ीनन इसीलिए कहा होगा कि ऐसा होता नहीं था और होता नहीं है।

तो फिर होता क्या है? हम किसे दान देते हैं। दान तो दिया जाता है लेकिन आम तौर से दान किसे दिया जाता है और क्यों दिया जाता है? कहने को हम दीन को या जो निर्धन है, कमज़ोर है, जो मुसीबत में है, उसे दे रहे हैं। लेकिन सच ये है कि हम ऐसा नहीं कर रहे हैं, हम कुछ और कर रहे हैं। हम आमतौर से जिसे आजकल डोनेशन कहा जाता है ना, हम वो डोनेशन वहाँ देते हैं जहाँ देने से हमारी सोशल रिलेशनशिप थोड़ी बेहतर हो जाए। ये जो लोग हैं ये काम के लोग हैं, इनसे हमें काम पड़ सकता है, तो अगर ये कोई ट्रस्ट बना रहे हैं, इन्होंने कोई फंड शुरू किया है, ये किसी चीज़ पे चन्दा माँग रहे हैं, तो यहाँ देना चाहिए। यहाँ इसलिए देना चाहिए कि ये काम के लोग हैं, इसलिए नहीं कि ये वहाँ ले जाकर किसी की मदद करेंगे। वो सेकेंडरी बात है। इम्पोर्टेंट बात ये है कि इनको जब मैं दान दूँगा तो मेरा एक अच्छा इम्प्रेशन बन जाएगा

और ये मेरे काम आनेवाले हैं। मेरी नीयत ही कुछ और है। मेरी नीयत ये है ही नहीं कि किसी ग़रीब की मदद हो, किसी दुखियारे की मदद हो। नीयत ये है कि मेरा फ़ायदा हो जाए। ये दान ही नहीं है जिसे मैं दान कह रहा हूँ। जिसे मैं डोनेशन कह रहा हूँ वो तो इन्वेस्टमेंट है। ये इन्वेस्ट कर रहा हूँ मैं अपनी सोशल नेटवर्किंग में।

तो पहले तो ये काम होता है, दरिद्र का पीर कब मिटेगा, उसका दर्द कब मिटेगा वो तो बाद की बात है। लेकिन आमतौर से आज देखिए तो हमारे समाज में डोनेशन दिखाई देता है। अच्छा साहब अगर आपने अपनी पर्सनल लाइफ़ में किसी को दान दे ही दिया तो उसका दर्द मिटा कि नहीं मिटा? आपने शायद एक दर्द मिटा दिया दूसरा दर्द दे देंगे आप। अब सारी ज़िन्दगी आप उसपे एहसान जताएँगे। मैं कहूँगा देखो मैंने तुम्हारे लिए ये किया, आप कहेंगे देखो तुम मुसीबत में थे, मैंने तुम्हारी यूँ मदद की। तो हम जब ये उस दरिद्र से कहेंगे तो एक मुसीबत तो हमने उसकी कम कर दी दूसरी पैदा कर दी। उसे हमेशा ह्युमिलिएट होना पड़ रहा है, वो आपके सामने अपनी आँख झुका रहा है। उसको शर्मिंदगी हो रही है कि वाक़ई मैं तो इनके एहसान के नीचे दब गया हूँ। तो आपने उसकी एक पीर, एक दर्द तो कम किया, दूसरा दे दिया, और ये दर्द जो है ये पता नहीं कब मिटेगा? वो तो आपने मिटा दिया था ये दर्द कैसे मिटेगा?

तो हम या तो दान करते हैं अपने फ़ायदे के लिए, अपनी सोशल स्टेटस के लिए कि अख़बार में छपे, लोगों को पता चले, उस फंक्शन में जो मंत्री जी बैठे हैं या कलक्टर साहब बैठे हैं वो देखें कि मैंने दान दिया है। या इसलिए दे रहे हैं कि ये जो लोग हैं, ये जो ऑर्गेनाइज़ेशन है, ये काम के लोगों की है, इनसे मेरे बेहतर सम्बन्ध बनें। या फिर जब हम दान दे रहे हैं, जिसे दान दे रहे हैं, उसकी जान के ऊपर आपने ये बोझ रख दिया कि मैंने तुम्हारी कितनी मदद की है। फिर उसे भी बताते हैं और बाक़ी दुनिया को भी बताते हैं। जो बीमार है उसे आप दवा दीजिए।

आपको एक बात मालूम है कि हिन्दुस्तान में बहुत सारे हॉस्पिटल जो हैं, जिन्हें सरकार ने सस्ती ज़मीन दी है और इस शर्त पे दी है कि आप हॉस्पिटल यहाँ बनाएँगे, हम आपको फ्री में ज़मीन देते हैं लेकिन इसमें 10 परसेंट बेड जो हैं वो ग़रीबों के लिए फ्री होंगे। ये जो बड़े-बड़े अस्पताल हैं जिन्होंने इस शर्त पर ज़मीन हासिल की है कि हम ग़रीब को इलाज देंगे, दवा देंगे औषध देंगे, क्या वो ऐसा कर रहे हैं? नहीं। ऐसा नहीं हो रहा। बल्कि मैं आपको बताऊँ कि दुख की बत ये है कि कुछ अच्छे जो काम करने वाले लोग हैं, वो जो दवाएँ जमा करते हैं और वो मुफ़्त में भेजते हैं कि भई ये वहाँ गाँव में, और ग़रीब इलाकों में, स्लम्स में जहाँ पर लोग दवा ख़रीदना अफ़ोर्ड नहीं कर सकते, ये दवा उन्हें मिले। अक्सर वो मुफ़्त की दवाएँ जो हैं वो उन ग़रीबों तक पहुँचने की बजाय दुकानों पर बिकती हैं। उसमें भी प्रोफ़िट कमाया जाता है। बड़े दुख की बात है। शायद इस वजह से ये नाइन्साफ़ी जो आज हम देख रहे हैं पहले भी थी शायद और आज भी है। इसी वजह से शायर को एक ऐसी बात कहने की ज़रूरत पड़ी जो कहने की ज़रूरत नहीं होनी चाहिए थी। ये बात तो हम सबको मालूम होनी चाहिए। लेकिन सच तो ये है कि नहीं मालूम है। या मालूम है तो जानते-बूझते अनजान बनते हैं। इसलिए कहना पड़ा वृंद को :

दान दीन को दीजिए, मिटै दरिद को पीर।
औषण वाको दीजिए, जाके रोग सरीर॥

बुरे लगत सिख के बचन, हिये विचारौ आप।
करूवे भेषज बिन पियै, मिटै न तन कौ ताप॥

वृंद

वृंद कहते हैं कि नसीहत के, सीख के, समझाने के, क्रिटिसिज़्म के जो शब्द हैं वो लोगों को अच्छे नहीं लगते, बुरे लगते हैं। लेकिन ज़रा एक बात सोचिए कि अगर कोई बीमारी है, बुख़ार है, नज़ला है, ज़ुकाम है तो बिना कड़वी दवा पिये ठीक नहीं होंगे आप। सच्ची बात ये है कि हम सबको अपने आप से बेहद प्यार है और इतना प्यार है कि हम ये मानना चाहते हैं, हम ये जानना चाहते हैं, हम ये सुनना चाहते हैं कि जो कुछ हमने कहा, जो कुछ हमने किया, जो कुछ हमने माना वो सब सही है। हम सही हैं। हममें कोई ग़लती है ही नहीं। जब कोई बताता है कि नहीं जो तुमने कहा था उसमें ये ग़लती थी, तुमने जो किया उसमें ये दोष था, तुमने जो सोचा है उसमें ये भूल है, तो वो आदमी हमें ज़रा कुछ मज़े का नहीं लगता, ख़ुशी नहीं होती उसकी बात सुनकर।

देखिए फ़िल्म इंडस्ट्री में और बाक़ी समाज में, दुनिया में ऐसा कोई अन्तर नहीं है। फ़िल्म इंडस्ट्री भी समाज का ही हिस्सा है। लेकिन एक अन्तर ज़रूर है शायद। आपने कभी-कभी फ़िल्म में देखा होगा कि फूल कैसे खिलता है। फूल तो आपके बाग़ में भी खिलता है। आपके आँगन में भी खिलता है। आप जहाँ से जाते हैं जिस गार्डन में जाते हैं वहाँ भी खिलता है लेकिन आपको खिलता हुआ क्यों नहीं दिखाई देता? इसलिए कि वो धीरे-धीरे खिलता है। फ़िल्म में हम कैमरा के ज़रिये उस फूल को जल्दी

से खिलता हुआ दिखाते हैं, तो आपको ये साफ़ दिखाई देत है कि ये फूल कैसे खिला। यानी कोई चीज़ अगर बहुत आहिस्ता-आहिस्ता हो तो कभी-कभी हमें ठीक से दिखाई नहीं देती। लेकिन अगर वही चीज़ जल्दी से हो तो हम उस प्रोसेस को, उस पूरे सिस्टम को देख लेते हैं। हमारी फ़िल्म इंडस्ट्री में चीज़ें ज़रा जल्दी से होती हैं, तेज़ी से होती हैं इसलिए ज़रा साफ़ दिखाई देती हैं हमको।

यानी एक इनसान है जो आया और फिर वो कामयाब हुआ। पहले तो सब टीमवर्क था। लोगों के साथ था। लोग उससे कुछ कहते थे वो लोगों से कुछ कहता था और उसको राय मिलती थी। उसको कोई कुछ बताता था—कोई कुछ और बताता था, वो सबकी बात सुनता था, कभी मर्ज़ी से, कभी मजबूरी से। धीरे-धीरे वो कामयाब हो गया। जब वो कामयाब होना शुरू होता है तो आमतौर से ये देखा जाता है कि धीरे-धीरे वो लोग जो उसे ये बताते हैं कि तुझमें क्या ग़लती है, क्या कमी है, कहाँ तू भूल कर रहा है, वो उसकी ज़िन्दगी से बाहर चले जाते हैं और उसके चारों तरफ़ वो लोग जमा होना शुरू हो जाते हैं जो वाह-वाह करते हैं, जो उसकी तारीफ़ करते हैं, जो नहीं बताते कि उसमें ख़राबी क्या है, यही चीज़ जो है उसे अनडूइंग बनाती है, यही चीज़ उसे ख़तम करती है।

ऐसा तो हो ही नहीं सकता है कि हममें से कोई भी ऐसा इनसान हो जो ग़लती ना करे। लेकिन हमारे चारों तरफ़ अगर हमारे वेलविशर हों, हमारे दोस्त हों, हमारे चाहने वाले हों जो इतनी हिम्मत रखते हों, और वो जानते हों कि अगर हम कहेंगे कि तुमने ये ग़लती की तो हम सुनेंगे। हमारे ऊपर उन्हें ये विश्वास हो कि सुनेगा, मानी न मानी लेकिन पहले ध्यान से सुनेगा तो कि ये क्यों कह रहा है, क्या कह रहा है। जब हम ये बर्दाश्त करना बन्द करते हैं, तो वो लोग हमारी ज़िन्दगी से निकल जाते हैं, या हम उन्हें निकाल ही देते हैं कि ये पूरी शाम ख़राब करेगा, आके बताता है मुझे कि मुझमें ये ग़लती है, ये कमी है, बताइए सारी

दुनिया मेरी वाह-वाह कर रही है, ये बता रहा है कि मुझमें ग़लती है। तो वो आदमी नहीं चाहिए। यही हमें ख़त्म कर देता है, यही हमें बरबाद करता है।

ये तो मैंने एक मिसाल फ़िल्म इंडस्ट्री की दी जो अक्सर मुझे देखने को मिला है, यही दुनिया में है। कामयाब लोगों की अनडूइंग ये होती है कि वो अपने चारों तरफ़ उन लोगों को नहीं रहने देते जो उन्हें सीख दे सकें, जो उन्हें पूरी तरह से बता सकें कि तुम ये ग़लत कर रहे हो, तुमने ये ग़लत बात की है। तो जब कामयाब आदमी न सुने तो बरबाद हो जाए, तो आम आदमी की क्या हालत होगी अगर वो नहीं सुनेगा? तो ज़रूरी ये है कि हम ध्यान से सुनें कि हमारे वेलविशर, हमारे अपने हमें क्या ग़लती बता रहे हैं, हमारा क्या दोष बता रहे हैं, और हम उसे ठीक करने की कोशिश करें। ये कड़वे बोल हैं। क्रिटिसिज़्म अच्छा नहीं लगता है लेकिन अगर हम ये नहीं सुनेंगे तो हमारी जो बीमारी है, हमारी जो ख़राबी है वो दूर नहीं होगी। सही कहा है वृंद ने :

बुरे लगत सिख के बचन, हिये विचारौ आप।
करूवे भेषज बिन पियै, मिटै न तन कौ ताप॥

बड़ा भया तो क्या भया, जैसे पेड़ खजूर।
पंथी को छाया नहीं, फल लागे अति दूर॥

कबीर

कबीर कहते हैं कि तुम बड़े भी हो गए तो क्या बड़े हुए? य वो बड़ा हो गया तो क्या बड़ा हो गया। ये तो ऐसे ही बड़ा हुआ है जैसे खजूर का पेड़। पंथी को, मुसाफ़िर को, राही को छाया नहीं मिलती, और जो फल हैं उसके वो इतनी दूर कि पहुँचना मुश्किल। एक पल को तो लगता है कि बड़ी सीधी-सी आसान बात है, लेकिन एक मुश्किल है। मुश्किल ये है कि हमें जो बातें ज़िन्दगी में आसान लगती हैं हम उनपे ज़्यादा ध्यान नहीं देते। हम कहते हैं अरे ये तो आसान है, और आगे निकल जाते हैं। उस आसान में जो तहें हैं, जो गहराइयाँ हैं हम उन्हें महसूस नहीं करते।

मतलब ये कि आप ये सोचिए कि पंथी को छाया नहीं, अब ये कौन-सी बड़ी बात है आज के दौर में कि राही को छाँव नहीं मिलती है। हमारे दिल को ये बात आज टच नहीं करेगी, हम इसकी अहमियत को नहीं महसूस कर सकते। आज हम लोग बस में, ट्रेन में, कार में, टैक्सी में सफ़र करते हैं, हवाई जहाज़ में सफ़र करते हैं एक जगह से दूसरी जगह जाने के लिए। ये 800 सौ साल पहले का दोहा है, जब आम आदमी पैदल ही चलता था, एक शहर से दूसरे शहर, एक गाँव से दूसरे गाँव भी जाना होता था तो पैदल ही जाता था, बैलगाड़ी भी हरेक के पास नहीं होती थी।

अब ये सोचिए कि छाँव क्या है? छाँव यानी धूप से बचना। ये भी अलग-अलग जगहों की रीत होती है। वहाँ की ज़रूरतें होती हैं। अंग्रेज़ी में आप देखेंगे तो महबूब को कहते हैं यू आर माई शनशाइन, यानी जहाँ सर्दी होती है, जहाँ धूप कभी निकलती ही नहीं, कभी-कभी निकलती है तो वहाँ धूप बड़ी ख़ूबसूरत चीज़ है कि महबूबा को कहते हैं यू आर माई शनशाइन। लेकिन हमारे देश में, जहाँ धूप ख़ूब निकलती है बल्कि गर्मियों में तो बहुत तेज़ होती है तो वहाँ छाँव जो है वो सुकून की, शान्ति की और एक इत्मीनान की चीज़ मानी जाती है। ज़रा सोचिए पंथी को छाया नहीं, निकल गया ऐसे आसानी से, हमें हर शब्द भी समझ में आ गया, लेकिन एक तस्वीर बनाइए अपने ज़हन में कि एक आदमी है जो चल रहा है कच्चे रास्ते पर और तेज़ कड़ी धूप है। बदन जल रहा है। सर में ऐसा लगता है कि भेजा पक गया है, पसीने से तर-बतर है, ज़बान सूखी है, होठों पर पपड़ियाँ जमीं हुई हैं फिर उसे एक पेड़ मिलता है जो बरगद का है, जो नीम का है, जो पीपल का घना पेड़ है। उसके नीचे जब वो दो पल के लिए बैठ जाता है तो उसे क्या सुकून मिलता होगा, ये पूरी गर्मी, ये धूप, एक पल के लिए उसकी ज़िन्दगी से हट जाती है, वो ठंडक में आता है, छाँव में आता है। और वही पंथी, वही मुसाफ़िर इसी तरह चल रहा हो और उसे पेड़ न मिले और पेड़ मिले तो ऐसा जिसमें छाया ही नहीं है तो वो धूप में जलता ही रहेगा।

उस ज़माने में जब लोग सफ़र करते थे, वो एक जगह से दूसरी जगह कई-कई महीने में पहुँचते थे। मैं पढ़ रहा था कि ग़ालिब जो दिल्ली में रहते थे, किसी काम से कलकत्ता गए। आज हम प्लेन से कलकत्ता जाते हैं दिल्ली से तो डेढ़ घंटे में पहुँच जाते हैं, और अगर ट्रेन से जाते हैं तो डेढ़ दिन में पहुँच जाते हैं, लेकिन उनको तीन महीने से ज़्यादा लगे थे पहुँचने में। तो आप सोचिए कि जो आदमी, एक ग़रीब आदमी जब सफ़र करता था तो वो अपना तीन महीने का खाना लेकर तो नहीं

चल सकता था। वो तो रास्ते में जो मिल जाता था वही खाता था। अब ये आदमी जो धूप में जल रहा है वो भूखा भी है। लेकिन उसे जो पेड़ मिलता है उसमें छाँव भी नहीं है और जो उसके फल हैं, वो इतनी दूर हैं कि उन तक पहुँच ही नहीं सकता। तो वो पेड़ उसे कैसा लगता होगा? वो इनसान जो कहने को बड़ा हो गया है लेकिन उसके पास छाँव नहीं है, वो किसी को सहारा नहीं दे सकता। किसी को दो पल के लिए उसकी मुसीबतों से बचा नहीं सकता, उसे कोई सुकून, कोई शान्ति नहीं दे सकता। जिसके पास है तो बहुत कुछ, फल तो हैं उसके पास, लेकिन वो उसने वहाँ रख लिये हैं कि वो एक आम इनसान की पहुँच से बहुत बाहर हैं। आम इनसान तक वो फल पहुँचने ही नहीं देना चाहता। ये है वो पेड़—बड़ा आदमी। ऐसा बड़ा आदमी, कबीर कहते हैं कि क्या बड़ा आदमी?

ये कोई बड़ा आदमी हुआ? बड़ा आदमी तो वो है, अच्छा आदमी तो वो है कि जिससे लोगों को सुकून और शान्ति मिले, सहारा मिले, छाँव मिले, जिससे लोगों को मदद मिले, सहायता मिले, फल मिले। ये पेड़ किस काम का और ये आदमी किस काम का जो न छाँव दे न फल। तो वो कहते हैं :

बड़ा भया तो क्या भया, जैसे पेड़ खजूर।
पंथी को छाया नहीं, फल लागे अति दूर॥

जात न पूछो साधु की, पूछ लीजिए ज्ञान।
मोल करो तलवार का, परी रहन दो म्यान॥

कबीर

कबीर ने ये दोहा तक़रीबन 800 बरस पहले लिखा था। कबीर के जितने भी दोहे हैं वो आज भी रेलेवेंट हैं, आज भी हमारी ज़िन्दगी पर अप्लाई होते हैं। सोचकर ख़ुशी होती है, फ़ख़्र होता है, गौरव होता है कि हमारी धरती पर एक शायर पैदा हुआ कि जिसने 800 बरस पहले कुछ लिखा और वो आज भी सच है। लेकिन कुछ दोहे ऐसे हैं कि वो आज भी रेलेवेंट हैं, आज भी सच हैं ये सोचकर दुख भी होता है, और दिल चाहता है कि काश! आज ये रेलेवेंट न होते, काश इन दोहों को पढ़कर हम ये सोचते कि ये क्यों लिखे थे कबीर ने। लेकिन सच ये है और दुख भी यही है कि ये दोहा आज की ज़िन्दगी में भी सच्चा लगता है, रेलेवेंट लगता है, लगता है कि ये आज ही की बात है।

कबीर कहते हैं कि इनसान की जात-पाँत न पूछो, कौन-सा धर्म है, कौन-सा समाज है, कौन-सा फ़िरक़ा है, ये सब बेकार बातें हैं। ये देखो कि उसका ज्ञान, उसकी क़ाबिलियत क्या है। पहले तो ऐसा था, आज अगर ऐसा न होता तो ये दोहा पुराना हो जाता लेकिन ये दोहा पुराना नहीं हुआ। शायद जितना था उससे कम हो गया, लेकिन अब भी ये दीवारें, अब भी ये फ़ासले, अब भी ये ग़लतफ़मियाँ हमारे समाज में बाक़ी हैं, अँधेरा कम हो गया होगा, मिटा नहीं है। मैं तो अंग्रेज़ी अख़बारों में जो मैट्रिमोनियल होते हैं उनमें देखता हूँ कि कौन अपने बेटे की शादी करना चाहता है,

कौन अपनी बेटी की शादी करना चाहता है। तो वो कास्ट भी बताते हैं और ये भी बताते है कि किस कास्ट का लड़का या लड़की होने चाहिए। पता नहीं ये कब ख़त्म होगा, कास्ट से, जात से, वर्ग से, सम्प्रदाय से अगर ये तय होता हो कि इस आदमी की क्या क़ाबिलियत है, क्या ज्ञान है तो क्या बात! ये सोचना कि ये इस जात का है, इस वर्ग का है, इस समुदाय का है, तो फिर ये ऐसा है, ये इतनी ही अक़्लमन्दी की बात है जितना कि हम ये सोंचे कि इलाहबाद में जो लोग रहते हैं सब एक जैसे होते हैं, और पूना में जो लोग रहते हैं वो सब एक जैसे होते हैं, और जबलपुर में जो लोग हैं वो भी सब एक जैसे हैं और बंगलौर में जो लोग हैं वो भी सब एक जैसे हैं। ऐसा होता नहीं है। सच ये है कि हर शहर में हर तरह के इनसान होते हैं। अच्छे भी, बुरे भी, अक़्लमन्द भी, बेवक़ूफ़ भी, ज्ञानी भी, अज्ञानी भी, नेकदिल भी, बुरे दिल के भी, हर तरह के इनसान हर शहर में हैं। उसी तरह से हर तरह का इनसान हर वर्ग में, हर सम्प्रदाय में, हर जाति में भी मिलेगा।

तो आदमी के बारे में उसकी जाति से फ़ैसला करना एक नादानी है, बेवक़ूफ़ी भी है। आप उसकी क़ाबिलियत देखिए, उसका गुण देखिए, उसमें क्या कैलेबर है, उसका क्या टेलेंट हैं, उसकी क्या नॉलेज है, उसकी क्या कैपेसिटी है वो देखिए। बजाय इसके कि आप उसकी जात को देखें और उससे फ़ैसला करें कि अच्छा है कि बुरा है। ये ऐसा ही है जैसे कि आप, म्यान जिसमें कि तलवार रखी हो, उसे देख रहे हैं और ये फ़ैसला कर रहे हैं कि म्यान जो है ये बहुत अच्छा हथियार होगा। म्यान तो हथियार है ही नहीं, म्यान तो आपकी कोई मदद ही नहीं करने वाली है। असल में उसके अन्दर जो तलवार है, उसको निकालिए, उसे ग़ौर से देखिए कि क्या ये तलवार अच्छी है, ये मज़बूत है, ये शार्प है, ये वाक़ई तेज़ है, सही चलेगी, इसको देखिए। बजाय इसके के आप उस म्यान को देखें जोकि उतार कर अलग रख दी जाएगी जब तलवार की

ज़रूरत पड़ेगी। काम तो तलवार से चलेगा वो अच्छी है कि बुरी है, काम तो इसे आना है, या नहीं भी आना है तो भी तलवार को। म्यान तो सिर्फ़ कवर है, म्यान तो वो ख़ोल है जिसके अन्दर ये रखी है।

उसी तरह जैसे एक कास्ट है उसमें कौन आदमी है, उस आदमी को बाहर निकालिए, ग़ौर से देखिए, अच्छा है, बुरा है तब आपको मालूम होगा। ये बात इतने बरसों पहले कबीर ने कही, ये दोहा हज़ारों बार दोहराया गया होगा, ये हमारा क्लचरल हैरिटेज है, ये हमारे पास 800 साल से है। लेकिन इतनी सिंपल बात को कितने लोग हैं जो आज भी समझ सकें। मैं इस उम्मीद से फिर पढ़ता हूँ, फिर सुनाता हूँ कि शायद जो लोग नहीं समझे वो भी समझ जाएँ, और आप भी इसे याद कर लीजिए, और जो आपको मिलेगा जिसके बारे में आपको लगे कि इस दोहे को समझा नहीं है आप भी उसे इस दोहे को सुनाइए :

जात न पूछो साधु की, पूछ लीजिए ज्ञान।
मोल करो तलवार का, परी रहन दो म्यान॥

प्रेम न बाड़ी ऊपजै, प्रेम न हाट बिकाय।
राजा-प्रजा जेहुँ रुचे, सीस देई लै जाए॥

कबीर

कबीर कहते हैं कि प्रेम न खेतों में उगता है और न बाज़ारों में बिकता है। उन्होंने ये दोहा आज कहा होता तो ये भी कहते कि न फ़ैक्ट्री में ही बनता है। तो फिर प्रेम मिलता कहाँ हैं? और कैसे मिलता है? कैसे आप पाते हैं प्यार-मुहब्बत? ये उन्होंने दूसरी लाइन में सजेस्ट किया है, राजा-प्रजा जेहुँ रुचे, सीस देई लै जाए।

राजा हो या प्रजा हो जिसे भी ये रुचि है कि मैं प्रेम हासिल करूँ, चाहे वो बड़ा आदमी हो, कामयाब आदमी हो, अमीर आदमी हो, नामवर आदमी हो जिसे वो राजा कह रहे हैं, या एक आम इनसान हो जिसके पास दौलत नहीं है, जिसके पास शोहरत नहीं है, जिसके पास बड़ी ताक़त नहीं है, आम मामूली इनसान हैं, मुहब्बत का उसूल उन दोनों के लिए एक ही है, और वो उसूल क्या है? सीस देई लै जाए।

इसके लफ्ज़ी मायने क्या हैं आप इसे डिक्शनरी से देखेंगे तो इसका मतलब बना कि सर दे दे अपना और मुहब्बत ले जाए। तो सर दे दे क्या? मर जाए, गर्दन कटवा दे! ये मतलब नहीं है। अगर मर ही गया तो मुहब्बत लेकर जाएगा कौन? कौन हासिल करेगा?

यहाँ सीस जो है सिंबल है इगो का, अना का, अहंकार का। जो सर ऊँचा किए हुए है वो अपनी इगो को छोड़े, अहंकार की जो आदत है उसके

अन्दर, फ़ितरत है उसे छोड़े तो सच्चा प्यार मिलता है।

आज टेक्नॉलाजी का दौर है, ट्रेड का दौर है, कॉरपोरेशंस हैं दुनिया में, बिज़नेस हैं बड़े-बड़े, और हम लोग बड़े लॉजिकल भी होते जा रहे हैं। अच्छी बात है लॉजिकल होना, लेकिन कुछ बातें नहीं हो पाती हैं इस तरह से। आप लव को कंस्ट्रक्ट नहीं कर सकते, आप लव को किसी मॉल में मार्केट नहीं कर सकते। हालाँकि मैं तो रेशनलिस्ट हूँ, मैं तो लॉजिक पे ही यक़ीन रखता हूँ, मैं कोई भी ऐसी बात मानने को तैयार नहीं हूँ जो इल्लॉजिकल है, लेकिन इस पूरी लॉजिक की दीवार में एक खिड़की है जिसका नाम है प्यार। प्यार पूरी तरह लॉजिकल नहीं होता है, ये हमें समझना पड़ेगा।

अगर लॉजिक से मैं सोचूँ तो मेरी समझ में नहीं आता कि एक माँ एक बच्चे के लिए इतनी तकलीफ़ क्यों उठाती है? क्या वजह है? अरे भई ठीक है—ख़ामख़ाह परेशान कर रहा है बच्चा जाने दो उसे, या दूसरा हो जाएगा, यही है क्या?

ये जिस तरह का प्यार है जो बिलकुल प्योर फ़ॉर्म में है तो वो हमें मिलता है माँ और बच्चे के बीच में। और न सिर्फ़ इनसानों में, जानवरों में भी। कभी-कभी मैं टीवी पर देखता हूँ कि एक मछली या एक हिरन या एक शेरनी अपने बच्चे को कैसे पालते हैं, कैसे प्यार देते हैं, आँखों में आँसू आ जाते हैं देखकर।

ये इगो से नहीं होता, ये वैनिटी से नहीं हो सकता, अहंकार से नहीं हो सकता, ये अपने आप को खो देने से होता है—कि आप कुछ नहीं हैं अहम ये है, ये इम्पोर्टेंट है, जिससे आप प्यार कर रहे हैं। ये बात तिजारत नहीं हो सकती, बिज़नेस नहीं हो सकती, डील नहीं हो सकती और लॉजिकल भी नहीं हो सकती, और अगर इगो आपमें है तो भी नहीं हो सकती। सच्ची बात ये है कि मुहब्बत तभी मिलती है, और आप तभी

पाते हैं, जब आप अपनी इगो को सरेंडर करते हैं। दो इनसान एक-दूसरे से, बीच में इगो की दीवार रखकर, अपने सर ऊँचे रखकर, मुहब्बत नहीं कर सकते। तो फिर एक बार फिर सुनिए :

प्रेम न बाड़ी ऊपजै, प्रेम न हाट बिकाय।
राजा-प्रजा जेहुँ रुचे, सीस देई लै जाए॥

पोथी पढ़-पढ़ जग मुआ, पंडित भया न कोय।
ढाई आखर प्रेम का, पढ़ै सु पंडित होय॥

कबीर

कबीर कहते हैं कि आदमी कितनी भी किताबें पढ़ डाले, कितनी भी नॉलिज हासिल कर ले उससे पंडित नहीं हो जाता। पंडित से उनका मतलब ये नहीं है कि जिनके नाम के आगे या पीछे पंडित लगा होता है। पंडित से उनका मतलब है, जो सचमुच ज्ञानी है, सचमुच समझता है, जो आलिम हैं। जो वाक़ई वाइज़ है, वो किताबें पढ़-पढ़कर नहीं होता। ढाई आखर प्रेम का, पढ़ै सु पंडित होय। जिसने प्रेम के ढाई आखर पढ़ लिए हैं, उन्हें समझ लिया है वो असल में विज़डम पा गया है, वही सही इल्म है।

तो क्या कबीर ये कह रहे हैं कि पढ़ना नहीं चाहिए? ये जो पोथी पढ़ रहे हैं बेकार है सब—नहीं। लेकिन हम ग़लत तरह से पढ़ते हैं या हम पोथी को ही ग़लत चीज़ समझते हैं। हम समझते हैं कि नॉलेज जो है वही विज़डम है। नॉलेज विज़डम नहीं है। आप कितनी भी नॉलेज हासिल कर लीजिए, आपके टेबल पर जो कम्प्यूटर रखा है या अगर आपके पास अच्छा मोबाइल फ़ोन है तो नॉलेज उसमें भी आपको मिल जाएगी, कोई भी चीज़ मिल जाएगी, जो आपको मालूम करनी है। इतनी नॉलेज तो कभी आपमें हो ही नहीं सकती जितनी कि आपके इस मोबाइल फ़ोन के अन्दर है। तो क्या आपका मोबाइल फ़ोन आपसे ज़्यादा क़ाबिल है? नहीं। नॉलेज विज़डम नहीं है। नॉलेज जो है, ज्ञान जो है वो एंड नहीं है, मंज़िल नहीं है, रास्ता है। आप सही मायनों में 'पंडित', जिस सेंस में

कबीर ने इस्तेमाल किया है, पोथी पढ़कर हो ही नहीं सकते।

अगर नॉलेज सब कुछ नहीं है तो फिर क्या है? नॉलेज की ज़रूरत नहीं है? नॉलेज, इल्म, ज्ञान वही है जो फूड है। फूड हैल्थ नहीं है। जब आप अच्छा खाना खाते हैं, उसे हज़म करते हैं, वो आपकी रगों में ख़ून बनकर दौड़ता है। आपकी मसल्स को मज़बूत करता है। वो सारे एलिमेंट्स आपकी बॉडी में फैला देता है। वो सारी चीज़ें जो आपको सेहतमन्द बनाती हैं, आप में एनर्जी पैदा करती है खाने से मिलती है। लेकिन खाना सेहत नहीं है। खाना आपको सेहत दे सकता है अगर आप उसे हज़म करना जानते हों, उसे डाइजेस्ट करना जानते हों।

उसी तरह इल्म है। इल्म क्या है, नॉलेज क्या है, अगर वो आपने सीख लिया, जान लिया, और वो वैसे का वैसा ही रखा है, तो वो तो नॉलेज है ही नहीं, वो तो इनफ़ॉर्मेशन है। जब आपने उस नॉलेज को समझा, डाइजेस्ट किया वो आपकी सोच का, आपके ज़ेहन का, आपके विचार का, आपकी नज़र का हिस्सा बन गई तब आप जाकर वाइज़ हुए। तब आपने दुनिया को, ज़िन्दगी को, इनसान को समझा। और सच्ची बात क्या है कि जब हम अच्छी तरह चीज़ों को समझते हैं तो हम उनसे नफ़रत कर ही नहीं सकते। हम उनसे मुहब्बत ही करेंगे। वो चाहे एक डॉक्टर हो, चाहे वो एक टीचर हो, चाहे वो एक समझदार, जो ज़िन्दगी को समझा हुआ इनसान है ऐसा पड़ौसी हो। मैं तो सोचता हूँ कि नासा जो है अमरीका में जहाँ पर लोग स्पेस पर रिसर्च कर रहे हैं, वो मुहब्बत करते हैं। जब वे नये-नये सितारे देखते हैं, नये-नये प्लेनेट देखते हैं, तो उनके दिल में एक मुहब्बत जागती है। वही मुहब्बत अस्ली इल्म है। जब हम इनसान को समझते हैं, उसकी कमज़ोरियों के बावजूद अगर हममें नॉलेज ने इतनी अक़्ल दी है तो सिवाय मुहब्बत के हम उससे कुछ कर ही नहीं सकता, तो जो इस ढाई आखर तक पहुँच गया है, जो इस सृष्टि से, कायनात से, तमाम इनसानों से, ज़िन्दगी से, अपनों से, परायों

से ढाई आखर प्रेम का सम्बन्ध रख सके असल में नॉलेजेबल आदमी तो वही है। असल में इल्म उसने हासिल किया है। वो ही इल्म को समझा है। वो है असली ज्ञानी। वो है असली पंडित। उसने जाना है कि विद्या क्या है, इसीलिए कि विद्या ने, इल्म ने, नॉलेज ने उसको सेहत दी है। सेहत सोच की, सेहत नज़र की, सेहत मुहब्बत की।

पोथी पढ़-पढ़ जग मुआ, पंडित भया न कोय।
ढाई आखर प्रेम का, पढ़ै सु पंडित होय॥

पीया चाहे प्रेम-रस, राखा चाहे मान।
एक म्यान में दो खडग, देखा सुना न कान॥

कबीर

कबीर कहते हैं कि पिया चाहते हैं, उन्हें प्रेम-रस मिले। प्रेम नहीं, प्रेम-रस। ये प्रेम-रस क्या हुआ? जैसे फल का रस होता है, यानी जो उसका बेहतरीन सिला है, जो उससे मिल सकता है, प्लेज़र, हैप्पीनेस, जॉय, वो है उसका रस। वो चाहिए कि जो प्रेम है, उससे मुझे ख़ुशी मिले, सुख मिले, लुत्फ़ मिले, प्लेज़र मिले। लेकिन साथ में वो अपना मान या इगो भी रखना चाहते हैं। मतलब एक म्यान में दो खडग, देखा सुना न कान। एक म्यान में, म्यान उसे कहते हैं जिसमें तलवार रखी जाती है। वो जो लम्बा-सा कवर होता है उसे म्यान कहा जाता है और खडग मतलब है तलवार। तो एक म्यान में दो तलवारें कैसे रख सकते हैं, ये कैसे होगा? हमने तो भई ऐसी बातें न देखी न सुनीं कि एक म्यान में दो तलवारें रखी हों।

तो क्या प्रेम और इगो दो तलवारे हैं? सच तो ये है कि आपको प्रेम-रस तब तक नहीं मिल सकता जब तक म्यान में मान की तलवार रखी हुई है, वो जगह ही नहीं है फिर प्रेम की। कोई भी प्रेम, वहाँ प्रेम, एक प्रेमी और प्रेमिका ही नहीं बल्कि, किसी भी रिश्ते का, किसी भी चीज़ से, किसी भी काम से जो आपको प्रेम है, अपने मक़सद से, लक्ष्य से या अपनी महबूबा से या अपने महबूब से, अपनी प्रेमिका से अपने प्रेमी से किसी से भी। जब हम उसकी मुहब्बत में डूबते हैं, जब हम अपने

को भूलकर उसे याद करते हैं, तब हमारी अपनी कोई शख़्सियत, हमारा अपना कोई अस्तित्व नहीं बचता, हम उसे भूल जाते हैं। ऐसे डूबते हैं अपने काम में, वो कोई भी काम हो, आप भले एक बिल्डिंग बना रहे हैं, या एक कहानी लिख रहे हैं, या एक गीत गा रहे हैं, या आप एक लैब में हैं, एक साइंटिस्ट हैं, या आप कोई भी अपना काम कर रहे हैं, एक किचन में खाना बना रहे हैं, कपड़ा सी रहे हैं, कुछ भी कर रहे हैं।

आप ज़रा सोचिएगा तो आपको लगेगा कि हाँ, एक पल ऐसा होता है, कि आप अपने बारे में नहीं सोच रहे होते। आपको अपना ध्यान नहीं होता बल्कि आप उस हाँडी की तरफ़ या उस कपड़े की तरफ़, या उस पेंटिंग की तरफ़, उस किताब की तरफ़ देख रहे होते हैं, जो आप लिख रहे हैं या बना रहे हैं। आप जो कुछ कर रहे हैं, जब उसमें ऐसे डूबें कि अपना ध्यान नहीं रहा, आप रहे ही नहीं, तब वो काम सही होता है, तब वो रिश्ता सही बनता है। जब आप किसी से ऐसी मुहब्बत करते हैं कि अपना ध्यान ख़त्म हो जाता है और वही याद रहता है। ये जो अपने मान को भूलना है, अपने आप को भूलना है, वही आपको उस स्टेज तक पहुँचाएगा जो आपको प्रेम का सही रस देगा।

मेरी ज़िन्दगी में जो रिश्तों की जगह है वो तो है ही। मेरा तो अपने काम से भी यही तजुर्बा है कि जब-जब मुझे ऐसा लगा कि ये तो मैं कर ही दूँगा, इसमें क्या मुश्किल है! बड़ा आसान है। हो जाएगा। वो काम इतना अच्छा नहीं हुआ। लेकिन जिस काम को मैंने आदर से देखा और सोचा कि ये कैसे होगा? और फिर होते-होते एक पल आया कि जब मैं अपने आप को भूलकर उस काम में चला गया। ऐसा लगा कि पता नहीं कैसे कर लिया है। बाहर निकल के देखा तब ख़याल आया कि ये मैंने किया है, मैं था? मुझे तो ध्यान नहीं कि कैसे-कैसे ये बात आगे बढ़ी थी, कैसे बना था! वो काम मेरा बेहतर काम रहा है।

रिश्तों में भी यही है। जब तक मेरा अपना मान है। मैं, मैं हूँ। तब तक मैं क्या पूरी मुहब्बत कर पाऊँगा, और जब पूरी मुहब्बत ही नहीं कर पाऊँगा तो उस मुहब्बत का क्या मैं सुख भोग सकता हूँ! जब हम अपने आप को भूल जाते हैं और जिसे हम देख रहे हैं वो हमारे लिए इम्पोर्टेंट है, तो सच्चा प्रेम होता है। और सच्चा प्रेम ही सच्चा रस देता है।

एक अजीब बात बताऊँ आपको। मुझे तो आजकल फ़िल्मों में जो रोमांटिक सीन हैं वो बड़े झूठे लगते हैं। मुझे ऐसा लगता है कि ये हीरो जो हीरोइन को देख रहा है ये हीरोइन से ज़्यादा तो अपने आप से मुहब्बत में है। इसे हीरोइन की परवाह नहीं वो ख़ुद को देख रहा है कि मैं कैसा लग रहा हूँ। लेकिन आप पहले की पिक्चरें देखिए जिनमें दिलीप कुमार होते थे। ब्लैक एंड वाइट फ़िल्में होती थीं। राजकपूर थे। उनके रोमांटिक सीन देखिए। वो अपने पर नहीं इतरा रहे होते थे। वो अपनी प्रेमिका को जिस तरह देख रहे होते थे, तो लगता था इन्हें अपना होश ही नहीं है। वो रोमांटिक सीन कुछ और थे।

ये सिर्फ़ इश्क़ की या इस तरह के प्रेम की बात नहीं है, ये ज़िन्दगी की बात भी है। ये काम की बात भी है। आपका कोई भी काम हो। जब आप उससे ऐसा प्रेम करते हैं कि आपका अपना स्वाभिमान, आपकी अपनी इगो, आपका अहंकार ख़त्म हो जाता है। आपको याद ही नहीं रहता कि आप हैं। आपको वो चीज़ याद रहती है जो आप कर रहे हैं, जिसे आप बना रहे हैं, जिसे आप सजा रहे हैं, तब आपको प्रेम का सच्चा सुख मिलता है। सही बात कही है कबीर ने :

पीया चाहे प्रेम-रस, राखा चाहे मान।
एक म्यान में दो खडग, देखा सुना न कान॥

दोष पराये देख कर, चल्या हसंत हसंत।
अपने चित न आवई, जिनकै आदि न अन्त॥

कबीर

कबीर कहते हैं कि हम किसी और के ऐब, ख़राबियाँ, दोष देखकर बहुत हँसते हैं। सच्ची बात है। इस पूरे यूनिवर्स में जो सबसे ज़्यादा तेज़ चलती है वो चीज़ है लाइट, रौशनी। रौशनी की स्पीड है 1 लाख 80 हज़ार माइल्स प्रति सेंकेंड। एक सेकेंड में 1 लाख 80 हज़ार माइल्स पहुँच जाती है वो। लेकिन कभी-कभी मुझे लगता है कि एक और चीज़ है जिसकी स्पीड रौशनी से भी ज़्यादा है। 1 लाख 80 हज़ार माइल्स से भी ज़्यादा है। और उस चीज़ का नाम है गॉसिप।

ये गॉसिप इतनी तेज़ी से ट्रैवल क्यों करती है? इसलिए कि हमें दूसरे की कुछ ख़राबी, कुछ बरबादी सुनकर जो मज़ा आता है वो किसी चीज़ में नहीं आता। इसलिए अच्छी ख़बर बड़ी आहिस्ता-आहिस्ता चलेगी, लेकिन ये जो बात है, ये जो ख़बर है ये रौशनी की स्पीड से भी आगे जाएगी; क्योंकि इनसान को मज़ा आता है। हम सबमें ये ख़राबी है कि दूसरे की ख़राबी, दूसरे की कमज़ोरी, दूसरे की बुराई, दूसरे की नाकामी, दूसरे की ग़लती हमें बड़ी दिलचस्प लगती है। उसके बारे में हम हँसते हैं, मुस्कराते हैं और बड़ा सुपीरियर फ़ील करते हैं। लेकिन हमारे अन्दर जो कमज़ोरियाँ हैं, हमारी जो ख़राबियाँ हैं, जो ग़लतियाँ हैं, जो नाकामियाँ हैं वो हम ज़रा भी नहीं देखते। मैंने तो ज़िन्दगी में कई बार ये देखा है।

आपको एक क़िस्सा सुनाऊँ—ये सेवेंटीज की बात है। दिल्ली में फ़िल्म फ़ेस्टिवल हो रहा था तो उसमें तरह-तरह के सेशन होते हैं। तो एक सेशन ऐसा रखा गया जिसका नाम रखा गया—'क्रिटिक्स वर्सिस क्रिएटिव्स'। क्रिटिक्स वो जो हर हफ़्ते फ़िल्म का रिव्यू लिखते थे उस ज़माने में, एक तरफ़ वो लोग थे और दूसरी तरफ़ कुछ डायरेक्टर, कुछ राइटर, कुछ प्रोड्यूसर्स जो फ़िल्में बनाते हैं, वो लोग थे। हुआ ये कि भई ये तो हर हफ़्ते आप को क्रिटिसाइज़ करते हैं, हर हफ़्ते आपकी फ़िल्म के बारे में लिखते हैं। उसकी ख़राबियाँ बताते हैं, ख़ूबियाँ बताते हैं, आज आप इनकी राइटिंग के बारे में इनसे बात कीजिए और ये जवाब देंगे। मैं भी उस पैनल पर था। तो हमने बात शुरू की। वो क्रिटिक जो हर हफ़्ते एक पिक्चर के चिथड़े उड़ाता था, उसकी ऐसी की तैसी कर देता था, जब उसको हमने पॉइंट आउट किया कि देखो तुम्हारी राइटिंग में ये ग़लती होती है, और तुमने ये बात कितनी ग़लत लिखी है, और तुमने ये जो कोटेशन दिया है ये तो यहाँ का है ही नहीं और ये बात जो तुमने बताई है ये तो पिक्चर में ही नहीं थी तो ऐसा मुझे लगा कि इसे हार्ट-अटैक न हो जाए। वो इतना घबरा गया कि पसीना बहने लगा उसका। तो ये एक अजीब बात है कि हम दूसरे की बुराई में तो मज़ा ले लेते हैं लेकिन जहाँ बात हम तक पहुँची तो एकदम घबरा जाते हैं।

तो जब हम दूसरे की नहीं सुन रहे अपने ऐब के बारे में, तो ख़ुद अपनी कमियाँ क्या देखेंगे? सच ये है कि अगर हम थोड़ी-सी भी ऑनेस्टी रखें, थोड़ी-सी भी ऑब्जेक्टिविटी रखें...मैंने तो ख़ैर ये मिसाल दी है एक क़िस्से की, लेकिन ये ऐब तो हम सबमें है। और अगर हम ये ना मानें तो हम भी वो ही करेंगे जिसके ख़िलाफ़ हम बात कर रहे हैं—कि भई दूसरे का ऐब तो दिखाई देता है अपना नहीं दिखाई देता। तो मैं कहूँ कि वो क्रिटिक ऐसे बिहेव कर रहा था और अपने बारे में न कहूँ, तो मैं भी वही करूँगा जो क्रिटिक करता है। सच्ची बात ये है कि हम सबको अपने

आप को ग़ौर से देखना चाहिए। तकलीफ़ होगी, लेकिन इस तकलीफ़ से गुज़रना होगा, देखना होगा कि हममें क्या ऐब है? हममें क्या कमज़ोरी है? हममें क्या ख़राबी है।

इसके दो फ़ायदे हैं। पहला फ़ायदा तो ये है कि अगर हमने ईमानदारी से अपने ऐब, अपनी ख़राबियाँ, अपनी कमज़ोरियाँ, अपनी बुराइयाँ देख लीं तो हमारे इम्प्रूव होने का चांस है। दूसरे ये कि हमारा दिल बड़ा हो जाएगा। हम दूसरों को माफ़ कर सकेंगे। हम दूसरे की कमज़ोरी, ग़लती, ख़राबी को समझ सकेंगे। ऐसा हो जाता है। इनसान से ये भूल होती है। मैंने भी तो की थी। मुझसे भी तो हुई थी। तो कहीं-न-कहीं जब आपमें उसे माफ़ करने की, क्षमा करने की कैपेसिटी आएगी और उसकी कमज़ोरी के बावजूद उसकी इज़्ज़त करने की सलाहियत आपमें पैदा होगी, तो ज़िन्दगी बेहतर हो जाएगी। आप बेहतर होंगे अपनी ग़लतियों को देखकर और आपका बर्ताव, आपका रवैया दूसरों के साथ भी बेहतर होगा। इसलिए कि आप ग़लती को, कमज़ोरी को, नाकामी को, ख़राबी को हमदर्दी से देखेंगे। आप ये समझेंगे कि हाँ इनसान ऐसा ही होता है। ये तो मुझमें भी था, मुझमें भी है, तो मैं इसे माफ़ कर दूँ। जब इस तरह की सोच होगी तो ज़िन्दगी बेहतर बनेगी। आप भी बेहतर बनेंगे, ज़िन्दगी भी बेहतर बनेगी। तो वाक़ई बड़े काम की बात कही है कबीर ने :

दोष पराये देख कर, चल्या हसंत हसंत।
अपने चित न आवई, जिनकै आदि न अन्त॥

गुरु कुम्हार सिष कुम्भ है, गढ़ गढ़ काढ़े खोट
अन्तर हाथ सहार दे, बाहर बाहे चोट।

कबीर

कबीर कहते हैं कि गुरु एक कुम्हार की तरह होता है जो बर्तन बनाता है। वो एक गागर या एक कलश कैसे बना रहा है? वो ऊपर से तो उसे ठोक-ठोक कर उसमें जो टेढ़ापन है, जो भद्दापन है उसे निकाल रहा है। लेकिन एक हाथ उसने अन्दर भी रखा हुआ है गागर के कि गागर टूट न जाए। इधर से चोट भी अगर मारता है तो उधर से सहारा देता है। और इस तरह वो कच्ची मिट्टी जिसकी कोई शक्ल नहीं थी, जिसका कोई इस्तेमाल नहीं था, वो धीरे-धीरे एक ख़ूबसूरत गागर बन जाती है, या कलश बन जाती है। शायद गुरु भी शिष्य के साथ यही करता है।

और मैं समझता हूँ जो इनसान का पहला गुरु होता है वो है उसकी माँ। जो पहला सबक़ उसे ज़िन्दगी में मिलता है वो उसकी माँ देती है। वही उसकी पहली गुरु है। अब आप याद करें अपने बचपन को और दूसरे बच्चों को देखें जिन्हें आज माँएँ पाल रही हैं, तो आपको ध्यान आएगा कि माँ किस तरह एक बच्चे को धीरे-धीरे-धीरे कभी डाँटकर, कभी नर्मी से, कभी बिगड़कर, कभी प्यार से चीज़ें सिखाती है। साइकियाट्री में ऐसा माना जाता है कि आठ बरस की उम्र तक आपकी पर्सनेलिटी, आपकी जो शख़्सियत है, आप किस तरह के इनसान होंगे, ये हमेशा के लिए तय हो जाता है। तो ज़ाहिर है कि आठ बरस की उम्र तक तो सबसे बड़ा रोल माँ और बाप ही निभाते हैं। ख़ासतौर से माँ। बाप के पास तो

कभी-कभी इतना वक़्त नहीं होता, काम करते-करते और बाहर की ज़िन्दगी में कि वो बच्चे के साथ इतना वक़्त गुज़ारे। या गुज़ार भी सकता है तो भूल जाता है गुज़ारना। लेकिन माँ जो है वो बच्चे की पहली गुरु है और वही बच्चे को पहली शेप देती है।

इससे एक सीखनेवाली बात ये है कि कोई भी इनसान, जब उसके बाद वो स्कूल जाता है, कॉलेज जाता है, कोई और कला सीख रहा है या कोई और काम सीख रहा है तो हम हर जगह देखते हैं कि दरअसल वो जो उसका गुरु है, उसके अन्दर एक माँ छुपी है। जिस तरह से माँ के अन्दर एक गुरु छुपा हुआ है। और वो भी अपने ढंग से यही करता है। हमारे टीचर भी हमें डाँटते भी हैं, नाराज़ भी होते हैं और जब हम कुछ अच्छा करते हैं तो उसकी तारीफ़ भी करते हैं। सहारा भी देते हैं, समझाते भी हैं कि देखो ये इस तरह से नहीं यूँ है। तो ज़िन्दगी में किसी इनसान को जब हम शेप दे रहे हैं, जब शिष्य को कुछ बनाया जा रहा है, वो जोकि शायद अनपढ़ था वो जोकि नहीं जानता था, अज्ञानी था जब उसे ज्ञान दिया जा रहा है, जब उसे सीख दी जा रही है, उसे बेहतर बनाया जा रहा है।

तो दो ताक़तें उस पर काम कर रही हैं। एक जो सख़्ती है, दूसरी जो नरमी है। लेकिन ये सिर्फ़ इनसान तक की बात नहीं है। हक़ीक़त तो ये है कि आप किसी भी चीज़ को जब कोई शक्ल देने की कोशिश करते हैं, कोई शेप देने की कोशिश करते हैं, तो उसके लिए एक ही ताक़त काफ़ी नहीं होती। दो ताक़तें चाहिए जोकि एक तरह से देखिए तो कंटरेरी हैं। एक दूसरे से बिलकुल अलग हैं। लेकिन वो दो बिलकुल अलग चीज़ें मिलकर उसको शक्ल देती हैं।

समाज के कुछ क़ानून बड़े सख़्त हैं और होने चाहिए—कि आप ये नहीं कर सकते, ये आप करेंगे तो आपको सज़ा मिलेगी। लेकिन एक सभ्य

समाज में एक तरफ़ एक आम नागरिक जिसे आप बता रहे हैं कि तुम ये नहीं कर सकते और ये करोगे तो इसकी ये सज़ा है और ये करोगे तो ये जुर्माना है, तो दूसरी तरफ़ फिर उसकी मदद के लिए भी क़ानून होते हैं। अगर कोई ऐसा समाज हो जिसमें सिर्फ़ सख़्ती हो और आम नागरिक की कोई सिक्योरिटी न हो, उसको कोई मदद न हो, कोई सहारा न हो, तो वो समाज टूट जाएगा। जैसे कि वो जो कच्चा घड़ा है जिसे कुम्हार बना रहा था। वो सिर्फ़ ऊपर से उसे मारे और अन्दर हाथ न रखे तो घड़ा टूट जाएगा। वैसे ही समाज है। समाज में भी ये दोनों ही चीज़ें चाहिए होती हैं। जिस तरह से बच्चा पलता है। बच्चे को आप तरबियत देते हैं। वैसे ही समाज को तरबियत देती है एक अच्छी हुकूमत। एक अच्छा राज्य जिसमें एक तरफ़ क़ानून होते हैं जो होने चाहिए और जो सख़्त हों कि इस बात की इजाज़त नहीं है। आप ये करेंगे तो ग़लत बात होगी इससे किसी और का नुक़सान है। दूसरी तरफ़ उसके जो अधिकार हैं उनकी भी उतनी ही परवाह की जाए। तो ये सख्ती सिंबल है कर्तव्य का और ये नर्मी अधिकार का। जब उसके अधिकार और कर्तव्य दोनों को आप बैलेंस करेंगे, दोनों को जिस समाज में, जिस भी घर में बैलेंस किया जाएगा, जो माँ या जो गुरु कर्तव्य में और अधिकार में यह बैलेंस पैदा करेंगे, तो आप देखिएगा कि धीरे-धीरे एक ख़ूबसूरत कलश बनेगा। धीरे-धीरे एक ख़ूबसूरत इनसान बनेगा। सही कहा है कबीर ने :

गुरु कुम्हार सिष कुम्भ है, गढ़ गढ़ काढ़े खोट।
अन्तर हाथ सहार दे, बाहर बाहे चोट॥

जिन खोजा तिन पाईया, गहरे पानी पैठ।
मैं बहुरी डूबन डरी, रही किनारे बैठ॥

कबीर

कबीर कहते हैं कि जो तलाश करो वो मिल जाता है, बशर्ते आप गहरे पानी में उतरने की हिम्मत रखते हों। मोती पानी में ऊपर तो नहीं तैरते, गहरे पानी में जाना पड़ता है। उन सीपियों को ढूँढ़ना पड़ता है जिनमें मोती छुपे हुए हैं। मगर जो गहरे पानी में उतरने से डरे वो तो किनारे ही बैठा रहेगा। जैसे मैंने किया। हमेशा उस गहरे पानी से डर ही रहा मुझमें और किनारे बैठे रहने की ज़िन्दगी गुज़ारी। ये सच है और एक बड़ा ट्रैजिक सच है। ज़िन्दगी के जो जाने-पहचाने रास्ते हैं वो सुरक्षित हैं, महफ़ूज़ हैं। वो इसलिए कि हमसे पहले और हमारे साथ हज़ारों लोग उस रास्ते से गुज़र रहे हैं। पहचाना हुआ रास्ता है, मालूम है सीधा जाता है, कहाँ पहुँचता है, लेकिन जब इस जाने-पहचाने रास्ते पर हम चलते हैं तो जानी-पहचानी मंज़िल पर ही पहुँचेंगे, जहाँ ज़्यादातर लोग पहुँच रहे हैं। पर अगर लगन ये है कि कुछ अलग से पाएँ, कुछ ज़्यादा पाएँ, कुछ ऐसा पाएँ जो आम आदमी को नहीं मिलता, तो फिर रास्ता भी नया खोजना पड़ता है।

जो नया रास्ता है उसमें ख़तरा भी है। पता नहीं कहाँ जाएगा, कहाँ तक जाएगा, कहीं जाएगा भी कि नहीं, हम वापस आ भी पाएँगे कि नहीं, उधर कहीं निकल पाएँगे कि नहीं। क्या होगा? तो ये जो अनजाने का ख़ौफ़ है ये हमें अक्सर नये रास्तों पर जाने से रोक देता है। जबकि हममें क्षमता

थी, क़ाबिलियत थी कहीं पहुँच जाने की। हममें ये हिम्मत ये ताक़त थी कि हम मोती ढूँढ़ लेते पानी में उतरकर, और मोती लेकर ऊपर आते। पर ये ख़ौफ़ कि क्या होगा? अगर हमने वो किया जो आमतौर से लोग नहीं कर रहे हैं, अगर हमने वो किया जो कुछ अनजाना है, कुछ नया कुछ अनदेखा है, तो कहीं ऐसा न हो कि जो है वो भी चला जाए। ये ख़ौफ़ जो है हमें बहुत सारे काम करने से रोक देता है। लेकिन अगर हम उन तमाम लोगों की ज़िन्दगी देखें जो अब नहीं हैं, उनका जीवन पढ़ें कि वो जहाँ पहुँचे कैसे पहुँचे तो हमको मालूम होगा कि एक तरफ़ तो उन्होंने एक आम ज़िन्दगी गुज़ारी, दूसरी तरफ़ कुछ ऐसे फ़ैसले भी किए, कुछ ऐसी राहें भी चुनीं जो नई थीं, जो अनजानी थीं, अनदेखी थीं, जहाँ मालूम नहीं क्या हो।

देखिए, अंग्रेज़ी में कहते हैं—'नो रिस्क नो गेन' तो थोड़ा ख़तरा तो मोल लेना पड़ता है। अगर कोई बड़ा काम करना है, कोई नया काम करना है, कुछ बड़ी चीज़ हासिल करनी है, कोई बड़ी मंज़िल पानी है, तो उसमें कहीं-न-कहीं एक रिस्क लगता है, शायद होता भी है। मगर आपको अगर ऐसा विश्वास अपने ऊपर हो कि देखते हैं क्या होगा। मैं ये नहीं कहता कि आदमी ख़ुदकुशी कर ले, आत्महत्या कर ले, कहीं से कूद जाए कि देखते हैं क्या होता है। एक कैलकुलेटेड रिस्क तो आपको लेनी पड़ती है।

ये ज़रूरी नहीं कि हर चीज़ हमें मालूम हो। जो जाने-पहचाने रास्ते हैं ज़िन्दगी के, उसमें आपको हर बात मालूम है कि कौन-कौन-सी मंज़िलें, कौन-कौन से मोड़ आते हैं। तो उनपे आप चलेंगे तो आप शायद बिलकुल सुरक्षित रहेंगे, लेकिन ऊपर-ऊपर जिएँगे, अन्दर से मरे-मरे जिएँगे, पूरी तरह ज़िन्दा नहीं। पूरी तरह से ज़िन्दा तो आप तब होंगे जब आपके मन में जो कामना है, जो ख़्वाहिश है कि मैं ये पाऊँ, ये करूँ, उस सपने का, उस ख़्वाब का पीछा करूँ और कुछ ख़तरा भी है, तो ख़तरा मोल लूँ, देखा जाएगा क्या होगा। जब हममें ये हिम्मत होती है तब ही हम

कहीं पहुँचते हैं। वो तमाम लोग, जो हिन्दुस्तान की आज़ादी के लिए लड़े उन्हें क्या पूरी तरह मालूम था कि आज़ादी उनके जीवन में आ जाएगी? नहीं। लेकिन उन्होंने ख़तरा मोल लिया। जिन्होंने बड़े-बड़े काम किए हैं ज़िन्दगी में, क्या उन्हें मालूम था कि कामयाबी उनके पैर चूम ही लेगी? नहीं। लेकिन ये रिस्क, ये यक़ीन कि भले मैं कामयाब हूँ या नाकामयाब हूँ, मुझे करना यही है, चाहे मुझे कोई मना भी कर रहा है, समझा भी रहा है, भले ही दुनिया कहे कि अलग रास्ते पे मत जाओ इसमें ख़तरा है, इतने गहरे पानी में न जाओ डूब जाओगे, पर बिना गहरे पानी में उतरे मोती नहीं मिलेगा।

तो उन्हीं लोगों ने कुछ पाया है, उन्हीं लोगों ने कुछ अचीव किया है, उन्हीं लोगों ने कुछ बनाया है जिन्होंने गहरे पानी में उतरने की हिम्मत की है। वरना आप अगर इतने ही डरे बैठे रहेंगे तो किनारे पे ही रहेंगे और बैठे-बैठे देखते ही रहेंगे। कुछ भी नहीं होगा और यूँ ही जीवन निकल जाएगा, वक़्त निकल जाएगा और आपके दिल में ये ग़म ही रहेगा कि काश! एक बार डुबकी मार ही ली होती। मैं बहुत लोगों से मिला हूँ जिनके दिल में ये दुख है आज कि काश! आज से दस साल पहले, पन्द्रह साल पहले, बीस साल पहले मैंने ये फ़ैसला कर लिया होता, ये कोशिश तो की होती। कोशिश करके नाकाम हो गए तो चलो फिर भी तसल्ली है। लेकिन कोशिश न की, ख़तरा ही मोल न लिया, पानी में गए ही नहीं, ये दुख तो आपको ऐसा रहेगा कि आप ख़ुश नहीं रहेंगे इससे। तो बिलकुल सही बात है :

जिन खोजा तिन पाईया, गहे पानी पैठ।
मैं बहुरी डूबन डरी, रही किनारे बैठ॥

मारग चलते जो गिरै, ताको नाही दोस।
कह कबीर बैठा रहै, ता सिर करडे कोस॥

कबीर

कबीर कहते हैं कि जो रास्ते पर चलता हुआ गिरे, उसको कोई दोष न दो, उस पर हँसो नहीं, उसे क्रिटिसाइज़ न करो, उसमें ग़लती न निकालो। ये जो मारग या जिसे हम मार्ग कहते—रास्ता; ये रास्ता क्या है? रास्ता होने के लिए नहीं होता, बल्कि हर रास्ता किसी मंज़िल तक ले जाता है, किसी लक्ष्य तक ले जाता है। तो जो रास्ते पर चल रहा है उसका मतलब ये है कि वो किसी मंज़िल तक पहुँचना चाहता है, किसी लक्ष्य तक पहुँचना चाहता है। वो अगर गिर भी गया तो उसको दोष न दो, उसे ग़लत न समझो, उसे कमतर न मानो, इसलिए कि वो एक कोशिश कर रहा है। एक बार नाकाम हो गया तो क्या! अगर किसी को क्रिटिसाइज़ ही करना है, किसी को दोष देना है, तो उसे दो जो बैठा हुआ है, जो कुछ कर ही नहीं रहा है और करने की कोशिश भी नहीं कर रहा है। जो रास्ता चल रहा है वो अगर गिर गया तो उसके बाद क्या करेगा वो? वो बैठ जाएगा? तो फिर वो तो उन लोगों में आ गया जो बैठे हुए थे और जिन्हें दोष देना चाहिए।

ये गिरेगा तो फिर उठेगा और उठकर फिर चलेगा और फिर गिरेगा तो फिर उठेगा। जब तक यह रास्ते पर चल रहा है, तो जितनी बार भी गिरे, कोई हर्ज नहीं। कबीर कहते हैं कि जब तक वो चल रहा है, उसको कोई दोष न दो। भले ही वो गिर जाए। अब ये जितनी बार भी हो कोई

बात नहीं। लेकिन अगर ये गिरता और उठता और चलता ही रहा है तो आप देख लीजिएगा कभी न कभी वो अपने लक्ष्य तक पहुँच ही जाएगा। और न भी पहुँचा तो मैं कहता हूँ कि कम-से-कम ये शान्ति, ये सुकून तो दिल को होगा कि कोशिश तो की, ज़िन्दगी कोशिश में तो गुज़ारी, उससे तो बेहतर ही है जो बैठा ही रहा। क्या मालूम अगर ये उठकर चलता तो पहुँच ही जाता। इसने तो कुछ किया ही नहीं, कोशिश ही नहीं की। और वो जो रास्ते में चल रहा था पूरी तरह अगर वो लक्ष्य ना पा सका, वहाँ तक न भी पहुँच पाया जहाँ तक चलने के लिए वो उठा था, तो भी कहीं तो पहुँचा, कहीं तो वो गया, और कहीं भी अगर नहीं गया तो कम-से-कम इस बात की तो इज़्ज़त करनी पड़ेगी कि उसमें ये हिम्मत थी, ये ज़ुर्रत थी, ये साहस था कि वो रास्ते पर चले, कुछ करने की कोशिश करे।

ये दुनिया इसमें जो कुछ अच्छा है, जो कुछ बना है, जो कुछ आपको, मुझे, हम सब को एक बेहतर ज़िन्दगी देता है, ये ज़िन्दगी उन लोगों ने हमें दी, ये उन लोगों की वजह से है जो मारग पर चले हैं, गिरे हैं, और फिर उठे और फिर चले हैं। जो बैठे रहे किनारे और देखते रहे तमाशा, उन्होंने कुछ भी कांट्रीब्यूट नहीं किया है। ये दुनिया उनके कारण नहीं, उनके बावजूद है। तो हमें ये तय करना होगा कि हम किन लोगों में रहें। उनमें जिन्होंने कुछ नहीं किया है, जो बस बैठे रहे, और ज़िन्दगी और मौत के बीच का जो फ़ासला था, जो वक़्त था यूँ ही गवाँ दिया, या वो जिन्होंने कुछ सोचा, कोई सपना देखा, अरमान किया किसी लक्ष्य किसी मंज़िल तक पहुँचने के लिए और चलने की कोशिश की।

चला, गिरा, कोई बात नहीं। अगर वो कोशिश करते हुए नाकाम भी हो रहा है तो उस पर हँसो मत, उस पर इल्ज़ाम मत लगाओ, उसे दोष मत दो। ये देखो कि वो चलने की कोशिश तो कर रहा है, उसकी इस कोशिश की इज़्ज़त करो, उसे दोष मत दो, उसे ख़राब और कमज़ोर मत

समझो। तो मैं समझता हूँ कि इस दोहे में कबीर ने कोशिश को, लगन को, हिम्मत को इज़्ज़त दी है, कामयाबी को नहीं। इसमें कमयाबी का ज़िक्र नहीं है। इसमें कोशिश का और जतन का ज़िक्र है कि जो रास्ते पर चल रहा है, किसी राह पर जा रहा है, अगर वो गिर भी गया है, तो उससे बेहतर है जो नहीं गिरा, बस बैठा हुआ है। इसलिए कि जो गिरा है वो तो उठकर शायद फिर चलेगा और आगे पहुँचेगा। लेकिन जो बैठा है उसका जीना-मरना बराबर है।

मारग चलते जो गिरै, ताको नाही दोस।
कह कबीर बैठा रहै, ता सिर करडे कोस॥

श्रम ही ते सब होत है, जो मन राखे धीर।
श्रम से खोदत कूप ज्यौं, थल में प्रकटे नीर॥

कबीर

कबीर के दोहे कुछ ऐसे होते हैं कि पढ़ते ही सबसे पहले तो कहने को दिल चाहता है कि सत्य वचन। हर बात ऐसी है कि आज भी पूरी तरह सच। ये बात 800 बरस पहले कही गई थी लेकिन आज भी उसकी सच्चाई में इतनी-सी भी कमी नहीं आई है। वो कहते हैं कि मेहनत से ही सब कुछ होता है, अगर आपका मन जो है वो धीरज रखे, आपके अन्दर पेशेंस हो। मेहनत से आप कुआँ खोदते हैं और खोदते चले जाते हैं, आख़िर में ज़मीन के अन्दर से पानी निकल आता है।

दोस्तो, हम लोग चाहते तो बहुत हैं। हमारी जो तमन्नाएँ, जो अरमान हैं उनकी कोई कमी नहीं है। हमें ये मिल जाए, हम ये हो जाएँ। हर आदमी को हर इनसान को दौलत भी चाहिए, शोहरत भी चाहिए, कामयाबी भी चाहिए, पोज़िशन भी चाहिए, पावर भी चाहिए। लेकिन एक बात हम नहीं सोचते। आप कभी टैक्सी में बैठे हों, कार में बैठे हों या पैदल जा रहे हों, तो चौराहे पर ख़ासतौर से जहाँ ये ट्रैफ़िक सिग्नल होते हैं, वहाँ पर कोई भीख माँगता हुआ आएगा, कोई औरत आ जाएगी, बच्चा आ जाएगा, आदमी आ जाएगा और वो आपसे पैसा माँगेंगे। तो आप अगर बैठे हैं अपनी गाड़ी में, या टैक्सी में या खड़े हुए हैं फुटपाथ पर तो आप को लगा कि दे देना चाहिए पैसा, तो आपने निकाला 50 नया पैसा या बहुत आपका दिल चाहा तो एक रुपया और दे दिया आपने उसे। आजकल

वैसे भिखारी कम पैसे लेते भी नहीं हैं। मगर ये आपने इस भिखारी को मुफ़्त में नहीं दिया। आपको इससे एक क़ीमत मिली। जब आपने वो दिया तो आपके दिल में एक ख़याल पैदा हुआ—मैं एक अच्छा इनसान हूँ या मैं एक अच्छी इनसान हूँ। ये बेचारा ज़रा मुसीबत में दिख रहा था मुझसे देखा नहीं गया मैंने इसे पैसा दे दिया। यानी एक रुपय भी आपने फ्री में नहीं दिया है। आपने ख़रीदा है ये यक़ीन ये विश्वास ये ख़याल कि आप एक अच्छे इनसान हैं।

तो जिस दुनिया में एक फ़क़ीर को एक रुपया भी फ्री में नहीं दिया जाता वहाँ उसी दुनिया में आपको शोहरत, नाम, ताक़त, दौलत, कामयाबी ये सब कैसे मिलेगा। ऐसे ही मिल जाएगा? यहाँ कुछ भी मुफ़्त में नहीं मिलता है, इसके लिए बड़ी कोशिश करनी पड़ेगी। आपको दुनिया को कुछ देना पड़ेगा। और वो देना जो है, मेहनत से है। आपमें वो कमाल पैदा हो कि दुनिया कहे, हाँ, ये बहुत अच्छा है। ये आसानी से नहीं होगा। हम लोग क्या हैं कि इनसान को तब देखते हैं जब वो मंज़िल पर पहुँच जाता है। इससे पहले तो देखते ही नहीं। और देखने की ज़रूरत भी नहीं पड़ती हमें। जब वो आदमी शिखर पर पहुँच गया तब वो हमें दिखाई देता है। जब वो पहाड़ी पर चढ़ रहा था, तब तो हमने उसे देखा नहीं। जब वो रास्ते में गिर रहा था, उठ रहा था, और पहुँचना चाहता था मंज़िल तक, वो तो हमने देखा नहीं। बाद में हम समझते हैं देखो ये तो यहाँ पहुँच गया, ये तो इस ऊँचाई पर पहुँच गया, ये इस दूरी पर पहुँच गया, हम क्यों नहीं पहुँच सकते। लेकिन उसके पीछे क्या-क्या कहानियाँ है, उसके पीछे उसकी क्या क़ोशिश, क्या जतन, क्या मेहनत है, वो हम नहीं देखते। जैसेकि एक आइसबर्ग होता है, वो समन्दर के पानी में डूबा होता है, आपको उसका टिप दिखाई दे रहा होता है और बाक़ी सब पानी के अन्दर है। वैसे ही कामयाब आदमी जो है, नामवर आदमी जो है उसका सिर्फ़ टिप ऑफ़ द आइसबर्ग आप देख रहे हैं।

उसकी कामयाबी, उसकी शोहरत, उसकी दौलत। लेकिन अन्दर नीचे जो वक़्त के समन्दर के अन्दर छुपा हुआ है, जो पूरा आइसबर्ग है कि उसने कितनी मेहनत की है, कितनी कोशिश की है, वो हम नहीं देखते। चाहे बिज़नेस में हो, चाहे वो आर्ट में हो, कला में हो, चाहे वो किसी भी चीज़ में हो।

मैं अपने आप को बड़ा ख़ुशक़िस्मत समझता हूँ। मैंने कई फ़ील्ड के बहुत कामयाब लोगों को बड़े क़रीब से देखा है। और मैं आपको ये दावे से कह सकता हूँ कि ठीक है उनमें टेलेंट था। टेलेंट तो ऐसे होता है जैसे बिना तराशा हुआ कच्चा हीरा। हीरा तो बड़ी क़ीमती चीज़ है ना। लेकिन उसको भी बड़ी मेहनत से साफ़ किया जाता है। उसे काटा जाता है। चमकाया जाता है। पॉलिश किया जाता है, तब वो हीरा हीरा बनता है। ये वो लोग हैं जो कभी कच्चे हीरे थे, लेकिन इन्होंने अपने श्रम से, अपनी मेहनत से अपने आप को चमकाया, अपने आप को तराशा, अपने आप को पॉलिश किया तब कहीं जाकर वो ऐसे बने कि दुनिया ने कहा कि क्या बात है।

कोई भी अचीवमेंट ऐसे नहीं होता। जब आपको कुआँ खोदना है तो कुआँ आपको ज़मीन में सतह पर ऊपर रखा हुआ नहीं मिल जाएगा। उसके लिए आपको पत्थर काटने पड़ते हैं। उसके लिए कुदाल लेकर उसे खोदना होता है, और इस विश्वास के साथ कि पानी यहाँ निकलेगा। वरना ज़रा-सा आप खोदें और थक जाएँ कि अरे भई छोड़ो पानी तो नहीं निकल रहा—ये नहीं। एक बड़ा मशहूर फिलॉसफ़र था लेबनान का—ख़लील जिब्रान। उसने ये कहा कि ख़ज़ाना कहीं भी मिल सकता है। ज़मीन के किसी भी हिस्से में से ख़ज़ाना निकल सकता है। शर्त एक है कि इस यक़ीन के साथ खोदो कि यहाँ से ख़ज़ाना निकलेगा ही। तो कह क्या रहा है वो? कह ये रहा है कि जब आप मेहनत करते ही रहते हैं और करते ही रहते हैं, तो ये हो नहीं सकता कि आप कहीं पहुँचे नहीं।

मगर हम तो बिना मेहनत के पहुँचना चाहते हैं। वो नहीं होगा। तो एक बार फिर सुनिए और एक बार दिल में उतार लीजिए कबीर के इन शब्दों को :

श्रम ही ते सब होत है, जो मन राखे धीर।
श्रम से खोदत कूप ज्यौं, थल में प्रकटे नीर॥

कथनी मीठी खाँड सी, करनी विष की लोय।
कथनी तज करनी करे, तौ विष अमृत होय॥

कबीर

देखिए दुनिया में कई तरह के लोग हैं। एक तो वो हैं, जो कड़वी बात करते हैं, कड़वे ही काम करते हैं। उन्हें तो जाने ही दीजिए। उनका ठीक होना बहुत ज़रूरी है। ज़बान भी ठीक करें, काम भी ठीक करें। दूसरी ओर कुछ लोग ऐसे हैं जो काम तो अच्छा करते हैं लेकिन बात कड़वी कर देते हैं। तो उन्होंने जो नेकी की या कोई अच्छा काम किया, उसके ऊपर बात ऐसी कर दी कि उस नेकी पर भी पानी फिर गया। और कुछ लोग ऐसे होते हैं, जो बात बड़ी मीठी करेंगे, आपसे बड़े-बड़े वादे करेंगे, आपको सब्ज़बाग़ दिखाएँगे, आपको कहेंगे कि हम ऐसा कर देंगे, हम वैसा कर देंगे। हम आपकी यूँ मदद करेंगे, आपके लिए ये बलिदान कर देंगे, पता नहीं क्या-क्या। लेकिन काम इनका उल्टा ही होगा। इन लोगों को कबीर कहते हैं कि ये शक्कर से मीठी ज़बान जो है, ये रोको एक पल को और काम जो तुम ज़हर जैसा करते हो उसे बन्द करो। जब तुम जितना मीठा बोल रहे हो, उतना मीठा काम करोगे तब ये ज़हर जो है अमृत होगा।

ये ऐसे तो बड़ी ख़ूबी की बात है कि आदमी मीठी बात करे; और मैं समझता हूँ बहुत से राइटर्स ने, फ़िलॉस्फ़र्स ने, बहुत ज्ञानी लोगों ने, सेंट्स ने, कवियों ने, शायरों ने बहुत से दोहों में ये बात कही है कि भई मीठी बात करो। अच्छी बात करो। बात अच्छी करनी चाहिए, इसमें कोई शक

ही नहीं है। लेकिन जब आदमी बात अच्छी करता है, तो ये ध्यान रखना होगा कि वो बात अभी अधूरी है। अच्छी बात करने के बाद फेर अच्छा काम भी करना पड़ेगा। वरना वो, जिसने कोई बात ही नहीं कही उससे तो लोग उम्मीद नहीं बाँधेंगे, लेकिन जिसने बड़े वादे किए हैं, जिसने बड़ी क़समें खाई हैं, अहद किए हैं कि हम ऐसा कर देंगे आपके लिए, वैसा कर देंगे, मैं तुम्हें ये लाकर दे दूँगा, मैं तुम्हारी दुनिया को स्वर्ग बना दूँगा। अगर वो कुछ न करे तो उसकी करनी जो है वो विष की लोई की तरह है। वो तो ज़हर हो गई। इसलिए कि हमने उम्मीद बाँध ली थी उससे। कोई नहीं कहेगा कि आप मीठी बात न कीजिए। ये किसी ने नहीं कहा है कभी। आप मीठी बात कीजिए। लेकिन मीठी बात करने के बाद, या कहें कि अच्छी बात करने के बाद अगर आपने अच्छा काम नहीं किया, तो बात अधूरी रह गई, बल्कि वो तो ज़हर बन गई। काम भी आपको अच्छा करना होगा। बहुत कर ली बात, अब ज़रा कुछ काम कीजिए ताकि ये ज़हर जो ज़िन्दगी का है, वो अमृत बने ये बात मेरे लिए, आपके लिए, हम सबके लिए सच है।

आपको एक सच बात बताऊँ! मुझे ख़ुद कभी-कभी ये ख़याल आता है कि मैं बहुत वादे कर लेता हूँ लोगों से। कोई कहता है आप यहाँ आइएगा, वो फंक्शन है, वो शादी है, उसमें आ जाइएगा, या हमको एक किताब चाहिए। हाँ मेरे पास वो है कहीं, मैं आपको ढूँढ़ कर दे दूँगा। अक्सर ऐसे वादे कर लेता हूँ, मैं यहाँ आ जाऊँगा, मैं ये कर दूँगा, वो मैं आपके लिए लिख दूँगा। और उसके बाद कभी सुस्ती में, और कभी भूल जाने में और कभी लापरवाही में अक्सर मेरे साथ ऐसा हुआ है कि मैंने वो किया नहीं। इसके लिए मुझे बाद में बहुत शर्म भी आई, अफ़सोस हुआ कि देखो मैंने उससे वादा किया था, उस समय तो दिल से किया था लेकिन फिर वो वादा पूरा नहीं हुआ। ये बड़ी ख़राब बात है। और मैं सचमुच कोशिश करता हूँ और कर रहा हूँ के ये कमी मैं

अपने में से दूर करूँ। हम सबको करनी चाहिए।

हम लोग अक्सर बातें कर देते हैं और फिर निभाते नहीं। और इस काम के जो उस्ताद हैं, इस काम के जो गुरु हैं, वो हमारे देश के नेताओं में से हैं। ये जो हमारे नेता लोग हैं, हरेक को देखिए, ऐसा लगता है कि अगर हम इसके पीछे चलें तो बस ये पूरी दुनिया स्वर्ग बन जाएगी। क्या-क्या वादे होते हैं, क्या-क्या क़समें खाई जाती हैं, क्या-क्या ख़्वाब दिखाए जाते हैं कि हम ऐसा कर देंगे, हम वैसा कर देंगे। एक राइटर ने बड़ी अच्छी बात लिखी है। बहुत मशहूर राइटर थे कृश्न चन्दर। उन्होंने कहा कि कभी-कभी मैं सोचता हूँ कि हमारे नेताओं के मुँह से जितने शब्द वादों के निकलते हैं अगर उनकी बजाय गेहूँ-चावल के दाने निकला करते तो इस देश में कोई भूखा नहीं रहता। इतने वादे किए जाते हैं, इतनी मीठी और अच्छी बातें की जाती हैं, लेकिन बाद में निभाई कितनी बातें जाती हैं? तो जब हम इतने वादे सुनते हैं और कोई पूरा नहीं होता, तो वाक़ई वो मीठी बात, वो शक्कर से मीठी बात भी ज़हर से कड़वी हो जाती है। तो मेरा ख़याल है कि अब नेताओं को तो कौन समझाएगा लेकिन कम-से-कम हम और आप तो समझ लें कि :

कथनी मीठी खाँड सी, करनी विष की लोय।
कथनी तज करनी करे, तौ विष अमृत होय॥

सहज मिले तो दूध सम, माँगे मिलै सो पान।
कह कबीर वह रक्त सम, जामें ईचातान॥

कबीर

कैसा महान, जीनियस, कितना ग्रेट कवि था कबीर कि इतने बरसों पहले जो बात कही है, ये जो दोहा मैं पढ़ता हूँ, दोहराता हूँ, वाक़ई सर इज़्ज़त से झुक जाता है कि ये कैसी नज़र थी? कैसे ऐसी बात कही जो आज तक ऐसी सच्ची और ज़िन्दगी पर अप्लाई होती है।

देखिए, ये इंडस्ट्रियल ऐरा है। यहाँ कॉर्पोरेटाइज़ेशन हो रहा है। फ्री मार्केट है। तरह-तरह की अपोर्च्यूनिटीज़ आ रही हैं। ज़िन्दगी में पहले ऐसा था कि भई जो है, वही है। किसान का बेटा किसान है, ज़मींदार का बेटा ज़मींदार है, मुंशी का बेटा मुंशी है। अब ज़माना बदल गया है। अब हर आदमी के लिए कुछ भी पा लेना मुमकिन है। और इस अपोर्च्यूनिटी ने, ये जो खुल गया है मैदान इसने, हम सबमें बड़ा एम्बीशन पैदा कर दिया है। हर इनसान अब कुछ हासिल करना चाहता है। कुछ बनना चाहता है। और ये सही है। लेकिन गड़बड़ ये है कि इसे पा लेने की होड़ में कभी-कभी हम कुछ भी करने को तैयार हो जाते हैं। कुछ भी कर लेते हैं। अब ये देखिए कि यहाँ पर कबीर ने कैसे क्लासिफाइ किया है कि पा तो रहे हो लेकिन एक पाने में और दूसरे पाने में फ़र्क क्या है? अन्तर क्या है? कौन इस क़ाबिल है कि पाया जाए? सहज मिले तो दूध सम। सहज जो सीधा है, जो सिंपल है। और सिम्पल क्या है? सिम्पल ये है कि आप मेहनत करें, कोशिश करें और इस क़ाबिल बनें कि आपको

वो चीज़ मिले। सही तरीक़े से, इन्साफ़ के साथ, न्याय के साथ आपको वो कामयाबी, वो जो कुछ भी है, वो मिले। तो वो तो दूध की तरह है। प्योर है, साफ़ है, हेल्दी है।

माँगे मिले सो पान। अब आपने माँगे-ताँगे में किसी तरह से अपनी ये पोज़िशन हासिल कर ली। भाई-भतीजेवाद में, रिश्तेदारी में। कहीं ख़ुशामद करके। कहीं पैर पड़कर, कहीं घुटने छूकर तो इस तरह अगर कोई कामयाबी मिल गई तो उससे आप सर्वाइव तो कर जाएँगे जैसे पानी से आदमी जीता है, लेकिन उसमें वो मज़ा नहीं है। वो सेहत नहीं है जो दूध में है। कहीं-न-कहीं आपका दिल, आपका ज़मीर ये जानेगा कि ये खोखली चीज़ है। इसमें वो बात नहीं है जो सच्चाई से, मेहनत से, ईमानदारी से, डिज़र्व करके, अपने टेलेंट से, अपनी ख़ूबी से, अपने कैलेबर से हम हासिल करते हैं। कितना भी आप ऊपर से अपने को बहला लीजिए, कितना भी लोगों के सामने शो कर लीजिए लेकिन अन्दर कहीं एक चोर रहेगा कि ये मुझे ऐसे ही भीख में या मेहरबानी से मिल गया है, मैं इस क़ाबिल नहीं हूँ। अक्सर ऐसे लोग जो होते हैं, जिनके दिल में ये चोर होता है, वो बाहर बड़ा अहंकार दिखाने लगते हैं इसे छुपाने के लिए। जो डिज़र्विंग होता है, जब उसे मिलता है तो उसमें अहंकार नहीं आता है। वो फिर भी सीधा इसलिए होता है क्योंकि उसने पाया ही सीधे तरीक़े से है, इसलिए आगे भी सीधा ही रहेगा। लेकिन जिन्हें ये ख़ुशामदों से, गिरकर, पड़कर और चमचागीरी करके, लोगों के पैर छूकर या चाचा जी, मामा जी की वजह से मिल गया है वो खोखले लोग हैं वो शोर ज़रा ज़्यादा मचाते हैं।

कबीर कहते हैं—एक तीसरी क़िस्म भी है सक्सेस या सफलता पाने की। कोई मंज़िल पाने की। वो है ईचातान से। मैनिपुलेशन से, बेईमानी से। हेरा-फेरी से, क्राइम से। उस कामयाबी को कहते हैं कि वो ख़ून जैसी है। जैसे कोई ख़ून पी रहा हो। दूध, पानी और ख़ून। कितनी ख़ूबसूरती

से कबीर ने सक्सेस को तीन हिस्सों में बाँटा है। और ये आज हमें देखने को मिलता है। आप देखिए लोगों को, जो कामयाब हैं या अपने को कामयाब समझते हैं या जिन्हें आप कामयाब समझते हैं। ये दूध वाली कामयाबी है। ये पानी वाली कामयाबी है, और ये ख़ून वाली कामयाबी है। तो ख़ून वाली कामयाबी से तो नाकामी भली। और जो पानी वाली कामयाबी है मैं उससे हमदर्दी ही कर सकता हूँ। उसका रौब तो नहीं खा सकता। उसे एडमायर तो नहीं कर सकता। मैं इज़्ज़त तो उसी की करूँगा जो सहज तरीक़े से वो कामयाबी हासिल करे जो दूध जैसी हो। सफ़ेद, शफ़्फ़ाफ़, हेल्दी, मासूम, भली। तो एक बार फिर सुनिए और दाद दीजिए उस जीनियस को कि क्या-क्या बातें कही हैं उसने हमारे लिए :

सहज मिले तो दूध सम, माँगे मिलै सो पान।
कह कबीर वह रक्त सम, जामें ईंचातान॥

करत-करत अभ्यास के, जड़मति होत सुजान।
रसरी आवत जात ते, सिल पर परत निसान॥

वृंद

वृंद का बड़ा ख़ूबसूरत दोहा है ये, जिसके लफ़्ज़ी मतलब ये हैं कि आप अभ्यास करते रहें, मश्क़ करते रहें, रियाज़ करते रहें, प्रैक्टिस करते रहें तो एक मामूली अक़्ल का आदमी भी बड़ा समझदार हो सकता है, एक मामूली टेलेंट का आदमी भी मुक़ामात हासिल कर लेता है। जैसे कि रस्सी के आने-जाने से सिल पर, या कहें कि पत्थर पर धीरे-धीरे करके निशान पड़ जाता है।

अब ज़माना बदल गया है, लोगों ने रस्सी को पत्थर काटते देखा नहीं है, इसलिए मैं बता दूँ कि ऐसा क्यूँ कहा गया। अगर आप अभी भी पुराने शहरों में जाएँगे और वहाँ जो पुराने कुएँ हैं, बावड़ियाँ हैं, तो शायद वहाँ यह आपको देखने को मिल जाए। पहले ये टैप्स तो होते नहीं थे घर में। नल नहीं थे कि यहाँ आप ने खोला और वहाँ पानी आने लगा। पहले तो कुएँ में से पानी निकाला जाता था, और कुएँ से पानी कैसे निकालते थे! रस्सी से। तो रस्सी में डोल बाँधकर कुएँ में डाला जाता था, और फिर जब उसे खींचते थे तो रस्सी, कुएँ का जो पत्थर था कुएँ चारों तरफ़, उस पर रगड़ती थी। और आए दिन, रोज़ न जाने कितने आदमी वहाँ पर रस्सी डालते थे, और उसे खींचते थे, और रस्सी के आने-जाने से, पत्थर पर निशान बन जाते थे। मैंने भी अपने बचपन में कुछ पुराने शहरों में ऐसे कुएँ देखे हैं कि जहाँ पत्थर में गहरे-गहरे गड्ढे पड़ जाते

थे रस्सी के आने-जाने से। रस्सी जो इतनी नर्म है, कमज़ोर है, पत्थर जो इतना सख़्त है, धीरे-धीरे, धीरे-धीरे वो रस्सी जो है उस पत्थर को काट देती थी, उस पर निशान बना देती थी। तो इसका ज़िक्र उन्होंने किया है कि रियाज़ और प्रैक्टिस ऐसी चीज़ है कि अगर आप लगातार करते रहें, मेहनत करते रहें तो कम टेलेंट भी अगर है, तो भी आपको ज्ञान मिल जाएगा, तो भी आप किसी-न-किसी हद तक पहुँच जाएँगे।

ये तो हम आम इनसान की बात कर रहे हैं। आप ज़रा देखिए कि जो जीनियस पैदा हुए हैं उन्होंने कैसे रियाज़ किया है, कैसे अभ्यास किया है! हमारे भारतरत्न पंडित रविशंकर, जिन पर हर हिन्दुस्तानी गर्व करता है। वो जब सितार बजाते थे तो ऐसा लगता था कि नदी है सुरों की जो बही चली जा रही है। इतने आराम से, और इतने खोए हुए बजा रहे हैं कि लगता है कोई तकलीफ़ ही नहीं, कोई मुश्किल ही नहीं। ये आसानी कैसे आई थी? ये आसानी आई थी कि जब वो छोटे थे, जब वो सीख रहे थे, तो वो रोज़ आठ घंटे नौ घंटे रियाज़ करते थे। उनकी उँगलियों में कॉन पड़ गए थे जिसे कहते हैं झिग्गे, सितार बजाते-बजाते। इतने रियाज़ के बाद वो तो वैसे भी एक जीनियस, इतने टेलेंटेड आदमी, जब उन्हें इतनी रियाज़ की ज़रूरत हुई या उन्होंने ये समझा कि मुझे इतना रियाज़ या इतना अभ्यास चाहिए, तो आम आदमी का सोचिए उसे कितनी मेहनत करनी चाहिए और कितनी मेहनत करनी पड़ेगी कहीं भी पहुँचने के लिए!

मुझे एक और क़िस्सा याद आता है जो बहुत काम का क़िस्सा है। टॉमस एडिसन का नाम आपने सुना होगा। उन्होंने बहुत सारी चीज़ें ईजाद की हैं, ये बल्ब जो हमारे घरों में लगे होते हैं, ये भी टॉमस एडिसन के बनाए हुए हैं। उन्होंने बल्ब बना लिया था, लेकिन होता ये था कि उसके अन्दर वो जो तार होता है, जिसे फिलामेंट कहते हैं, वो ऐसा था कि जल जाता था थोड़ी देर बाद। तो उन्होंने जो उनके असिस्टेंट्स थे पाँच, उनकी एक टीम बनाई और उनसे कहा कि कोई ऐसा तार बनाओ, इस

तरह का मेटल हो कि वो जब गर्म हो और उसमें से रोशनी निकले तो वो जले नहीं। कई महीने के बाद वो पाँचों की टीम वापस आई, कहने लगे सर, हमने पाँच सौ तरीक़े से बना कर देखा लेकिन हर बार वो तार जल जाते हैं! तो एडिसन ने कहा कि ये तो बहुत अच्छा किया, ये तो बहुत अच्छा हुआ, जो भी हुआ, इसका मतलब ये है कि तुम्हें पाँच सौ तरीक़े मालूम हो गए हैं कि इस बल्ब के तार कैसे नहीं बनाने चाहिए। अब एक तरीक़ा मालूम करना है कि बनाना कैसे चाहिए!

ये जो ज़िद होती है, ये जो मेहनत होती है, यह जो लगन होती है, ये जो लक्ष्य को पाने का एक फ़ैसला, अटल फ़ैसला होता है, वही आपसे अभ्यास कराता है। वही आपसे मेहनत कराता है और वही आपको आपके पंजों पर खड़ा कर के आप का क़द बढ़ा देता है। इसलिए ज़रूरी है कि हम हिम्मत ना हारें। मैंने तो राइटिंग में देखा है! होता क्या है बहुत से लोग हैं, मैंने देखे हैं नौजवान, जिनमें लिखने का टेलेंट है, लेकिन जब वो लिखते हैं और फिर उसे पढ़ते हैं तो उन्हें लगता है कि ये तो ठीक नहीं लिखा गया, तो शायद मैं नहीं लिख सकता हूँ और छोड़ देते हैं लिखना। हक़ीक़त ये है कि वो काग़ज़ जो उन्होंने फेंक दिया था, उसे फेंक ही देते, लेकिन दोबारा फिर एक कोरे काग़ज़ पर लिखना शुरू करते, और फिर नहीं होता तो उसे भी छोड़ देते, फिर लिखते और धीरे-धीरे उन्हें मालूम होता वो लिख सकते हैं और वो लेखक बन जाते। लेकिन उनमें कहीं अभ्यास की कमी रह गई, कहीं उन्होंने हौसला छोड़ दिया, अगर ना छोड़ा होता तो वो भी पत्थर को काट लेते।

करत-करत अभ्यास के, जड़मति होत सुजान।
रसरी आवत जात ते, सिल पर परत निशान॥

चले जु पंथ पिपिलिका, समुद्र पार ह्वै जाइ।
जौ न चलै तौ गरुडहू, पेड़हु चलै न पाय।।

वृंद

वृंद का यह दोहा बड़े मायने रखता है और बड़ी गहरी बात कह रहा है। पहले हम शब्दों के मायने समझ लें जो बड़े सिम्पल हैं। पिपिलिका कहते हैं, चींटी को कि चींटी अगर चलती रहे तो समन्दर के पार भी जा सकती है, और गरुड़, ये गरुड़ जो है, ये एक मिथिकल चिड़िया है, जो बहुत पावरफुल, बहुत बड़ी, बहुत शक्तिशाली है, इसका ज़िक्र पुराने ग्रन्थों में आया है। रामायण में भी जब सीता जी का हरण हुआ और रावण उन्हें ले जा रहा था तो ये जो चिड़िया थी गरुड़, इसने रावण से लड़ने की कोशिश की और ज़ख़्मी हुई। ख़ैर वो एक अलग क़िस्सा है, लेकिन ये गरुड़ जो है एक सिम्बल है, शक्ति का, पावर का और ताक़त का। तो कवि कह ये रहा है कि अगर एक चींटी भी चलती रहे तो वो समन्दर के पार तक पहुँच सकती है। लेकिन गरुड़ जो इतना ताक़तवर पक्षी है वो अगर अपनी जगह से ना हिले, तो *पेड़हूँ चलै ना पाय,* तो वो जो पगडंडी है उसमें भी नहीं जा सकता, उसे भी पार नहीं कर सकता,

मक़सद क्या है यह कहने का, बात है क्या? बात ये है कि हमें अपनी अक़्ल पे, अपनी समझ पे, अपने ज्ञान पे या अपनी दौलत पे, या अपनी ताक़त पे इतना अति-आत्मविश्वास हो जाता है कि उससे हममें एक अहंकार पैदा हो जाता है कि हम ही तो हैं, हम तो सब कुछ कर सकते हैं, क्या है जो मुश्किल है हमारे लिए! मगर, जब तक इस ज्ञान का इस्तेमाल

ना हो, जब तक ये ताक़त इस्तेमाल न की जाए, कोशिश ना की जाए, जब तक हम अपने टेलेंट को कहीं लगाएँ नहीं, तब तक उससे कोई भी काम नहीं होगा। अगर टेलेंट है भी, तो किस काम का, वो रखे का रखा रह जाएगा। उसके मुक़ाबले में वो इनसान, जो शायद इतना शक्तिशाली नहीं है, इतना टेलेंटेड नहीं है, इतना ज्ञानी नहीं है, इतना समझदार नहीं है, लेकिन वो अगर अपने काम में लगा ही हुआ है, लगा ही हुआ है तो वो कहीं-न-कहीं, धीरे-धीरे पहुँच ही जाएगा।

ये वही कहानी है जो मैंने और आपने, सब ने अपने बचपन में सुनी है—एक ख़रगोश की और एक कछुए की; कि दोनों में रेस हुई और ख़रगोश को तो मालूम था कि मैं बहुत तेज़ भागता हूँ, तो भागते-भागते उसने कहा कि क्या है रेस तो जीतना मेरे बाएँ हाथ का खेल है या शायद बाएँ पंजे का, और वो एक पेड़ के नीचे बैठ गया और सो गया आराम से कि मैं तो ख़रगोश हूँ, कछुए को तो आते समय लगेगा, चला जाऊँगा। लेकिन कछुआ चलता ही रहा, चलता ही रहा, चलता ही रहा, और वो मंज़िल तक पहुँच गया, ख़रगोश सोता रह गया। यही ग़लती कभी-कभी हम लोग करते हैं। अपने ज्ञान के अहंकार में, अपनी शक्ति के अहंकार में, अपने टेलेंट के अहंकार में, और ये कॉम्बीनेशन हमें अपनी ज़िन्दगी में बहुत कम मिलता है कि जिसके पास टेलेंट है, वो मेहनती भी हो, जिसके पास ज्ञान है वो इतनी लगन भी रखे साथ में कि वो ज्ञान का पूरा इस्तेमाल कर सके। होता है, कम होता है। जो लोग ये करते हैं वही जीनियस कहलाते हैं। वही लोग कामयाब होते हैं।

ये दुख की बात है कि आमतौर पर जो कम टेलेंट के लोग हैं, जो कम विद्या के लोग हैं, जो कम सलाहियत के लोग हैं, वो दुनिया में आगे बढ़ जाते हैं। और वो ऐसे ही आगे नहीं बढ़ जाते हैं। हम रोना रोते हैं, ये देखिए इसमें क्या ख़ूबी थी ये आगे निकल गया? वो आगे इसलिए निकल गया कि शायद उसमें ख़ूबी तो कम थी, लेकिन वो लगा रहा,

मेहनत करता रहा। तो अगर एक च्यूँटी चलती रहे तो समन्दर पार कर सकती है, तो फिर सोचिए, अगर गरुड़ चलने का फ़ैसला कर ले तो वो कहाँ पहुँचेगा, वो तो आसमानों को भी पार कर जाएगा। लेकिन कभी-कभी गरुड़ अपने ही ग़ुरूर में रह जाते हैं।

ऐसा नहीं होना चाहिए। आपमें अगर कोई गुन है, आपमें कोई ख़ूबी है, कोई सलाहियत है, तो बहुत ख़ुशी की बात है लेकिन, ये सलाहियत ये गुन, ये ख़ूबी जब तक इस्तेमाल नहीं होगी, इसके पीछे मेहनत, कोशिश और जतन नहीं होगा, वो किसी काम के नहीं।

चले जु पंथ पिपिलिका, समुद्र पार ह्वै जाइ।
जौ न चलै तौ गरुडहू, पेड़हु चलै न पाय॥

उत्तम विद्या लीजिए, जदपि नीच पै होय।
परयो अपावन ठौर को, कंचन तजत न कोय॥

वृंद

वृंद कहते हैं कि बेहतर से बेहतर इल्म हासिल कीजिए, उत्तम से उत्तम विद्या हासिल कीजिए, भले ही वो किसी ख़राब आदमी के पास हो, जैसे कि सोना अगर कीचड़ में भी पड़ा हो तो लोग उसे उठा लेंगे।

अब ये बात जो है, ज़रा समझने वाली है। मैं ये समझता हूँ कि संस्कार जो है वो बिखरे हुए कंकड़-पत्थर नहीं होते हैं, बल्कि ज़ंजीर की कड़ियाँ होते हैं। एक कड़ी दूसरी कड़ी से जुड़ी होती है। ये माँग जो है कि आप उत्तम विद्या लीजिए, *जदपि नीच पै होय,* ठीक है। मगर आपको ये मालूम कैसे होगा कि ये ख़राब आदमी जो है, या बुरा आदमी जो है, जिसे आप नीची नज़रों से देख रहे हैं, जिसे नीच समझ रहे हैं, इस आदमी के पास उत्तम विद्या है! पहले तो आपको पता चलना चाहिए ना कि इनके पास है ये, आपको मालूम कैसे होगा?

ये काम आप तभी कर सकते हैं जब आपका एक और संस्कार सही हो और वो ये कि आप दिमाग़ के दरवाज़े किसी के लिए बन्द ना कर दें। आपको मालूम है ये अच्छा आदमी नहीं है, आपको मालूम है इसमें सौ बुराइयाँ हैं, ये आदमी बुरा है, लेकिन फिर भी आपमें इतनी ऑब्जक्टिविटी हो, इतनी ईमानदारी हो, इतना इन्साफ़ हो आप के अन्दर कि आप ये देख सकें कि चलो ये मुझे पसन्द नहीं है, मैं इसे बुरा समझता हूँ, ख़राब

समझता हूँ लेकिन इसमें ये ख़ूबी तो है, और ये ख़ूबी बड़े कमाल की है। एक राय बना ली और ताला बन्द कर चाबी फेंक दी, ये नहीं। आप हमेशा हर बात को उसी के वेल्यू पर, उसी की क़ीमत पे आँकने के लिए तैयार हैं, तब आपको पता चलेगा कि ये आदमी, जिसमें सौ ख़राबियाँ हैं, उसमें एक गुण भी है, एक अच्छाई भी है। आपमें इतनी अक़्ल, इतनी समझदारी चाहिए होनी चाहिए कि हम ये सोचें कि चलो इसमें जो बुराई है, इसमें जो नीचता है, जो अवगुण है, वो अपनी जगह पे है, लेकिन ये जो इसका गुण है, ये जो ख़ूबी है, ये जो इसकी विद्या है, ये जो इसका ज्ञान है, ये अच्छा है, और ये सीखने लायक है।

हिन्दुस्तान में जब अंग्रेज़ आए और इस देश को उन्होंने बहुत बुरी तरह लूटा, अब यहाँ इसमें कोई शक नहीं है कि बहुत कम लोग जानते हैं कि जब वो आए थे तो दुनिया में जितना ट्रेड था, दुनिया में जितनी तिजारत थी, जितना व्यवसाय था, उसका 26 परशेंट इंडिया से था, और जब वो गए तो ढाई परशेंट बचा इंडिया का, इतना उन्होंने लूटा। इस पे लोगों के दो रिएक्शन हुए देश में। बहुत से ऐसे लोग थे, जिन्हें अंग्रेज़ों से इतनी नफ़रत हुई कि उन्होंने कहा कि हमें तो ना अंग्रेज़ी सीखनी है, ना अंग्रेज़ जो विद्या लाए हैं वो सीखनी है। ना उनकी साइंस हमें पढ़नी है, ना उन्होंने जो डिस्कवरी की है, वो हम जानना चाहते हैं। हम कुछ जानना ही नहीं चाहते हैं, हमें उनकी हर चीज़ बुरी लगती है। यानी इस हद तक था कि वो कहते थे कि अगर घड़ी बाँधी जाए जिस पर अंग्रेज़ी नम्बर लिखे हैं तो वो भी पाप है, गुनाह है। लेकिन दूसरी तरफ़ कुछ और लोग थे, जिन्होंने कहा कि अंग्रेज़ों में जो ख़राबी है वो अपनी जगह है, उन्होंने जो यहाँ बेईमानी की, लूट की, जुल्म किया वो अपनी जगह है, लेकिन वो लोग दुनिया के उस हिस्से से जो विद्या लाए हैं वो काम की है, वो सीख लो। जिन लोगों ने अंग्रेज़ों की बुराइयाँ जानते हुए भी उनकी जो ख़ूबी थी वो सीखी, उनकी विद्या हासिल की, उनमें से एक पंडित

जवाहरलाल नेहरू थे, महात्मा गांधी थे, जिन्होंने इल्म हासिल किया, जो ख़ूबी थी उनकी उसको हासिल कर लिया।

एक क़िस्सा मैं आपको और सुनाऊँ। एक बार ये हुआ कि गांधी जी ट्रेन से कहीं जा रहे थे और उनके ठीक पीछे दो अंग्रेज़ बैठे हुए थे उस ट्रेन में। उन्होंने दो पेजेज पे गांधी जी को बहुत बुरी-बुरी बातें लिख के या कहें कि गालियाँ लिख के दोनों पेज पिन करके गांधीजी को भिजवा दिए। उन्होंने दोनों पेज पढ़े जो गालियों से भरे थे। उसके बाद वो जो पिन लगी थी, वो निकालकर अलग रख ली, और पेपर एक तरफ़ रख दिए, तो ये सब देखकर किसी ने पूछा कि आप ये क्या कर रहे हैं? तो इस पर गांधीजी ने कहा कि भई! इन दोनों पेजेज में ये काम की चीज़ थी, ये पिन, वो मैंने रख ली है, वो कहीं-न-कहीं मेरे काम आएगी। ये ख़ूबी होनी चाहिए आपमें कि बुरे से बुरे आदमी में भी अगर कोई ज्ञान है, कोई इल्म है, तो हम उसे हासिल करेंगे, और इस तरह हासिल करेंगे जिस तरह कोई लालची आदमी कीचड़ में पड़े हुए सोने को उठा लेगा। हमारा लालच ज्ञान के लिए होना चाहिए, इल्म के लिए होना चाहिए, नॉलेज के लिए होना चाहिए और उसमें कोई भी बायस, कोई भी प्रीज्यूडियस, कोई भी दुश्मनी, कोई भी नफ़रत, हमारे रास्ते में ना आए। अगर हमें विद्या से और ज्ञान से इतना प्यार है, तो फिर हमें कौन रोक सकता है। अब ये सुन के इस दोहे को फिर सुनिए :

उत्तम विद्या लीजिए, जदपि नीच पै होय।
पर्‌यो अपावन ठौर को, कंचन तजत न कोय॥

जानि-बूझि अजुगत करें, तासों कहाँ बसाय।
जागत ही सोवत रहे, तिहिं को सके जगाय॥

वृंद

वृंद कहते हैं कि जो जान-बूझकर ग़लत काम कर रहा है, उसे कोई कैसे वश में लाए, कैसे सही रास्ते पर लाए! कोई जाग रह है, लेकिन बन रहा है कि वो सो रहा है, तो उसे कैसे जगाया जाए? जो सो रहा है उसे तो आप जगा लेंगे, लेकिन जो नाटक कर रहा है सोने का, उसे किस तरह से जगाया जा सकता है?

ये तो आपने भी देखा होगा और शायद बचपन में हमने किया भी है कि जब बहुत जल्दी स्कूल जाना होता था, और ख़ासतौर से सर्दी के ज़माने में, सर्दी के मौसम में, तो हमें जगाया जाता था और हम ऐसे बनते थे, जैसे अभी सो ही रहे हैं। इसलिए कि हम उठना नहीं चाहते थे, इतनी सर्दी में जाना नहीं चाहते थे। लेकिन ये काम सिर्फ़ बच्चे नहीं करते, बड़े भी करते हैं, वो नाटक करते हैं सोने का। और यहाँ सोने का मतलब ये नहीं कि कोई बिस्तर पर लेटकर आँखें बन्द रखे, और कहे कि मैं सो रहा हूँ। सोने की एक्टिंग तरह-तरह से की जाती है। कुछ लोग जो जानते हैं कि उनकी ज़िम्मेदारियाँ क्या हैं, उनका फ़र्ज़ क्या है, उनका कर्तव्य क्या है, लेकिन उनसे अनजान बने रहते हैं, वो भी तो सोने की एक्टिंग कर रहे हैं। कुछ लोग ऐसे होते हैं जो इसलिए सोने की एक्टिंग करते हैं, और इसलिए ये ज़ाहिर करते हैं कि हमें तो कुछ पता ही नहीं है कि दुनिया बदल रही है, समाज बदल रहा है, उसके तौर-तरीक़े बदल रहे

हैं, उसके उसूल बदल रहे हैं, उसमें लोगों के अधिकार बदल रहे हैं, बढ़ रहे हैं। अब अगर हमने कहा कि हम जाग रहे हैं, और सब कुछ देख रहे हैं, सुन रहे हैं, और समझ रहे हैं, तो फिर हमें ये सब मानना पड़ेगा।

अब जैसे हमारे समाज में ही देखिए! आज नारी के अधिकारों की बात होती है, उसके इम्पावरमेंट की बात होती है, उसकी बराबरी की बात होती है, तो बहुत से लोग ऐसा ज़ाहिर करते हैं कि उनको पता ही नहीं है कि ये सब क्या है और क्यूँ है! इसलिए कि अगर वो जग गए, और उन्होंने ये कहा कि हम ये सब समझ रहे हैं तो उन्हें बहुत कुछ गँवाना होगा। जो समझ रहे थे कि सारी शक्ति हमारे पास है, सारी पावर हमारे पास है, सारा कंट्रोल हमारे पास है, उसमें शेयर करना पड़ेगा, जिसके लिए वो तैयार नहीं हैं, तो वो ज़ाहिर करते हैं कि हमें तो पता ही नहीं है कि ये सब बातें क्या हैं।

जैसे कि एक समय में हमारे देश में ज़मींदारी थी, तो आप उस वक़्त किसी जागीरदार को समझाते कि भाई! उठो और समझो कि जागीरदारी में क्या गड़बड़ है, और क्या ख़राबी है और क्या नाइन्साफ़ी है, तो वो तो यही ज़ाहिर करता कि मेरी तो समझ में आ नहीं रहा कि ये तुम्हारी बातें क्या हैं! तो यही है कि मैं सो रहा हूँ, मैं जाग नहीं रहा हूँ, मैं तुम्हारी बात सुनूँ तो कैसे, मैं तो सो रहा हूँ। ये सोना जो है एक तो इस वजह से होता है कि ज़िम्मेदारी से बचना चाहता है आदमी; और दूसरी वजह से सोने का नाटक इसलिए होता है कि आदमी के पास जो कुछ है, जो जायज या नाजायज़ तरीक़े से हासिल कर लिया है, वो उसे बाँटना नहीं चाहता। वो अगर जाग गए और मान लिया कि हम जाग रहे हैं, और देख रहे हैं, सुन रहे हैं, समझ रहे है, तो फिर हमारे पास जो अधिकार हैं दूसरों के, कमज़ोरों के, वो अधिकार देने पड़ेंगे और वो हम देना नहीं चाहते। तो बेहतर ये है कि हम सोते ही बनते रहें। अब ये जागीरदारी, ज़मींदारी तो ख़त्म हो गईं, लेकिन आज भी समाज में अलग-अलग तरह

की जागीरदारियाँ और ज़मींदारियाँ मौजूद हैं, और वहाँ पर वही वो लोग हैं जो जाग रहे हैं, लेकिन ज़ाहिर कर रहे हैं कि हम तो सो रहे हैं।

इसके अलावा एक और भी वजह होती है कि जिसमें अक्सर लोग ये नाटक करते हैं कि वो सो रहे हैं, और वो ये है कि उन्हें मालूम है कि जाग गए तो बड़ी मेहनत है, अपने आप को दुबारा बदलना पड़ेगा, सोचना पड़ेगा। लोग सोचने से बड़ा घबराते हैं, लोग ज्ञान से बड़ा घबराते हैं, नॉलेज से घबराते हैं। ये कि कोई नई बात मालूम हुई तो नई तरह से सोचना पड़ेगा, नई तरह से सोचा तो नई तरह से काम करने पड़ेंगे, नई तरह से जीना पड़ेगा। अब एक ढर्रा है, चल रहे हैं, वो चलता रहे। इसमें कभी-कभी बेईमानी के अलावा काहिली भी होती है, सुस्ती भी होती है, अब कौन बदले! तो जागना ही जो है वो ख़तरनाक चीज़ है, जागने में बदलना पड़ेगा, सोते रहो तो वैसे के वैसे रहोगे। लेकिन जो लोग किसी भी वजह से सो रहे हैं, चाहे अपने फ़ायदे के लिए, चाहे ज़िम्मेदारी से बचने के लिए, चाहे सिर्फ़ सुस्ती और काहिली में, उनको एक बात मालूम होनी चाहिए कि वो सचमुच सो रहे हों या सोने का नाटक कर रहे हों, ना समय रुकता है ना ज़िन्दगी रुकती है, और ना ही ज़माना रुकता है। वो तो आगे निकल ही जाएगा, और अगर ये सोने का नाटक वो करते रहे, तो वो पीछे रह जाएँगे, भूल जाएगी दुनिया उन्हें। तो ये दोहा एक बार फिर सुनिए और इसके बारे में सोचिए और कुछ लोगों को जगाइए, उन लोगों को जो सोने का नाटक कर रहे हैं।

जानि-बूझि अजुगत करें, तासों कहाँ बसाय।
जागत ही सोवत रहे, तिहिं को सके जगाय॥

निबल जानि कीजै नहीं, कबहूँ बैर-विवाद।
जीते कुछ सोभा नहीं, हारे निंदावाद॥

वृंद

वृंद ने ये बड़ी अनोखी बात कही है! ये बात ऐसी है कि आज भी, इतने बरसों के बाद भी, इतनी सदियों के बाद भी, मुझे ऐसा लगता है कि बहुत कम लोगों को ये मालूम है, और बहुत कम लोग इसे समझते हैं। वृंद कहते हैं कि कमज़ोर के साथ कभी झगड़ा या दुश्मनी मत कीजिए, ये अजीब बात है! हक़ीक़त तो ये है कि दुनिया में ज़्यादातर लोग तो कमज़ोर के ही साथ झगड़ा करते हैं, कमज़ोर के साथ ही दुश्मनी करते हैं। हमारे समाज में अगर हम चारों तरफ़ देखें, चाहे परिवार में, मोहल्ले में, शहर में या पूरे समाज में, तो हमें देखने को ये ही मिलता है कि बराबरी का ख़याल नहीं है। जो कमज़ोर है, उसे मज़बूत दबाएगा, जो शक्तिशाली है, वो निर्बल को दबाएगा, और उससे ज़्यादा जो शक्तिशाली है, वो इसको दबाएगा, लेकिन यहाँ ये झुक जाएगा और दूसरी तरफ़ अपने से कमज़ोर को झुकाने की कोशिश करेगा। यूँ दुनिया चलती है आजकल।

वृंद का कहना उल्टा है! वृंद कहते हैं कि जो कमज़ोर है, उससे आप दुश्मनी ना कीजिए, उससे ना आप बहस कीजिए, और क्यूँ? उनकी ये राय क्यूँ है? उनकी ये राय इसलिए है कि अगर तुम कमज़ोर से लड़कर जीत गए, कमज़ोर से लड़ के, कमज़ोर से विवाद करके जीत भी गए तो तुम्हारी कोई इज़्ज़त बढ़नेवाली नहीं है, बल्कि शायद थोड़ी बुराई हो, लोग तुम्हें ख़राब ही समझें, इससे कुछ तुम्हारी शोभा नहीं बढ़ने वाली।

क्यों नहीं बढ़नेवाली? क्योंकि लोग कहेंगे कि देखो, इसने कमज़ोर पे जुल्म किया, मुँह पे नहीं कहेंगे तो पीठ पीछे कहेंगे। कमज़ोर को दबाया, उसका अधिकार छीना, उसकी बात रद्द कर दी, और ऐसा भी हो सकता है कि कभी वो जो कमज़ोर है, निर्बल जो है वो जीत जाए। वो जीत सकता है, निर्बल जीतते हैं! इसलिए कि जब आदमी बिलकुल ही निर्बल हो, यानी उसके पास कुछ खोने को बचा ही नहीं है। कुछ होता तो उसमें बल भी होता, और जब सब कुछ खोया होता है उसने, तो उसके अन्दर से डर भी निकल जाता है, जब डर निकल जाता है, तो फिर वो लड़ने लगता है और लड़ता है तो फिर जीत भी सकता है।

मुझे एक क़िस्सा याद आता है। जंग हो रही थी, जिसमें अफ़सरों ने आकर अपने कमांडर को कहा कि दुश्मनों की एक टोली जो है, वो पहाड़ियों के बीच में है, और तीन रास्ते तो हमने बन्द कर दिए हैं, चौथा खुला हुआ है, वह भी हम बन्द कर देंगे। तो कमांडर ने कहा, ये ग़लती ना करना। अगर वो घिर गया तो उसके पास कुछ भी नहीं बचेगा, जाने का रास्ता भी नहीं बचेगा, और जब कुछ नहीं बचेगा, तो फिर वो जैसे लड़ेगा, उस लड़ाई को तुम समझते नहीं हो कि वो कितनी बहादुरी से लड़ेगा। तो ऐसे ही निर्बल जो है, जब उसे लगता है कि सारा बल मुझसे छीन लिया गया है, अब मेरे पास कुछ भी नहीं है, तो कभी-कभी वो लड़ता है। और ऐसे लड़ता है कि फिर वो किसी से डरता नहीं। जब इतनी बहादुरी से निर्बल लड़ता है, तो जीत भी जाता है।

तो हुआ क्या कि अगर आप जीते, तो आप की तारीफ़ नहीं हुई, लोगों ने कहा कि कमज़ोर को मार दिया, शर्म की बात है, लड़ता तो अपने से किसी बड़े से लड़ता, उससे टकराता और कभी गड़बड़ में वो जीत गया तो गई आपकी सारी इज़्ज़त कि लो एक निर्बल ने हरा दिया इनको! तो दोनों ही सूरतों में आपका नुक़सान है। अच्छी बात क्या है कि निर्बल थोड़ी ग़लत बात भी कह रहा हो तो थोड़ी सुन लीजिए, दुनिया भी देखेगी

और आपका अपना जो ज़मीर है, वो भी आपसे कहेगा कि ये आपने मजबूरी में नहीं किया है, ये इसलिए किया है कि आप भले इनसान हैं।

आपको एक बात बताऊँ, भले इनसान की एक पहचान ये भी है कि उसके पास जो काम करनेवाले लोग होते हैं, जो उसके यहाँ नौकरी कर रहे होते हैं, चाहे उसके घर में, चाहे उसके दफ़्तर में, चाहे उसके कारख़ाने में, वो पुराने लोग होते हैं, क्यों होते हैं पुराने? इसलिए कि वो निर्बल से बैर नहीं कर रहा, विवाद नहीं कर रहा, अगर ज़रा-सा भी उसका ग़लत बर्ताव होता, ग़लत व्यवहार होता, तो ये पुराने लोग उसके साथ काम नहीं कर रहे होते। ये बरसों से उसके साथ इसलिए हैं कि वो निर्बल से बैर या विवाद नहीं कर रहा। तो दोनों ही सूरतों में आपका भला है। अगर आप झगड़ा न करें निर्बल से, इसलिए कि अगर आप जीते तो लोग आपकी बुराई करेंगे कि देखिए निर्बल पर जुल्म किया, निर्बल को दबाया और अगर आप हार गए तो आपकी इज़्ज़त दो कौड़ी की हो जाएगी। तो सही बात कही है, वृंद ने :

निबल जानि कीजै नहीं, कबहूँ बैर-विवाद।
जीते कुछ सोभा नहीं, हारे निंदावाद॥

फेर न ह्वैहैं कपट सों, जो कीजै ब्यौपार।
जैसे हाँडी काठ की, चढ़ै ना दूजी बार॥

वृंद

वृंद कहते हैं कि वो व्यापार जिसमें कपट है, झूठ है, बेईमानी है, वो दुबारा नहीं हो पाएगा, जैसे कि हाँडी अगर लकड़ी की हो तो एक बार तो उसमें कुछ पका लोगे, लेकिन वो जल जाएगी, फिर दुबारा वो हाँडी काम नहीं आ सकती। आमतौर पर आजकल लोग ये बात मानते नहीं। वो समझते हैं कि शराफ़त, नेकी, ईमानदारी से नुक़सान होता है और बेईमानी, हेरा-फेरी, झूठ से फ़ायदा होता है। शायद थोड़े अर्से के लिए ये बात सच भी हो, अगर आप फ्रॉड करते हैं, झूठ बोलते हैं, बेईमानी करते हैं, तो थोड़े वक़्त के लिए फ़ायदा भी हो सकता है, इसमें कोई शक नहीं है, लेकिन ये वो हाँडी है जो एक ही बार चढ़ेगी चूल्हे पर, दुबारा नहीं।

होता ये है कि वक़्त के साथ धीरे-धीरे, जिन लोगों से हमारा व्यवहार है, हमारा कोई रिश्ता है, कोई व्यापार है, उसमें भी कहीं-न-कहीं ये सब होने लगता है यानी ये बात सिर्फ़ व्यापार के लिए नहीं, व्यवहार के लिए भी सच है। वो हमारे दोस्त हों, हमारे रिश्तेदार हों, हमारे घर के लोग हों, वो लोग जिनके साथ हम काम करते हैं, वो लोग जो हमारे क़रीब हैं, हमारे साथी हैं, सम्बन्धी हैं, जो भी हैं, आप उनसे जो रिश्ता निभाते हैं, उनके साथ जो आपका इंटरेक्शन है, वो अगर झूठ का है, बेईमानी का है तो एक बार कर लेंगे आप, चलिए साहब ये इस हाँडी में, मैं ये मार्जिन देता हूँ कि दूसरी बार भी आप चढ़ा लें, लेकिन कितनी बार?

असल में हम इनसान को बहुत छोटे-से कैनवस में देखते हैं, छह महीने, एक साल, दो साल। किसी भी इनसान को जब देखना है, तो देखिए कि उसके जो संस्कार हैं, उसके जो जीने के तरीक़े हैं, उसकी जो मान्यता है, वो उसे क्या दे रही है और उसे क्या मिल रहा है! उसे दस बरस के एक स्पैन में देखिए, दस बरस के कैनवस में देखिए। आपको लगेगा कि आख़िर में जो उसके झूठ थे, जो उसकी बेईमानियाँ थीं, वो कहीं-न-कहीं, उसका ख़ामियाजा, उसका टैक्स ले रही हैं। ये भी हो सकता है कि कभी-कभी आपको ज़ाहिरी चमक-दमक में लगे कि इसका तो सब कुछ ठीक है, लेकिन ऐसा हो नहीं सकता। जब आप रिश्ते की बुनियाद झूठ पे, बेईमानी पे रखते हों, तो वो कभी सही हो ही नहीं सकता। इसलिए कि आप दूसरे को धोखा दे रहे हैं, और दूसरा इतना नादान थोड़ी है कि वो एक बार धोखा खाए, दूसरी बार धोखा खाए और उसे पता ही न चले। कहीं-न-कहीं आपके ख़िलाफ़, कहीं-न-कहीं आपके विरुद्ध एक भावना, एक एहसास, एक ख़याल, एक राय समाज में और आपके चारों तरफ़ की दुनिया में धीरे-धीरे, धीरे-धीरे बनती ही रहेगी।

उसके मुक़ाबले में अगर आपका जो भी व्यवहार है या व्यापार है, वो आप ईमानदारी से करें, तो शायद आपको ओवरनाइट फ़ायदा ना हो, बल्कि शुरू में थोड़ा नुक़सान भी हो, लेकिन आहिस्ता-आहिस्ता-आहिस्ता आप की एक रेपुटेशन बनेगी। कुछ दिन के लिए आपको ये तकलीफ़ उठानी पड़ेगी। लोगों में आप के लिए भरोसा पैदा होगा, यक़ीन या कहें कि विश्वास पैदा होगा, वो आपकी बात को इज़्ज़त देंगे, आपको इज़्ज़त देंगे और आपके साथ व्यवहार करने में और व्यापार करने में झिझकेंगे नहीं। इसलिए कि उन्हें मालूम है कि इसने जो कहा है वो सच होगा, इसने जो किया है वो ईमानदारी से किया होगा, हम इसपे भरोसा कर सकते हैं।

देखिए, भरोसे के बग़ैर तो ज़िन्दगी चलनी ही नहीं है। इनसान को इनसान के साथ ही रहना है। कोई भी अकेला नहीं रह सकता। तभी तो लोग एक

साथ रहते हैं, लेकिन एक साथ रहें कैसे! अगर उनमें कपट आ जाए, झूठ आ जाए तो बड़ा मुश्किल होगा। भीड़ में भी आप अकेले हैं, ऐसा लगेगा कि किसी पे भरोसा नहीं कर सकते; कि ये जो मेरे साथ चल रहा है, ये जो मेरे साथ है, साथी है, ये जो मेरा दोस्त है, ये जो मेरा रिश्तेदार, ये जो मेरा फ़ैमिली मेम्बर है, मैं इस पर भरोसा ना कर सकूँ या ये लोग आप पे भरोसा ना कर सकें, तो ज़िन्दगी कैसे सही चलेगी? कैसे आपको ख़ुशी मिल सकती है, कैसे आपको शान्ति मिल सकती है! मुमकिन ही नहीं है।

हो सकता है ऊपर से आप को लगे कि देखो, उस आदमी ने बेईमानी की, उसे ये मिल गया! अपनी उस बेईमानी का उसने अपनी शान्ति, अपने सुकून से क्या ख़ामियाज़ा दिया है, ये शायद हमको नहीं मालूम! लेकिन लॉजिक ये कहती है, कॉमन सेंस यह कहता है कि ये मुमकिन नहीं है कि एक आदमी ने अगर इतने लोगों से सही रिश्ते ईमानदारी से, बिना कपट, बिना झूठ के नहीं निभाए हैं, उस आदमी की ज़िन्दगी सही हो सकती है! ऐसा मुमकिन नहीं है। लगेगा आपको दूर से, लेकिन ऐसा हो नहीं सकता। आपको सही शान्ति, सही सुख और सही इत्मीनान, सही दोस्ती और सही प्यार तभी मिल सकता है जब आप जो व्यवहार करें या व्यापार करें, वो कपट से ख़ाली हो, उसमें कोई बेईमानी, कोई झूठ ना हो।

आप देखिए, आप किसी दुकान पे जाते हैं या जाती हैं, कुछ ख़रीदने को। आप कहते हैं कि नहीं, मुझे वो घी जो है, वही वाला ब्रान्ड दो या जो वो साबुन है, मुझे वही साबुन चाहिए या कपड़ा तो देखिए वो कम्पनी वाला ही दीजिए, क्योंकि ये वो ब्रान्ड है, ये वो कम्पनियाँ हैं, जिन्होंने कपट नहीं किया आपके साथ। उन्होंने जो साबुन बनाया, वो साबुन ऐसा बनाया जो आपके लिए अच्छा हो और आपने उसे इस्तेमाल किया है, या वो कपड़ा बनाया या वो घी बनाया है, वो तेल बनाया है जो आपके लिए सही था, और आपने उसे आज़मा के देखा था, इसीलिए तो आज

आप उसे प्रीफ़र करते हैं। वो ब्रान्ड जो है, आपको उस पर भरोसा है, आप उसकी इज़्ज़त करते हैं। उसी तरह से आपका भी कोई ब्रान्ड होना चाहिए कि लोग आपका नाम सुनें कि नहीं ये ठीक है। ये ब्रांड तभी बन सकता है, चाहे ज़िन्दगी में चाहे व्यापार में, जब उसमें कपट नहीं हो, झूठ नहीं हो, धोखा नहीं हो, बेईमानी नहीं हो, तो आइए पूरे विश्वास के साथ, पूरे यक़ीन के साथ और पूरी श्रद्धा के साथ वृंद के इस दोहे को दुबारा पढ़ें :

फेर न ह्वैहैं कपट सों, जो कीजै व्यौपार।
जैसे हाँडी काठ की, चढ़ै ना दूजी बार॥

रहे समीप बड़ेन के, होत बड़ो हित मेल।
सबहीं जानत बढ़त है, बृक्ष बराबर बेल॥

वृंद

वृंद कहते हैं कि बड़े के पास रहने से बड़ा फ़ायदा है। जैसे कि एक बड़ा पेड़ है तो उस पेड़ के पास जो बेल है, वो बहुत दूर तक ऊपर जाएगी। इसलिए कि उसे एक ऊँचे पेड़ का सहारा है।

बड़े से मतलब क्या है? बड़े से मतलब अमीर नहीं, रिच नहीं है। यहाँ बड़े से मतलब है जिसके ऊँचे संस्कार हैं, जिसके ऊँचे ख़याल हैं, जिसके ऊँचे कर्म हैं। और ज़रूरी नहीं कि वो कोई बहुत बड़े नेता हैं या कोई बहुत मशहूर आदमी है या दुनिया उसे जानती है। एक आम घर का एक आम इनसान भी ऊँचे विचार, ऊँचे संस्कार का होता है और हो सकता है। ये उस बड़े की बात है, जो आपको बेहतर वैल्यूज, बेहतर संस्कार, बेहतर इनसानी क़द्रें देता है, सिखाता है।

हम सब, सारा कुछ सीख के तो जन्म लेते नहीं। हम पैदा होते हैं तो धीरे-धीरे चारों तरफ़ जो चीज़ें देखते हैं, उनसे सीखते हैं। एक प्रोसेस कहलाता है साइंस में 'ऑस्मोसेस', उसमें होता क्या है के अगर दो बर्तन हैं, एक बर्तन में कोई चीज़ रखी है, कोई रंग है, और दूसरा बर्तन कोरा है, उन्हें साथ में रख दीजिए तो आप देखेंगे कि धीरे-धीरे ये रंग जो है दूसरे बर्तन में चला जाएगा। इसे कहते हैं ऑस्मोसेस— प्रोसेस ऑफ़ ऑस्मोसेस' ये इनसानों में भी है। जैसे इनसान हमारे पास हैं, इतने सारे

लोग हमारे आसपास होते हैं कि जब हम बढ़ रहे हैं, जब हम सीख रहे हैं, और सच ये है कि अगर हम ज़िन्दा हैं, तो सारी ज़िन्दगी बढ़ रहे हैं, और सारी ज़िन्दगी सीख रहे हैं, सही मायने में। ज़िन्दा वही इनसान कहलाता है जो सीख रहा है। तो जो हमारे चारों तरफ़ है, वो हम चाहें ना चाहें, मानें ना मानें, जानें ना जानें लेकिन धीरे-धीरे वो संस्कार, वो वजूद, वो सोचने का तरीक़ा, वो जीने का ढंग किसी-न-किसी हद तक हमारे अन्दर आता ही है। अगर हम किसी बड़े के पास हैं जो अच्छा इनसान है, बड़ा इनसान है, बड़े विचारों का इनसान है, तो वो चीज़ें हमारे पास आएँगी।

एक और भी बात है! आप ये देखिए कि जो लोग एक ऐसे परिवार में या एक ऐसे माहौल में रहते हैं जहाँ कोई कला है, तो उनमें स्वाभाविक रूप से उस कला की समझ होती है। मैं तो अपने को बड़ा ख़ुशक़िस्मत समझता हूँ। मैं एक ऐसे घर में पैदा हुआ जहाँ मेरे फ़ादर, मेरे चाचा, मेरे मामा, मेरी माँ, मेरे दादा सब राइटर थे। अब मैं उनके बीच में जन्मा तो मुझे लिखने के बारे में, शायरी के बारे में, नॉवेल और शार्ट स्टोरी के बारे में ऐसे ही पता चल गया, और मैंने सीखा बिना कोशिश किये। अब एक बच्चा जो ऐसे घर में पैदा हो कि जहाँ कोई भी कारोबार हो, जहाँ कोई भी काम होता हो तो वो ख़ुद-ब-ख़ुद धीरे-धीरे, सीख जाएगा, ख़ुद-ब-ख़ुद उसके अन्दर अच्छी बातें आएँगी। अगर होंगी। अच्छे संस्कार होंगे तो वो भी ख़ुद-ब-ख़ुद उसमें आएँगे।

लेकिन हम सिर्फ़ बेल नहीं हैं, हम सिर्फ़ सीखते नहीं हैं बल्कि सिखाते भी हैं। जाने-अनजाने हम सिखाते हैं इसलिए कि फिर कोई हमें देख रहा होता है, जैसे हमने किसी को देखा था। तो क्या हम एक अच्छे वृक्ष हैं, क्या हम एक ऊँचे वृक्ष हैं या बन रहे हैं, बनने की कोशिश, बनने का जतन कर रहे हैं! अगर ऐसा है तो वो बेलें जो हमारे सामने अब फूटी हैं, जो अंकुर अब निकले हैं, जो हमारे चारों तरफ़ हैं, वो भी ऊँचे जाएँगे

अगर हमने उन्हें एक ऊँची मिसाल दी है तो। एक ऊँचा वृक्ष बनके ज़रूरी ये है कि हम ऊँचे वृक्ष से सीखें और फिर नई बेलों को सिखाएँ भी, इसलिए कि हम किसी के लिए बेल हैं और किसी के लिए वृक्ष। तो एक बार फिर सुनिए और फिर सोचिए वृंद के इस दोहे के बारे में :

रहे समीप बड़ेन के, होत बड़ो हित मेल।
सबहीं जानत बढ़त है, बृक्ष बराबर बेल॥

अति परचै तैं होत है, अरुचि अनादर भाय।
मलयागिरि की भीलनी, चन्दन देत जराय॥

वृंद

वृंद कहते हैं कि बहुत ज़्यादा बेतक़ल्लुफ़ी से, बहुत ज़्यादा क़रीब आने से, बहुत ज़्यादा लोग आपको जान लें या आप लोगों को जान लें, तो उससे इज़्ज़त कम होती है, जैसे इंग्लिश में कहा गया है—फ़ैमिलियरिटी ब्रीड्स कंटेम्पट, और इसमें उन्होंने बड़ी उम्दा मिशाल दी है कि चन्दन तो बड़ी क़ीमती चीज़ है, बड़ी ख़ूबसूरत, महकती हुई लकड़ी होती है उसकी, और उसकी क़ीमत भी बहुत है। एक ऐसा जंगल जहाँ चारों तरफ़ सिर्फ़ चन्दन के ही पेड़ हों, तो उसमें जो रहने वाली औरत है, वो अपने चूल्हे में चन्दन ही तो जलाएगी। वो चन्दन जिसको इतना क़ीमती माना जाता है अगर चारों तरफ़ बस उसी के पेड़ हैं तो उसके चूल्हे में भी चन्दन ही जलेगा।

सच बात है। वृंद परिचय के ख़िलाफ़ नहीं हैं, उन्होंने कहा 'अति परिचय', यानी ज़रूरत से ज़्यादा जो बेतक़ल्लुफ़ी है, जो बहुत ज़्यादा जान-पहचान है, वो कहीं-न-कहीं आपकी डिग्निटी को, आपकी शान को, आपकी इज़्ज़त को कम कर देगी। आजकल तो ये चारों तरफ़ दिखाई देता है। आजकल पब्लिसिटी, प्रॉपगैंडा का ज़माना है, तो जो सारे मीडिया हैं, उनमें चाहे लोग हों, प्रोडक्ट हों, चीज़ें हों, उनका इतना ढिंढोरा पीटा जाता है कि कोई हद ही नहीं। दूसरी तरफ़ ज़िन्दगी में भी, मैं देखता हूँ, एक चीज़ होती थी जिसका नाम था डिग्निटी, ठहराव, स्थिरता, एक

भारी-भरकमपन, वो आजकल लोगों में कम दिखाई देता है। लोगों में कम दिखाई देता है, मुझे ऐसा लगता है, जैसे लोग हल्के हो गए हैं। ज़रूरत से ज़्यादा बेतक़ल्लुफ़ी। अब ऐसे-ऐसे शब्द इस्तेमाल होते हैं, जो पहले नहीं हुआ करते थे, पहले ख़राब समझे जाते थे अब ये कूल और अच्छी बात मानी जाती है कि ऐसी ज़बान इस्तेमाल की जाए। ये इतनी ज़्यादा बेतक़ल्लुफ़ी जो है। ये नहीं कहता कि बेतक़ल्लुफ़ी नहीं होनी चाहिए, परिचय नहीं होना चाहिए। लेकिन इतना ज़्यादा बेतक़ल्लुफ़ी अति परिचय; वो गड़बड़ है। उसमें ग़लतफ़हमियाँ पैदा होती हैं, और आप लोगों की नज़र में गिरते हैं। आप देखिए ना, आप अपने बारे में ना सोचिए, दूसरों के बारे में सोचिए। जब एक आदमी आपसे बार-बार मिले, और मिलता ही रहे, और मिल के बहुत बातें करे, अपने बारे में, दुनिया के बारे में, बड़बड़-बडबड़ बोलता ही चला जाए तो कहीं-न-कहीं आपको ऐसा लगेगा कि ये हल्का आदमी है, सारी बातें अपने बारे में कह रहा है। सबकुछ बता रहा है, सबको बता रहा है। पहले और अब में ये फ़र्क़ आया है।

बहुत-सी ख़ूबियाँ भी आज के ज़माने में हैं, लेकिन ये एक ख़राबी आई है। ओवर एक्सपोजर, ओवरसेलिंग, ओवर फ़ेमेलियरिटीज़, ये नहीं होनी चाहिए। इसकी वजह क्या है, उस ठहराव से डर क्यों है? वो चला क्यों गया है? ये अतिपरिचय की तमन्ना; इसकी कामना क्यों है मन में? मुझे ऐसा लगता है कि ये आत्मविश्वास की कमी से होता है। जब अपने ऊपर आपको यक़ीन कम हो तो आपको लगता है क्वालिटी में कमी है, तो क्वांइटिटी बढ़ा दो। यही एक वजह है कि अगर हमने ठहराव से काम लिया, अगर हम चुप बैठ गए, हम थोड़े पीछे खड़े हो गए, तो कौन देखेगा हमें, कौन सुनेगा हमारी? तो बेहतर ये है कि हम चिल्ला के बोलें, फ़ौरन आगे घुस जाएँ, बेतक़ल्लुफ़ हो जाएँ, लोगों की पूरी अटेंशन लेने की कोशिश करें। ये अच्छा नहीं है, ये ठीक नहीं है, इससे आपका सम्मान कम होता है। इनसानों की बात तो जाने दीजिए, मैं आपको चीज़ों

के बारे में बताऊँ कि जो चीज़ें ज़्यादा होती हैं, उनकी वो वेल्यू नहीं रहती है, जो होनी चाहिए।

दो चीज़ों की मिसाल देता हूँ, मेरा ऐसा ख़याल है और जो हेल्थ कॉन्सेस लोग हैं, वो ये बात जानते भी हैं कि केले में बहुत एनर्जी है। जो स्पोर्ट्समैन होते हैं, उनको बीच में जैसे ही ब्रेक मिलता है, तो वे एक केला खा लेते हैं इसलिए कि केले में इन्सटेंट एनर्जी है, वो फ़ौरन ताक़त देता है। लेकिन केले की वो इज़्ज़त नहीं है, जो अंगूर की, सेब की और जो दूसरे फलों की है, जो ज़्यादा महँगे हैं और मुश्किल से मिलते हैं। केला क्यों सस्ता हो गया क्योंकि वो बहुत ज़्यादा होता है। मूँगफली की वो इज़्ज़त नहीं है, वो ग्लैमर नहीं है, जो बादाम का है, अखरोट का है। मूँगफली कम नहीं है इनसे, लेकिन वो इतनी होती है, इतनी ज़्यादा होती है कि लगता है कि ठीक है, वो तो हर जगह मिल रही है, हर कोने पे बिक रही है। यही हाल केले का है। हर जगह ठेले पर बिक रहा है। तो ये फल जो है और ये मूँगफली जो है, इसकी दुनिया में वो इज़्ज़त नहीं है, जो अगर ये कम होते तो इनकी होती।

उसी तरह इनसान भी है कि इनसान अगर कम मिल रहा है, ठहर के मिल रहा है, थोड़े फ़ासले से मिल रहा है, तो उसकी इज़्ज़त रहती है। देखिए दो मुल्कों के बीच में एक इलाक़ा होता है जिसे कहते हैं नो मैन्स लैंड। ये इसलिए होता है कि भई एकदम अगर सरहदें मिलेंगी तो खिटपिट हो सकती है। इस नो मैन्स लैंड के बावजूद भी, खिटपिटें होती हैं कई जगह। आप तो जानते हैं ये बात। तो ऐसा लगता है कि नो मैन्स लैंड और बड़ा होता तो बेहतर होता। इसी तरह रिश्तों में भी नो मैन्स लैंड होना चाहिए, ताकि हम पड़ोसी से सही रिलेशन रखें। पड़ोसी से मतलब ये नहीं है कि जो सिर्फ़ पड़ोस में रहता है, पड़ोसी वो भी है जो आप नहीं हैं, हर वो इनसान जो दूसरा है। कहीं-न-कहीं एक हल्का-सा नो मैन्स लैंड उसके बीच में रहे, तो रिश्तों में एक ठहराव आता है,

गहराई आती है, एक डिग्निटी आती है, वो आपकी इज़्ज़त करता है, आप उसकी इज़्ज़त करते हैं। बेहतरीन दोस्त, भाई, क़रीब का इनसान, पति-पत्नी; उनके बीच में भी कुछ जगह चाहिए होती है, के हम हर सवाल ना कर लें, हर बात ना पूछें,—मुझे तो ये भी नहीं अच्छा लगता है कि हम अपने दोस्तों का या किसी का भी ख़त उठा के पढ़ लें, इतना डिस्टेंस होना चाहिए। ये अति परिचय हो गया अगर हमने उसके पेपर उठाकर पढ़ने शुरू कर दिए, हमने उनकी कोई भी चीज़ देख ली! नहीं—ये डिग्निटी जब आप रिश्तों में रखेंगे तो सामनेवाले की भी इज़्ज़त बढ़ेगी और आप की भी इज़्ज़त बढ़ेगी। जब इतने क़रीब आ गए, इतने ज़्यादा फ़ेमिलियर हो गए, तो उसमें आपकी भी इज़्ज़त कम होगी और सामनेवाले की भी। तो अब इन बातों की रोशनी में, आइए एक बार फिर दुहराते हैं और सोचते हैं इस दोहे के बारे में, जो वृंद ने कहा है :

अति परचै तैं होत है, अरुचि अनादर भाय।
मलयागिरि की भीलनी, चन्दन देत जराय॥

करियै सुख को होत दुख, यह कहु कौन सयान।
वा सोने कौ जारियै, जासों टूटे कान॥

वृंद

वृंद कहते हैं कि ऐसी तलाश या ऐसे सुख का पीछा कौन-सी अक़्लमन्दी है, कौन समझदार आदमी ऐसा करेगा, जिसका पीछा करने में, जिसे हासिल करने में दुख ही दुख है। मैं तो कहूँगा कि पाने के बाद भी उस सुख में कोई ख़ास सुख नहीं। सुख की डेफ़िनेशन क्या है? सुख क्या चीज़ है? सुख जो आपको ख़ुशी दे, आराम दे, सुकून दे, शान्ति दे, वही सुख है। लेकिन क़िस्सा ये है कि हम ये नहीं सोचते कि हमें क्या चीज़ सुख देगी, किस चीज़ से हमें आराम या सुकून मिलेगा। हम देखते ये हैं कि दुनिया में सुख किसे कहा जाता है, सुख का सिम्बल क्या है।

यानी होता ये है कि दुनिया ये तय करती है कि जिसके पास ये चीज़ें हैं, वो सुखी है। तो हम बजाय इसके कि सुख को ढूँढ़ें, उन चीज़ों को ढूँढ़ते हैं जो सुख का सिम्बल हैं, सुख की निशानी है, हम उनके पीछे भागते हैं। उन चीज़ों को हासिल करने में कामयाब होते हैं या नाकामयाब होते हैं। इसे आप यूँ कहिए कि एक चार बेडरूम, तीन कार और दो हार्ट अटैक की ज़िन्दगी हमें मिल जाती है। सुख की तलाश में हम इतना दुख उठाते हैं जो कि ग़ैरज़रूरी है। ये समय जो हमने गुज़ारा है इस सुख की तलाश में दुख उठाने के लिए, वो भी तो हमारी ही ज़िन्दगी का हिस्सा था। इस पल में जो सुख नहीं रहा उसका क्या हिसाब है? इसका हम कोई हिसाब ही नहीं रखते और फिर जब वो चीज़ जो सिम्बल है, जो

निशानी है, जो दुनिया ने तय की है कि अगर आपके पास ऐसा मकान है, ऐसी कार है, ऐसा फ़ोन है, ऐसी गेजेटरी है, ऐसी प्रोपर्टी है तो आप सुखी हैं, जब आपने वो हासिल कर लिया, तो क्या आप सुखी हुए?

मैंने तो अपनी ज़िन्दगी में ऐसे लोग देखे हैं जिन्होंने इस तरह की चीज़ें हासिल की हैं और करते रहे और कर रहे हैं, लेकिन इस सुख की तलाश में वो इतने बिज़ी हो जाते हैं, उनपे इतना स्ट्रेस और इतना भार पड़ जाता है...कि वो भाग रहे हैं; ये सुख मिला तो अगले सुख की तलाश में। तो यह एक ऐसी ट्रेन है जो सुख के किसी स्टेशन पर रुक ही नहीं रही है, वो आगे ही निकल रही है, उसका पिस्टन चल ही रहा है, वो भाग ही रही है, दौड़ रही है। ऐसी ही हमारी ज़िन्दगी हो गई है और हम समझते हैं कि अभी तो हम भाग रहे हैं, अभी तो हम ये दुख उठा रहे हैं और सुख जमा हो रहा है और एक दिन हम ठहरेंगे और फिर सुख ही सुख होगा। लेकिन वो दिन आता ही नहीं, इसलिए कि जब हम सुख बाहर ढूँढ़ेंगे, चीज़ों में ढूँढ़ेंगे तो वो कहीं मिलनेवाला नहीं।

एक और भी चीज़ मैंने देखी है। कई बार ऐसा होता है कि वो चीज़ हासिल करने का हमारा मन भी नहीं होता। आजकल आप देखिए ख़ासतौर से बड़े शहरों में चाइनीज, थाई, जैपनीज और इटैलियन—तरह-तरह के रेस्टोरेंट होते हैं। ये बड़ा स्टेटस सिम्बल है कि आप इनमें से किसी में जा के खाना खाएँ। अगर आप को पसन्द है तो आप ज़रूर खाइए, अगर वो खाना आपको अच्छा लगता है, लेकिन अगर आप वहाँ जाकर इनमें से कोई खाना, जैपनीज फूड या इटैलियन फूड सिर्फ़ इसलिए खा रहे हैं कि ये खाना जो है ये सुख की निशानी है—बड़े लोग, कामयाब लोग, इस तरह का खाना खाते हैं। तो आपको पसन्द भी नहीं आ रहा मगर आप खा रहे हैं! ऐसा मैंने होते देखा है। दरअसल बात ये है कि हम सुख को चीज़ों में ना ढूँढ़ें और इस तरह से ना ढूँढ़ें कि हमारी ज़िन्दगी दुखी हो जाए। मैं आपसे कह रहा हूँ, ईमानदारी की बात करूँगा, आपसे

झूठ नहीं बोलूँगा, मैं ख़ुद भी यही ग़लती करता हूँ लेकिन मेरा अपना भी तजुर्बा है कि जो चीज़ें, जिनके बारे में मैंने सोचा था कि जब ये मुझे मिल जाएँगी तो मुझे कितनी ख़ुशी होगी और मेरी ज़िन्दगी कितनी अच्छी हो जाएगी, जब वो चीज़ें मैंने ख़रीद लीं, जब हासिल कर लीं, तो यक़ीन कीजिए बड़े खोखलेपन का एहसास हुआ। फिर भी अभी पूरी तरह ठीक नहीं हुआ हूँ, और अभी भी ऐसे कुछ काम करता रहता हूँ, लेकिन ये छोड़ना चाहिए। सुख जो है वो हमारे अन्दर है।

देखिए कुछ चीज़ें तो ज़रूरी हैं। अब आदमी को दो दिन से खाना ना मिला हो और आप कहें तुम अपने अन्दर सुखी रहो तो कैसे रहेगा! जो बुनियादी ज़रूरतें हैं, खाना है, कपड़ा है, मकान है, दवा है, अगर आपके बच्चे हैं तो उनकी ज़िम्मेदारी है, वो सब ठीक है। उसके बाद जो सुख है *वा सोने को जारिये।* वह उस सोने में नहीं है जिससे आपके कान टूट रहे हैं। आपने वो जेवर पहन लिए हैं जो आपके कानों को खींच के तोड़े डाल रहे हैं। आप जेवर इसलिए पहने हैं कि ये सुख की निशानी है। सुख और दौलतमन्दी में फ़र्क़ है, सुख और सामान जमा करने में फ़र्क़ है, सुख इत्मीनान और शान्ति से मिलता है, चीज़ों से नहीं मिलता। बुनियादी ज़रूरतें तो ज़रूरी हैं, लेकिन उसके बाद जो सोने में सुख ढूँढ़ रहा है वह ग़लती कर रहा है। बल्कि होता ये है कि इस तलाश में जो थोड़ा-बहुत सुख हमारे पास था हम वो भी खो देते हैं, इस होड़ में कि हम ये हासिल कर लें, वो हासिल कर लें। अपने अन्दर इत्मीनान रखे, इनसान काम करे, उसे अपने काम में, अचीवमेंट में, दिलचस्पी हो वो अच्छी बात है, लेकिन अगर एक सुख का लालच उसे दुखी कर रहा है तो ये एक नादानी की बात होगी। तो फिर एक बार फिर सुनिए, और सोचिए इस बारे में :

करियै सुख को होत दुख, यह कहु कौन सयान।
वा सोने को जारियै, जासों टूटे कान॥

रहिमन प्रीत सराहिये, मिले होत रंग दून।
ज्यों जरदी हरदी तजै, तजै सफेदी चून॥

रहीम

रहीम कहते हैं कि मिलन के गुण गाइए कि ये रंग को दुगुना कर देता है। जैसे कि हल्दी और चूने को आप मिलाएँगे तो नया रंग बन जाता है।

इसमें दो-तीन लफ़्ज़ जो हैं, बड़े इम्पोर्टेंट हैं। बहुत महत्त्वपूर्ण हैं। एक तो हल्दी और चूना दोनों अलग रंग के हैं, तभी वो मिलकर दुगुने हुए। अगर हल्दी ही हल्दी से मिलती या चूना ही चूने से मिलता तो रंग दुगुना नहीं होता। हम ज़िन्दगी में रंग दुगुना तब कर पाते हैं, जब किसी ज़रा अलग-सी चीज़ से मिलें, अलग से इनसान से मिलें। ये बात दो इनसानों के बारे में भी सच्ची है और दो तहज़ीबों के बारे में भी सच्ची है। दो ट्रेडिशंस और दो भाषाओं के बारे में भी सच्ची है। जब वो मिलती हैं, तो एक दूसरे को कुछ दे सकती हैं। ले कैसे सकते हैं, दे कैसे सकते हैं, इसके लिए 'तजै' बहुत ज़रूरी है।

मुश्किल ये होती है कि आजकल चाहे बॉयफ्रेंड-गर्लफ्रेंड हों, हस्बैंड-वाइफ़ हों, या किसी भी फ़ील्ड में पार्टनर हों, साथ में काम करनेवाले हों, एक टीम में लोग काम कर रहे हों, आई मीन, माय सेल्फ़ प्रॉब्लम हो जाता है। होता ये है कि मैं ऐसा हूँ या वैसे हूँ, मैं क्यों इतना बदलूँ किसी के लिए! लेकिन ज़िन्दगी में रंग दुगुना तभी हो सकता है, जब कुछ हम बदलें, कुछ दूसरा बदले। जब हल्दी और चूना मिलते हैं, तो न तो रंग

पूरा पीला होता है और न ही पूरा सफ़ेद, बल्कि वो रंग लाल होता है जो इन दोनों रंगों से ज़्यादा मज़बूत और गहरा होता है। हालाँकि आमतौर पर कहा जाता है कि ये दो इनसान बिलकुल एक जैसे हैं, इन्हें एक साथ रहना चाहिए, इनकी तो सब आदतें, सब ख़याल, सब विचार एक से हैं, इनके तरीक़े एक से हैं, तो इन्हें एक साथ रहना चाहिए। लेकिन सच्चाई ये है कि जो बिलकुल एक जैसे हैं, वो एक-दूसरे को क्या दे सकते हैं? फिर तो एक ही काफ़ी है, दो की ज़रूरत क्या है। ये भी कहा जा सकता है कि दो बिलकुल एक तरह के हैं, तो साथ कैसे रह सकते हैं। ये भी सच है। कुछ रंग ऐसे होते हैं कि जो इतने गहरे हो जाते हैं, इतने मज़बूत हो जाते हैं, इतने पुख़्ता हो जाते हैं कि अपने अन्दर वो किसी दूसरे रंग से मिल ही नहीं पाते हैं। उनमें दूसरे रंग से मिलने की शक्ति नहीं है, ख़ूबी नहीं है, तो फिर रंग दुगुना नहीं हो पाएगा। ज़िन्दगी का, मोहब्बत का या रिश्तों का रंग दुगुना तभी हो सकता है, आपकी ख़ुशियों का रंग दुगुना तभी हो सकता है, जब आप में ये सलाहियत हो कि आप दूसरे के लिए थोड़ा-सा बदल सकते हों। मैं ना बदलूँ, तो फिर दूसरा क्यों बदलेगा? इसलिए दिलों के दरवाज़े दोनों तरफ़ से खुले हों, दोनों एक दूसरे को कुछ दें, कुछ हासिल करें, तभी इस रिश्ते में एक नया रंग, इक नई ख़ूबी, एक नई बात पैदा होगी। यही रहीम का कहना है :

रहिमन प्रीत सराहिये, मिले होत रंग दून।
ज्यों जरदी हरदी तजै, तजै सफेदी चून॥

रहिमन धागा प्रेम का मत तोड़ो चटकाय।
तोड़े तो फिर ना जुड़े, जुड़े गाँठ पड़ जाए॥

रहीम

रहीम! अब्दुल रहीम खानखाना अकबर के कोर्ट लौरेट थे, उनके दरबार में थे, और महाकवि तुलसीदास जी के बहुत गहरे दोस्त भी थे। ये बड़ा मशहूर दोहा है उनका। कहने को तो बड़ी सीधी-सी बात है लेकिन जैसे अच्छे दोहों में होती है, इसमें भी एक गहराई है, इसमें भी परतें हैं। अगर आप देखना चाहें तो अन्दर दूर तक दिखाई देता है और बहुत कुछ दिखाई देता है। यूँ तो रहीम कह रहे हैं कि प्रेम का धागा कभी तोड़ना नहीं क्योंकि वो जुड़ता नहीं और जुड़ता है तो उसमें दरार पड़ जाती है, नॉट आ जाती है, गाँठ पड़ जाती है। लेकिन मुझे ऐसा लगता है कि दोनों पंक्तियों में, दोनों मिसरों में एक बात और भी है, रहीम ये भी कह सकते थे कि 'रहिमन धागा प्रेम का मत तोड़ो' ये 'चटकाय' किस अर्थ का है? चटकाय का मतलब है ज़ोर से, झटके से। दूसरी जो पंक्ति है, उसमें भी दो बातें हैं। 'तोड़े तो फिर ना जुड़े', लेकिन उसके बाद फिर कहते हैं कि जुड़े, फिर गाँठ पड़ जाए। तो एक तो वो जुड़ेगा ही नहीं, दूसरे, जुड़ेगा तो उसमें गाँठ पड़ जाएगी।

अब हम इसे शुरू से लेकर चलें। पहली बात तो सबसे अच्छी यही है जो रहीम का कहना है कि रहिमन प्रेम का धागा मत तोड़ो। सच्ची बात ये कि जो रिश्ते हैं, मोहब्बत के रिश्ते, अपनाइयत के रिश्ते, प्यार के रिश्ते, ये बन्धन न टूटें तो अच्छा है। जहाँ तक हो सके आप निभाएँ।

जहाँ तक हो सके, सँभाल कर रखें। यही तो ज़िन्दगी की ख़ूबसूरती है, यही असली धन है जिसे इनसान कमा सकता है। प्यार! लेकिन कभी-कभी ऐसा होता है, और हम सब की ज़िन्दगी में होता है कि कुछ धागे प्रेम के ऐसे होते हैं कि हमें लगता है इन्हें तोड़ना ही पड़ेगा या यह टूट ही जाएँगे। इसलिए कि ज़िन्दगी बड़ी कॉम्पलिकेटेड है, इसमें बहुत-सी बातें होती हैं। ऐसा हो ही नहीं सकता कि धागा कभी टूटेगा ही नहीं, टूट भी सकता है।

लेकिन अगर धागा तोड़ना ही है, तो उसके लिए रहीम एक शर्त ये देते हैं कि धागा चटकाएँ नहीं, झटके से, ज़ोर से, बेरहमी से, निर्दयी बनके ना तोड़ों। ये ज़रूरी है। इसलिए कि मैं ये समझता हूँ और ये आपकी आज़माइश है कि तीन सूरतों में आदमी पहचान में आता है। कहावत तो दो की है लेकिन मैं एक बढ़ाऊँगा। चौदह बरस तक एक इनसान के साथ रहो या उसके साथ सफ़र करो तो मालूम होता है कि वो कैसा इनसान है। लेकिन एक बात और भी है, एक कंडीशन और भी है। इनसान को झगड़े में देखो, ग़ुस्से में देखो। ग़ुस्सा भी हर इनसान अलग तरह से करता है। जो उसका असली चरित्र है, उसका लेवल है, उसका करैक्टर है, वो बाहर निकल आता है। शरीफ़ आदमी के ग़ुस्से में भी एक शराफ़त होगी। वो उस रिश्ते को तोड़ेगा भी तो झटके से, बदसूरती से नहीं तोड़ेगा। और शायद यही रहीम आपसे कह रहे हैं। अगर बात यही होती कि रिश्ता न तोड़ो तो शायद वो कभी कहते ही नहीं कि 'तोड़े तो फिर ना जुड़े, जुड़े गाँठ पड़ जाए'।

काहे कहते भाई! रिश्ता ना तोड़ो, ख़तम हो गई बात। लेकिन ये बात रहीम को भी मालूम है कि कभी-कभी रिश्ता टूटता है। ये जो धागा है प्रेम का, कभी टूट भी सकता है। लेकिन कम-से-कम इस क़ाबिल तो रहे कि दुबारा जुड़ सके। बुरे से बुरे वक़्त में ऐसी बात ना कहो कि कल अगर दोस्ती हो, कल अगर रिश्ता फिर पनप सके, तो ये शब्द जो हैं दीवार

बन जाएँ, बाक़ी बातें तो ठीक हो जाएँ, लेकिन ये जो झगड़े में बात हुई थी, झगड़ा जिस कारण हुआ था, बाद में वो तो ख़तम हो गया, लेकिन झगड़ा कारण बन गया। ऐसा नहीं होना चाहिए। हम लोग ज़रा लापरवाही से काम लेते हैं। शब्द बड़ी ख़तरनाक चीज़ है। ये तलवार से ज़्यादा तेज़ और तीर से ज़्यादा नुकीले हो सकते हैं। हम बिना सोचे-समझे बातें कर देते हैं कभी-कभी। और ख़ासतौर से उनसे जिन्हें हम अपना समझते हैं। जिन्हें हम ग़ैर समझते हैं, पराया समझते हैं, उनसे तो बड़ो सँभलकर बात करते हैं, लेकिन जिन्हें हम अपना समझते हैं, जिनसे प्रेन का धागा बँधा है, वहाँ लापरवाह हो जाते हैं।

मैं तो कहूँगा कि पहले तो यही हो कि आपके प्रेम का धगा ना टूटे, और टूटे तो चटका के ना टूटे ताकि फिर वो जुड़ सके। हम ध्यान रखें कि इनसान का नेचर बड़ा अजीब है। कभी-कभी पहाड़ जैसी बात भी वो भुला देता है, कभी-कभी एक तिनका भी उसके दिल में जा के चुभ जाता है। धागा ज़रूरी है, हम सबके लिए ज़रूरी है कि हम जिनके प्रेम बन्धन में बँधे हैं, उनको टेकन फॉर ग्रांटेड ना लें। बल्कि हर बात सोच के, समझ के, नरमी से, नम्रता से, बहुत प्यार से ही कहें। वर्ना होता क्या है कि ये जो मोहब्बत का पौधा है जब इसे ध्यान का, नम्रता का, रोज़ नरम बात का पानी नहीं मिलता है तो वो पौधा सूखने लगता है। ये धागा टूटने लगता है। हम हैरान हो जाते हैं कि ऐसा क्यो हो रहा है। इसलिए याद रखिएगा :

रहिमन धागा प्रेम का मत तोड़ो चटकाय,
तोड़े तो फिर ना जुड़े, जुड़े गाँठ पड़ जाए।

कहि रहीम सम्पति सगे, बनत बहुत बहु रीत
बिपति कसौटी जै कसे, सो ही साँचे मीत।

रहीम

रहीम का यह दोहा बड़ा दिलचस्प है। यह दोहा, ज़ाहिर है कि पाँच सौ वर्ष पहले लिखा गया होगा। पाँच सौ बरस में दुनिया क्या से क्या हो गई है। पहले ऐरोप्लेन नहीं थे, ट्रेन नहीं थी, टेलीफ़ोन नहीं था, टेलीविज़न नहीं थे, मोबाइल फ़ोन नहीं थे, ईमेल नहीं था, क्या-क्या नहीं था! और एक तरह से देखिए तो दुनिया बिलकुल नहीं बदली है। वो इसलिए कि रिश्ते और रिश्तों में जो खेल होते हैं—तौर-तरीक़े, इनसान की भावनाएँ, जज़्बात, उसकी कमज़ोरियाँ, उसकी लालचें, उसकी हेरा-फेरी सब वही की वही हैं। बिलकुल नहीं बदला। दोहे में रहीम कहते हैं कि जो धनवान हो जाता है, दौलतमन्द हो जाता है, उसके सब रिश्तेदार, सब सगे हो जाते हैं, सब दोस्त हो जाते हैं। लेकिन असल दोस्त तो वो है जो बुरे वक़्त में दोस्त हो।

ये बात पाँच सौ बरस पहले भी सच्ची थी, और आज भी सच्ची है। आज भी देखने में ये तमाशा मिलता है; कि जहाँ कोई आदमी धनवान हुआ, अमीर हुआ तो रिश्तेदार तो रिश्तेदार हो ही जाते हैं, जो पहले नहीं थे, वे भी रिश्तेदार बन जाते हैं, वो भी सगे हो जाते हैं। अचानक बड़ी मोहब्बत उनके दिल में जाग जाती है। और अक्सर मैंने देखा है, मुझे हँसी भी आती है कि वो उसका पूरा नाम नहीं लेते, घर का जो पैट नेम है—कक्कू, पप्पू जो शायद बचपन में बुलाया जाता था, उस नाम से उसे

याद करते हैं, नाम में जी लगा लेते हैं, कक्कू जी, पप्पू जी, इसलिए कि इज़्ज़त तो देनी पड़ेगी, आदमी अमीर है।

दो बातें हैं, एक तो ये भी सच है कि जो बुरे वक़्त में दोस्त है, वो दोस्त है। लेकिन पहले मैं उन लोगों से कहना चाहूँगा कि वो जो धनवान के सगे हो जाते हैं, वे अपना वक़्त बर्बाद करते हैं। सच्ची बात ये है कि अगर हम पढ़े-लिखे आदमी के साथ बैठें, तो वो हमसे अपनी विद्या, अपना नॉलेज बाँट लेगा, वो हमें कुछ बताएगा जो हमें नहीं मालूम। किसी कलाकार के साथ बैठे, किसी टेक्नीशियन के साथ बैठे, किसी हुनरमन्द आदमी के साथ बैठे, कोई आदमी मेडिकल साइंस जानता है, इंजीनियरिंग जानता है, जो कुछ भी जानता है, उसके पास किसी भी तरह का नॉलेज है, किसी भी तरह का ज्ञान है, किसी भी तरह का इल्म है, कोई हुनर है, कोई टेलेंट है उसके पास, अगर आप उसके पास जाएँगे, और उससे सगे होकर मिलेंगे, तो वो अपना इल्म, अपनी विद्या, अपना ज्ञान आपसे थोड़ा बाँटेगा, आप उससे कुछ सीख लेंगे। धनवान के पास क्या है

धनवान के पास तो धन है, दौलत है। मैंने अभी तक नहीं सुना कि किसी धनवान ने कहा कि इतने पैसे तुम ले लो, आधे तुम रख लो, या जो भी है तुम ले लो। सच्ची बात ये है कि धनवान जो है, उसके पास जो चीज़ है, वह धन है, वह नहीं बाँटता। जो ज्ञानी है, वो ज्ञान बाँट लेता है। पहले आपकी ग़लती ये है कि आप ये कर रहे हैं। लेकिन आप जानेंगे, तो पाएँगे कि वो जो धनवान हुआ, वो भी नादान नहीं है। वो धनवान बड़ी होशियारी के साथ हुआ है। अगर आप सचमुच उससे मोहब्बत नहीं करते हैं, वाक़ई आप उसके दिल से सगे नहीं हैं, दोस्त नहीं हैं, तो ये मत समझिए कि उसे पता नहीं लगेगा। वो भी जानता है, उसे भी अच्छे से पता होगा कि आप ये क्यों कर रहे हैं।

दूसरी बात ये है कि मुसीबत में जो दोस्त काम आता है, वही सच्चा दोस्त

है। ये मुसीबत में क्यों काम आता है? बुरे वक़्त में दोस्त आपको क्यों मिलता है? क्या ऐसा हो सकता है कि आप उससे दोस्ती ना रखते हों, लेकिन वो फिर भी आपका दोस्त हो? ऐसा नहीं होता। आप एक बात याद रखिए कि हम अगर चाहें तो एक बच्चे या एक जानवर को या घर में पले कुत्ते या बिल्ली को भी बेवक़ूफ़ नहीं बना सकते। वो जानवर आपके पास तभी आएगा जब आप उसको प्रेम करते हों। आपको सचमुच उसका ख़याल हो। तो ये असली दोस्त कैसे आएगा? वो बच्चा भी तभी आपको प्यार करेगा जब आप उस बच्चे से प्यार करते हैं। आप केवल दिखावा करें, तो उस बच्चे को भी पता चल जाता है। तो आप बच्चे को बेवक़ूफ़ नहीं बना सकते, जानवर को बेवक़ूफ़ बना नहीं सकते, तो धनवान को आप क्या बेवक़ूफ़ बनाएँगे। आपका सच्चा दोस्त वही होगा, जिसके सच्चे दोस्त आप हैं।

हम अक्सर जब ये क़िस्सा सुनते हैं, ये बात सुनते हैं कि बुरे वक़्त में जो काम आए, वही दोस्त होता है तो हम ये समझते हैं कि जो भी हो, ये बात जो है, ये दूसरे के लिए है, और हम इस कसौटी पर दूसरे को कसना शुरू कर देते हैं। इनमें से कौन-कौन मेरा दोस्त है, कौन मेरा दोस्त नहीं है। कौन बुरे वक़्त में मेरे काम आएगा, कौन मेरे काम नहीं आएगा? ये सवाल हमारे ध्यान में कभी आता ही नहीं है कि हम सचमुच किस-किस के दोस्त हैं। और हम किस-किस के बुरे वक़्त में काम आने वाले हैं। आप यक़ीन रखिए कि आपका सच्चा दोस्त वही होगा, जिसके सच्चे दोस्त आप हैं। बाक़ी सब स्टेज है, दरबार है, तमाशा है दुनिया का। आप जिनसे मोहब्बत करेंगे, आप जिनके सच्चे दोस्त बनेंगे, जिनके लिए आपके दिल में हमदर्दी होगी, सहानुभूति होगी, ख़याल होगा, प्यार होगा, वही आपके सच्चे दोस्त होंगे। और वही आपके काम आएँगे।

बाक़ी आप धनवान के पीछे भागें, या धनवान अपने आपको ऐसे लोगों से घेर ले जो सिर्फ़ मतलब से उससे मिल रहे हैं, तो न इसमें धनवान

का कोई फ़ायदा होता है और ना उनका कोई फ़ायदा होता है जो उसे घेरे बैठे हैं। असल रिश्ता मोहब्बत का रिश्ता है, असल रिश्ता सिंसियरिटी का रिश्ता है, जहाँ हम सिर्फ़ ये न सोचें कि ये हमारा सच्चा दोस्त है कि नहीं—बल्कि हम उसके सच्चे दोस्त हैं कि नहीं ये भी सोचें। अगर हैं तो यक़ीन कीजिए कि आपको सच्चे दोस्त मिलेंगे और बुरे वक़्त में काम आएँगे। आदमी ये शिकायत भी कर सकता है कि देखिए मैंने उससे सच्ची दोस्ती की, उसने तो नहीं निभाई? हो सकता है! ये ऐसा है, जैसे कि हमने खेत में बहुत से बीज फेंके। हर बीज नहीं उगता है, लेकिन उगते तो बीज ही हैं। फसल तो तब ही आएगी जब आप बीज बिखेरेंगे। तो वैसे ही आप मुहब्बत बिखेरते चलिए, हो सकता है उससे कहीं-कहीं अंकुर ना फूटे, लेकिन अंकुर तो वहीं फूटेगा जहाँ आपने मोहब्बत का बीज फेंका है। तो फिर एक बार ग़ौर से सुनिए :

कहि रहीम सम्पति सगे, बनत बहुत बहु रीत
बिपति कसौटी जै कसे, सो ही साँचे मीत।

रहिमन निज सम्पति बिना, कोऊ न विपति सहाय।
बिनु पानी के जलज को, नहिं रवि सके बचाय॥

रहीम

बहुत ख़ूबसूरत दोहा है। रहीम ने इसमें बहुत शायराना, बहुत पोयटिक बात कही है। जो मिशाल दी है, वो भी बड़ी ख़ूबसूरत है। रहीम कहते हैं कि कमल का फूल जो है, वो झील में, तालाब में खिलता है। सूरज की रौशनी से खिलता है। लेकिन वो खिल तभी सकता है जब वो तालाब में हो और जब उसके पास पानी हो। ये ऐसे ही है जैसे कि अपने टेलेंट, अपनी मेहनत, अपनी कोशिश, सलाहियत, अपने कैलिबर बिना आप ये न समझिए कि कोई और आपकी मुश्किल, आपकी विपत्ति को आसान कर देगा। आपकी मुश्किल को सुलझा देगा, ऐसा नहीं हो सकता।

ये सच है कि सूरज की रौशनी के बग़ैर कमल का फूल नहीं खिलता। उसे सूरज की किरणें चाहिए। हम कितने टेलेंटेड हों, कितने क़ाबिल हों, कितना डिज़र्व करते हों, लेकिन कहीं-न-कहीं किसी की मदद की ज़रूरत पड़ती है ज़िन्दगी में, ख़ासतौर पर शुरू-शुरू में, जिसे कि हमारी फ़िल्म इंडस्ट्री में ब्रेक कहा जाता है। सच्ची बात ये है कि ज़िन्दगी में हर जगह कहीं-न-कहीं आदमी को ब्रेक की ज़रूरत तो पड़ती है। ब्रेक तो कोई और देता है, कोई आपके लिए दरवाज़ा खोल देता है। कोई आपको कहीं रास्ता बता देता है। आपको एक ज़ीना दिखा देता है कि इसपे तुम जा सकते हो, लेकिन दरवाज़ा खुलेगा, या रास्ता दिखाई दे या ज़ीना हो, पैर

तो आपके अपने ही होंगे। आपमें इतनी शक्ति तो होनी चाहिए कि आप चल सकें, सीढ़ी पर चढ़ सकें। वो आपकी सलाहियत है।

मौक़ा कोई और आपको देगा, लेकिन आपमें ही अगर सलाहियत नहीं है, आपमें ही गुण नहीं है, ख़ूबी नहीं है तो कुछ नहीं हो पाएँगे। अल्टीमेटली ये आपकी अपनी क़ाबिलियत, अपनी मेहनत, अपनी सलाहियत है जो आपको आगे ले जाएगी। वरना सूरज की रोशनी आप पर पड़ती रहेगी, लेकिन ये कमल का फूल नहीं खिलेगा। इसको इसके चारों तरफ़ अपना पानी भी चाहिए, उसका अपना तालाब होना चाहिए जिसमें वो खिलने को उठा है। यह ज़रूरी है।

तो हम कभी-कभी ये देखते हैं ज़िन्दगी में, ऐसे लोग दुनिया में हैं, अब नाम क्या लूँ, कइयों के नाम तो आप जानते भी होंगे कि जिन्हें सबकुछ थाली में सजा के दे दिया गया। लेकिन क्योंकि उनमें सलाहियत नहीं थी, क्योंकि उनमें गुण नहीं था, क्योंकि वो क़ाबिलियत, वो टेलेंट उनमें नहीं था, वो कैलिबर नहीं था, तो मालूम हुआ कि धीरे-धीरे जो था वो भी उन्होंने गवाँ दिया। और दूसरी ओर आप देखते हैं कि वो लोग जिनमें क़ाबिलियत थी, जिनमें सलाहियत थी, उन्हें ज़रा-सा मौक़ा मिला, तो कैसे वो आगे निकल गए।

आप देखिए कि एक नदी होती है, जो पहाड़ों से चलती है, कोई उसे हाईवे तो नहीं देता, चट्टानों में उसे ज़रा-सा भी रास्ता मिलता है, तो वो उसमें से निकल जाती है, फिर आगे बढ़ती है, उसे छोटे-छोटे रस्ते मिलते हैं, वो उन रास्तों में अपना रास्ता बना लेती है। उसी तरह जो टेलेंटेड आदमी है, जो क़ाबिल आदमी है, जिसमें सलाहियत है जो सक्सेस या किसी भी जगह को डिज़र्व करता है, उसे ज़रा-सा भी मौक़ा मिले, एक किरण भी उस पर पड़ जाएगी तो वो खिल जाएगा। लेकिन अगर उसके चारों तरफ़ उसका अपना तलाब, उसका

अपना जल नहीं है, जिसमें वो खिला है, तो फिर सूरज हो क्या कर सकता है!

रहिमन निज सम्पति बिना, कोऊ न विपति सहाय।
बिनु पानी के जलज को, नहिं रवि सके बचाय॥

रहिमन चुप ह्वै बैठिये, देख दिनन को फेर।
जब नीके दिन आइहैं, बनत न लगिहैं देर॥

रहीम

रहीम कहते हैं कि जब वक़्त ख़राब हो, तो चुप हो के बैठ जाओ। जब दिन ठीक आ जाएँगे तो बात बनने में देर नहीं लगेगी। ये बात सही है। लेकिन इस बात में एक ख़तरा है कि इसे मिसअंडरस्टैंड किया जा सकता है। हमारे यहाँ तक़दीर, या क़िस्मत या डेस्टिनी—ये सारी बातें लोगों में बहुत रहती हैं; कि मेरी क़िस्मत ही ख़राब है, मेरे दिन बुरे हैं। सच है कि दिन अच्छे-बुरे होते हैं। लेकिन वो क्यों होते हैं, ये बात समझनेवाली है।

पहली बात तो ये है कि...आप ये देखेंगे, खेल में भी जब कोई आदमी, खिलाड़ी क्रिकेट खेल रहा होता है, मालूम हुआ कि बहुत सारे विकेट चले गए, ओवर बहुत बाक़ी हैं। तो बैट्समैन रन बनाने की फ़िक्र नहीं करता, बल्कि ये फ़िक्र करता है कि आउट न हो। बस बॉल भर किसी तरह रोक लूँ भले छक्के ना पड़ें। ऐसे ही ज़िन्दगी में भी है कि जब वक़्त गड़बड़ हो तो आप ये देखिए कि भई ज़्यादा नुक़सान ना होने पाए, भले फ़ायदा ना हो। और ये गड़बड़ क्यों होती है? ये क्या कोई ख़ुदा है, कोई ईश्वर है या कोई समाज या पूरी दुनिया है जो आपकी दुश्मन है, जो आपके दिन ख़राब कर रहा है? ऐसा कोई नहीं है। यहाँ कोई आपका दुश्मन नहीं होता। आपको यूँ मिसाल दूँ कि आप एक तालाब बनाएँ, और उसमें छह पाइपों से पानी डालें, और हर पाइप का डायरेक्शन अलग हो, तो पानी में जो धाराएँ रहेंगी, वो अलग-अलग तरह के पैटर्न

बनाएँगी, पानी के अजीब-अजीब डिजाइन बनने लगेंगे। अब उसमें आप एक तिनका डालिए, माचिस की तीली डालिए तो कभी वो वहीं घूमने लगेगी तो कभी झट से सीधी चली जाएगी।

ऐसे ही इस प्लेनेट पे इस दुनिया में 6 बिलियन आदमी हैं। हर आदमी का कोई जतन है, हर आदमी कोई कोशिश कर रहा है, और सब एक दूसरे से इंटरकनेक्टेड हैं। वे इस समाज में अजीब-अजीब तरह के पैटर्न बनाते हैं। कभी ऐसा होता है कि ऐसी धाराएँ बन जाती हैं इत्तेफ़ाक़ से जो आपको सूट नहीं कर रही हैं, तो आप आगे नहीं बढ़ पाते हैं। वो तिनका जो है आगे नहीं जा रहा है। आपकी कोशिश का तिनका! और कभी-कभी ऐसी धाराएँ बन जाती हैं कि आसानी से चला जाता है। ये ऐसे ही है कि आपको मेले में चलना है, और मेले में लोग हर डायरेक्शन में जा रहे हैं। कोई इधर से उधर जा रहा है, कोई उधर से इधर जा रहा है। उस से आप निकलने की कोशिश करते हैं तो कभी रास्ता मिल जाता है तो कभी नहीं मिल पाता है। ट्रेफ़िक में भी यही होता है। गाड़ियाँ आके एक जगह फँस गईं, तो कहीं खुलने का रास्ता मिल गया और आपकी कार निकल गई, और कहीं नहीं निकल पाई। लेकिन ये सोचना कि हमारी जो मुश्किल है हमारी क़िस्मत की ख़राबी है, या जो नेचर है वो हमसे नाराज़ है, शायद ऐसा नहीं है।

ये ज़िन्दगी भी एक खेल है, देखिए खेल में मैंने आपसे अर्ज़ किया कि कभी ज़्यादा विकेट चले जाते हैं तो आप धीरे-धीरे खेलने लगते हैं, कभी लगता है कि बॉलर की बाल जो है, बड़ी धीमी आ रही है तो आप कस-कस के मारते हैं। यही ज़िन्दगी भी है। कभी-कभी हालात ऐसे हो जाते हैं कि यदि आप उनसे उलझेंगे तो सिर्फ़ थक जाएँगे, और कुछ नहीं होगा। इसलिए कि अभी कुछ गिरह पड़ गई है आगे, तो वक़्त का इन्तज़ार कीजिए, मौक़ा देखिए कि कब किधर से आप निकल सकते हैं। जब वो वक़्त आ जाए और आपको ऐसा लगे कि मर्ज़ी के मुताबिक़

चीज़ों में जो गँठान आ गई थी, जो उलझाव आ गया था, वो नहीं रहा तो आप धीरे से, फिर आराम से बढ़ जाएँगे। तो यही बात नही है, इसे किसी अन्धविश्वास में या किसी तरह के वहम में तब्दील नहीं कर लेना चाहिए, बल्कि उसे सही तरह से समझना चाहिए।

रहिमन चुप ह्वै बैठिये, देख दिनन को फेर।
जब नीके दिन आइहैं, बनत न लगिहैं देर॥

रहिमन विपदा हू भली, जो थोरे दिन होय।
हित अनहित या जगत में, जान परत सब कोय॥

रहीम

दिलचस्प दोहा है। देखिए, दुनिया में दो तरह के लोग होते हैं। एक वो जिनके साथ अच्छे से अच्छा भी हो जाए तब भी दुखी ही रहेंगे, और उसमें कोई कमी ढूँढ़ेंगे—हाँ! इतना तो हो गया, लेकिन ये नहीं हुआ। और कुछ लोग ऐसे होते हैं कि उनके साथ कुछ भी अच्छा ना हो, फिर भी उसमें कुछ-न-कुछ अच्छाई ढूँढ़ लेंगे कि चलो ये नहीं हुआ लेकिन इतना तो हो गया। ये एक एटीट्यूड की बात, एक पॉइंट ऑफ़ व्यू है। एक मशहूर मिसाल है न कि एक गिलास है जो आधा भरा हुआ है और आधा ख़ाली है। कुछ लोग उसे देख के कहेंगे—अरे! ये गिलास तो आधा ख़ाली है और कुछ लोग कहेंगे, ये गिलास आधा तो भरा है।

ये रवैये की बात है कि आप ज़िन्दगी को कैसे लेते हैं। यहाँ रहीम ने आपको एक अजीब हौसला दिया है। रहीम इस दोहे में कहते हैं कि वो मुसीबत आपके लिए अच्छी है जो कुछ दिनों के लिए हो। इसलिए कि कौन आपका दोस्त है, कौन आपका दोस्त नहीं है, ये बात आपको अच्छी तरह मालूम हो जाती है। कौन आपके फ़ायदे के लिए सोचता है, कौन आपके फ़ायदे के लिए नहीं सोचता है, आपको मालूम हो जाता है। यानी एक आदमी मुश्किल में भी एक ख़ूबी देख रहा है। सच तो ये है कि जो थोड़ी मुश्किल है भी, उसमें कोई हर्ज नहीं है। ये

मुश्किल आपको बताती है कि अच्छे दिन होते क्या हैं, अच्छी ज़िन्दगी है क्या। ये जो हल्की-सी कड़वाहट है, ये हल्का-सा जो दुख है, वो आपको मज़बूत बनता है, वो आपको बताना है कि जो ख़ुशियाँ हैं वो कितनी क़ीमती हैं, कितनी ख़ूबसूरत हैं। जो आराम है, जो सुख है, जो कामयाबी है वो कितनी क़ीमती है, कितना अच्छा है और कितना कुछ दे रहा है।

कभी-कभी क्या होता है कि हमें बहुत सारी चीज़ें मिलती रहें, तो हम उनकी ख़ूबसूरती देखने से महरूम हो जाते हैं, हमें आदत पड़ जाती है। उनमें क्या नेकी है, क्या अच्छाई है, क्या ख़ूबसूरती है, क्या भलापन है, ये हमें नहीं मालूम होता है। दूसरे ये भी सच है कि जो लोग आपके चारों तरफ़ हैं, जो दोस्ती का दावा करते हैं, जो मोहब्बत की क़सम खाते हैं, ज़रा उनका भी इम्तिहान हो जाए। वो एक शे'र है, 'गो ज़रा-सी बात पे बरसों के याराने गए, लेकिन इतना तो हुआ कुछ लोग पहचाने गए'।* तो ये जो छोटी-मोटी मुश्किलें आती हैं, इनमें कुछ लोग पहचाने भी जाते हैं। जब आप ज़रा-सी तकलीफ़ में होते हैं, तो ये भी मालूम होता है कि कौन कितना साथ है और कौन साथ नहीं है। वही है कि सुख के सब साथी, दुख में ना कोय। तो जब ये दुख आता है तो आपका टेस्ट, आपका इम्तिहान तो है ही कि ज़िन्दगी के छोटे-मोटे दुख को या छोटी-मोटी मुश्किल को आप किस तरह से लेते हैं। लेकिन वो जो आपके चारों तरफ़ लोग हैं, उनका भी एक टेस्ट हो जाता है, उनकी भी एक परीक्षा हो जाती है कि वो आपके कितने दोस्त हैं, और कितने नहीं हैं।

तो अच्छा तो ये है कि विपदा आए ही नहीं, लेकिन अगर आ ही जाए तो फिर उसका पॉज़िटिव साइड देखा जाए, उसमें हम ये देखें कि ये मुश्किल तो आ गई लेकिन इस मुश्किल में भला क्या है, इस मुश्किल

* ख़ातिर ग़ज़नवी का शे'र

से हमको फ़ायदा क्या हुआ। अगर ये नज़रिया हम ज़िन्दगी में अपना लें, तो सच बात ये है कि ये मुश्किलें इतनी बड़ी लगेंगी भी नहीं। तो सुनिए और एक बार फिर सोचिए कि इस बात में दम है कि नहीं :

रहिमन विपदा हू भली, जो थोरे दिन होय।
हित अनहित या जगत में, जान परत सब कोय॥

रूठे सुजन मनाइए, जो रूठे सौ बार।
रहिमन फिर फिर पोइए, टूटे मुक्ताहार॥

रहीम

कहने को तो बड़ी सिंपल-सी बात है कि जो अच्छे लोग हैं, भले वो आपसे सौ बार रूठ जाएँ, फिर भी आप उन्हें मना लीजिए। जैसे कि मोतियों का हार टूट जाए, बिखर जाए तो आप बार-बार उसे पिरोते हैं, हार बनाते हैं। लेकिन इन बातों से कुछ सोचने को दिल चाहता है।

देखिए पहले ये कि जो सुजन हैं, वो सौ बार रूठे क्यों? रूठना तो बुरी बात है। अगर सही बात पे आदमी रूठे तो वो रूठना बुरी बात नहीं है। आपके आसपास जो लोग हैं, जो किसी भी तरह से आप पर निर्भर हैं, शायद आपकी बात भी बर्दाश्त कर लें, उन्हें कुछ बुरा भी लगे, तो वो आपसे कुछ ना कहें, और आपसे मतलब हो तो अच्छी तरह मिलते रहें। लेकिन जो सुजन है, उसे जो बात बुरी लगती है, जो बात ग़लत लगती है, वो कह देता है, जता देता है कि ये बात आपने ग़लत की या ये बात आपने बुरी कही। वो बुरा मानता है। इसलिए कि वो सच्चे दिल से आपसे मिल रहा है और जो सच्चा है वो सच्ची बात कहेगा और जो सच्ची बात है उसमें थोड़ी कड़वाहट भी होती है।

और सच्ची बात तो ये है कि जो शरीफ़ आदमी है, जो भला आदमी है, जो सुजन है, वो आपसे रूठ सकता है। इसलिए कि वो आपसे किसी

मतलब से, किसी चालाकी से, होशियारी से नहीं मिल रहा है, दिल से मिल रहा है। अगर दिल से कोई बात बुरी लगेगी तो आपसे कह देगा या पीछे हट जाएगा। भाई ये ऐसी बात करते हैं तो मैं इनसे क्यों मिलूँ? उसको सौ-सौ बार मनाना ज़रूरी है। इसलिए कि ज़िन्दगी में अच्छे लोग कम होते हैं और वो बड़े क़ीमती होते हैं। ये आपसे सच्ची बात कहेंगे। कभी आपको अच्छी लगेगी, कभी नहीं लगेगी। लेकिन वो अपने सच्चे दिल से बात करेंगे।

जो दूसरी पंक्ति है उसमें भी एक बात मुझे सोचने पर मज़बूर करती है। वो है, 'रहिमन फिर-फिर पोइए, टूटे मुक्ताहार'। अगर ये एक ही आदमी की बात है तो ये हार की या मोतियों के बिखरने की बात क्यों है? तो फिर एक ही मोती की बात करते या एक हीरे का ज़िक्र कर देते कि हीरा अगर गिर जाए, या खो जाए तो ढूँढ़ लें, एक मोती अगर गिर जाए तो उसे उठा के वापस पिरो लें। लेकिन ये तो हार के बिखरने की बात है।

मुझे कभी-कभी ऐसा लगता है कि हमारे देश में भी और हमारी अपनी ज़िन्दगी में भी जो बहुत से अच्छे लोग हैं वो बिखरे हुए हैं। अगर हम उन तमाम को ज़िन्दगी में समों लें, और समाज या देश भी ऐसे ही करे, तो धीरे-धीरे पूरी ज़िन्दगी वाक़ई मोतियों का एक ख़ूबसूरत हार बन सकती है, हमारी भी, समाज की भी और देश की भी।

लेकिन प्रॉब्लम ये है कि जो अच्छे लोग हैं, और बहुत अच्छे लोग हैं, हमारी ज़िन्दगी में भी, कुछ आसपास हैं कुछ थोड़े दूर रहते हैं। हमारे देश में भी, समाज में भी बहुत सारे लोग हैं, लेकिन वो रूठे हुए हैं। उन्हें ऐसा लगता है कि उनकी बात कोई सुनता नहीं है और सुनता है तो मानता नहीं है, मानता है तो करता नहीं है। वो रूठ के अलग हो गए हैं। लेकिन हमारी ये कोशिश होनी चाहिए कि चाहे हमारा घर हो, चाहे

वो हमारा मोहल्ला हो, चाहे वो हमारा समाज हो, चाहे हमारा देश हो, ये जो रूठ गए हैं सुजन, जो बिखर गए हैं, इन्हें वापस हम धीरे-धीरे जमा करें और पिरो-पिरो के फिर एक मुक्ताहार तैयार करें। ये मुक्ताहार हमारे गले में भी हो सकता है, ये मुक्ताहार देश के गले में भी हो सकता है।

रूठे सुजन मनाइए, जो रूठे सौ बार।
रहिमन फिर फिर पोइए, टूटे मुक्ताहार॥

जो रहीम उत्तम प्रकृति, का करी सकत कुसंग।
चन्दन विष ब्यापत नहीं, लिपटे रहत भुजंग॥

रहीम

बहुत ही कमाल का, बहुत ग़ज़ब का, बहुत ही गहराई लिए हुए ये दोहा है रहीम का। रहीम कहते हैं कि आपकी प्रकृति, आपका नेचर, आपका स्वाभाव सही है तो बुरी सोहबत भी आपका क्या बिगाड़ लेगी! अगर आपकी संगत ख़राब है तो भी क्या! ऐसे कि जो चन्दन का पेड़ है, उसपे कहते हैं कि साँप आकर लिपट जाते हैं, नाग उसकी ख़ुशबू से आकर लिपटते हैं, लेकिन उन ज़हरीले नागों की वजह से, उन साँपों की वजह से, चन्दन ज़हरीला नहीं हो जाता। चन्दन चन्दन ही रहता है।

कहते हैं कि बुरी सोहबत बिगाड़ती है, लेकिन बुरी सोहबत कितना बिगाड़ती है, ये बात भी सोचने वाली है। मैंने तो अक्सर सुना है, माँ-बाप कहते हैं कि बच्चा जो है, दोस्तों की सोहबत में बिगड़ गया। अक्सर पत्नियाँ भी यही शिकायत करती हैं अपने पतियों के बारे में और पति भी यही कहते हैं कि इनके दोस्तों में ये बिगड़ती हैं। अच्छा भाई, आपका बच्चा या आपका पति या आपकी पत्नी तो दोस्तों में बिगड़ गए, लेकिन ये दोस्त कहाँ बिगड़ते हैं? इनके बिगड़ने की ज़िम्मेदारी कौन लेगा? देखिए रहीम ने आदत की बात नहीं कही है। फ़ितरत की बात कही है—नेचर की, प्रकृति की बात की है। आपकी फ़ितरत क्या है, फ़ितरत और आदत में थोड़ा फ़र्क़ है—दोनों अलग-अलग चीज़ें है।

आपकी जो पूरी पर्सनालिटी है, जो आपके संस्कार हैं, जो आपकी प्रकृति है, ऐसा साइकियाट्री में माना जाता है कि वो आठ बरस की उम्र तक बन जाते हैं। जब बच्चा पैदा होता है तो दुनिया का सबसे बड़ा इनसान उसके लिए उसका बाप है और दुनिया की सबसे बड़ी औरत उसकी माँ है। उन्हीं से वो सीखता है और आठ बरस की उम्र तक उसके सारे संस्कार उसके अन्दर आ चुके होते हैं। अच्छे या बुरे। मज़बूत या कमज़ोर। लेकिन वो आते हैं। अब वो दुनिया में कुछ भी करे, उसका जो बेसिक ढाँचा है, जो स्ट्रक्चर है, उसकी तहज़ीब का, उसके सोच का, उसके संस्कार का, वो हमेशा के लिए बन गया। तो हम कहते हैं कि अरे हमारा बच्चा क्यों बिगड़ गया? हमारे लोग क्यों बिगड गए? हमने तो इनसे अच्छी ही बातें कही हैं।

बच्चा वो नहीं करता, जो बड़े कहते हैं, माँ-बाप कहते हैं। बच्चा वो करता है जो माँ-बाप करते हैं। वो देखता है कि वो क्या करते हैं, वो उन्हीं से सीखता है। मुझे ऐसा लगता है कि अगर जड़ें गहरी हों, तो कितनी भी तेज़ आँधी आ जाए, पेड़ गिरता नहीं है। पेड़ थोड़ा झोंका तो खा लेगा, मगर गिरेगा नहीं। वैसे ही बच्चे के संस्कारों की जड़ें अगर गहरी हों, तो बुरी सोहबत भी आ जाए या बुरे अस्र भी आ जाएँ, उनका असर देर तक नहीं रहेगा। ज़रूरत ये है कि हम ये देखें कि हमारे आँगन में जो पेड़ है, जो पौधा लगा है, जो जनम लेता है और बढ़ रहा है, वो चन्दन है। एक बार जो आपने चन्दन को बड़ा कर लिया, उसके बाद कितने भी भुजंग उसपे लिपटते रहें, कितने भी साँप उसपे लिपटते रहें, वो ज़हरीला नहीं हो सकता।

मेरा ऐसा ख़याल है कि अगर एक बच्चे को उसकी भाषा सिखाई जाए, उसको सही संस्कार बचपन से ही दिये जाएँ, उसको उसकी परम्परा बताई जाए, उसको उसका रिश्ता जो धरती से है, वो बताया जाए, उसको वो मिसालें दी जाएँ, उसको वो हीरोज़ दिए जाएँ जो हमारे इतिहास के

हैं, हमारी माइथोलॉजी के हैं तो उसे ये मालूम रहे कि अच्छा क्या है, और बुरा क्या है। लेकिन ये जुबानी नहीं हो, मतलब ये कि वो माँ-बाप को ये सब करते देखे। तो फिर किसी भुजंग, किसी नाग, किसी साँप से डरने की ज़रूरत नहीं है। इनसान तो घर से बाहर निकलेगा ही, घर से बाहर उसे हर तरह के लोग मिलेंगे ही। इस पर तो कोई रोक है ही नहीं, इसका तो कोई इलाज़ ही नहीं। लेकिन वो कहाँ बैठेगा, किसको अपनी संगत में ले लेगा, कुसंग में जाएगा कि नहीं जाएगा, ये फ़ैसला तो बहुत बचपन में हो जाता है। हमें ये पता नहीं चलता। तो आइए कोशिश ये करें कि हमारे आँगन में चन्दन उगे, ताकि कोई नाग उसका कुछ बिगाड़ न सके।

जो रहीम उत्तम प्रकृति, का करी सकत कुसंग।
चन्दन विष ब्यापत नहीं, लिपटे रहत भुजंग॥

भार झोंकि कै भार में, रहिमन उतरे पार।
पै बूड़े मझधार में, जिनके सर पर भार॥

रहीम

पहली लाइन में रहीम ने एक शब्द से थोड़ा खेल किया है। पहला भार बोझ के अर्थ में है और दूसरा भार जो है वो भाड़ है, जो आपने अक्सर सुना होगा, अरे! भाड़ में झोंको। या ये जाए चूल्हे में, भाड़ में। तो भाड़ एक चीज़ होती थी जो कुम्हार के पास भी होती थी, लोहार के पास भी होती थी जिसके अन्दर अंगारे होते थे। बड़ी-सी जगह होती थी, एक गड्ढा होता था, कोई भी बेकार चीज़ आप उसमें फेंक दीजिए। ख़तम कीजिए उसको। इसे कहते हैं भाड़ में झोंको। तो इस एक ही साउंड को दो मानो में इस्तेमाल किया गया है। भार झोंकि के भार में रहिमन उतरे पार। नदी का वर्ड इस्तेमाल नहीं किया गया है, लेकिन मतलब यही हुआ कि नदी के पार उतर गए हैं। दूसरी लाइन कहती है, पै बूड़े मझधार में जिनके सर पर भार। वो मझधार में डूब गए, जिनके सर पर बोझ था। जिसने अपने सर से बोझ उतार के भाड़ में झोंका, वो तो नदी के पार हो गया और जिसके सर पे बोझ रहा वो मझधार में डूब गया।

अब ये बोझ क्या है? दो तरह के बोझ हैं। कुछ बोझ ऐसे हैं जिन्हें आप उतार ही नहीं सकते और कुछ बोझ हैं जो आप उतार सकते हैं। लेकिन अक्सर मैं और आप ये ग़लती करते हैं कि हम उन्हें नहीं उतारते। एक बोझ है जो हमारी ज़िम्मेदारियों का है, एक आम इनसान का अपने परिवार की तरफ़, अपने लोगों की तरफ़, अपनी तरफ़—चाहे रोटी हो,

कपड़ा हो, मकान हो या स्कूल की फ़ीस हो अस्पताल का पैसा हो, दवा इलाज़, ये सब तो ज़िन्दगी की हक़ीक़तें हैं; और ये जो ज़िम्मेदारियाँ हैं, इनका बोझ एक आम इनसान पर रहता है। इसे तो उतार के भाड़ में नहीं झोंक सकता, भाड़ में झोंक देगा तो ज़िन्दगी बिखर जाएगी। मैं ये नहीं समझता कि कोई भी समझदार आदमी आपको ये मशविरा देगा कि तुम इसकी भी परवाह करना छोड़ दो। परवाह नहीं करेंगे तो ज़िन्दगी आगे कैसे चलेगी? अगली पीढ़ी कैसे फलेगी-फूलेगी? यहाँ इन भारों का ज़िक्र नहीं है।

इनके अलावा भी एक भार है। तरह-तरह के कॉम्पलेक्स, शिकायतें, गिले, पुरानी यादें, पुरानी कड़वाहट, उसने तब मुझे कहा था, मेरे साथ पहले ये हुआ था, वो अपने को क्या समझते हैं, मुझे क्या ज़रूरत पड़ी है कि उनसे मिलूँ, ये-वो, इतनी बातें हम जमा कर लेते हैं अपने ऊपर जिनकी कोई ज़रूरत नहीं है। इमेजिन भी करते हैं कि उस दिन वो मुझे मिले नहीं, उधर देखते रहे, और मेरी तरफ़ उन्होंने देखा नहीं, असल में हाँ भाई, इनसे-उनसे मिलेंगे, और मैं कौन हूँ, अच्छा! उनकी तरफ़ से भी फ़ैसला कर लिया कि वो जान के नहीं मिला, और आगे भी रिएक्शन देना शुरू कर दिया। पूरी कहानी बनाके उसका पूरा टोकरा अपने सर पर रख लिया। बहुत सारे भार ऐसे हैं, बहुत सारी समस्याएँ ऐसी हैं, बहुत सारी मुसीबतें, परेशानियाँ ऐसी हैं कि वो बस इसलिए हैं कि हम समझते हैं कि वो हैं। अगर हम ये सोचें कि कुछ नहीं है, तो वाक़ई में कुछ नहीं रहेंगी।

बात इस भार की हो रही है जो हम ग़लत कॉम्प्लेक्सेस, ग़लत फ़ीलिंग्स, उलटी-सीधी-उलझी हुई बातों की वजह से अपने ऊपर रख लेते हैं। ये बोझा अगर आप उतार देंगे, तो ज़िन्दगी की मुश्किल से मुश्किल, बड़ी से बड़ी, तेज़ से तेज़, गहरी से गहरी नदी भी है उसे आप बड़ी आसानी से पार कर लेंगे। जो ये सारा बोझा सर पर रख के बैठा रहेगा, उसके

लिए बड़ा मुश्किल है पूरा दरिया तैर कर पार करना। वो तो कहीं-न-कहीं डूब ही जाएगा। तो सुनिए एक बार :

भार झोंकि के भार में, रहिमन उतरे पार।
पै बूड़े मझधार में, जिनके सिर पर भार॥

एकै साधै सब सधै, सब साधै सब जाए।
रहिमन मूलहिं सींचिबो, फूलहि फलहि अघाय॥

रहीम

रहीम कहते हैं कि एक काम अच्छी तरह से सीख लोगे, उसके मास्टर हो जाओगे, तो बाक़ी काम ख़ुद-ब-ख़ुद हो जाएगा, और सारे ही करने जाओगे, तो कुछ नहीं हो पाएगा। जैसे कि एक पौधे में, हम जड़ को सींचते हैं, और उसे सही तरह से सींचते हैं, तो फल और फूल तो ख़ुद-ब-ख़ुद आ जाते हैं।

सही बात है, वो जो कहते हैं, जैक ऑफ़ आल, मास्टर ऑफ़ नन। ये नहीं होना चाहिए। आपकी ज़िन्दगी में पन्द्रह दिलचस्पियाँ हों, जड़ काफ़ी नहीं है, फल और फूल चाहिए। ये तो ख़ुद रहीम ने भी कहा है। लेकिन ज़रूरी ये है कि आपको ये मालूम हो कि आपकी ज़िन्दगी का जो पौधा है उसकी जड़ क्या है और उसपे आपका ध्यान इतना सही हो कि बाक़ी बातें ख़ुद-ब-ख़ुद होंगी, वो भी आपको ही करनी होंगी, लेकिन जब तक ये सही नहीं हुआ, कुछ सही नहीं होगा। मैं आपको एक और मिसाल देता हूँ। आपने देखा होगा दिन में तेज़ धूप निकली हुई है। आप बाहर जाइए, अपने आँगन में या लॉन में या छत पर, एक काग़ज़ जा कर रख दीजिए, आधे घंटे बाद जाइए, फिर उठा लीजिए वो पेपर वैसे का वैसे ही रहेगा। शायद थोड़ा गरम हो गया होगा। लेकिन आप एक मैग्नीफाइंग गलास लें, और वो उस पेपर पर रखें, तो होता क्या है कि मैग्नीफाइंग गलास से सूरज की किरणें सिमटकर एक जगह आ जाती हैं और जब

वो काग़ज़ पे एक जगह पड़ती हैं तो वो पेपर जलने लगता है। सूरज तो वही है। सूरज की गर्मी भी वही है। सूरज की किरणें भी वही हैं। तब क्या था और अब क्या हो गया? तब काग़ज़ वैसे का वैसा क्यों रहा और अब क्यों जलने लगा? इसलिए कि अपने उन किरणों को समेटकर एक जगह पे रख दिया। तो उन किरणों में इतनी गरमी इतनी आग, इतनी शक्ति आ गई कि उन्होंने उस काग़ज़ को जला दिया।

उसी तरह से हमारे पास बहुत शक्ति है, बहुत ताक़त है, लेकिन वो बिखरी हुई हैं, ताक़त हमारे ध्यान की, हमारे सोच की, हमारे वक़्त की। बिखराव से कुछ भी नहीं हो पाता। लेकिन जब हम सिमटते हैं, और एक चीज़ को ध्यान से देखते हैं, और अपनी सारी शक्ति, अपना सारा ध्यान, अपना सारा टेलेंट, अपनी सारी मेहनत हम उसपे लगाते हैं तो फिर वो काम होना शुरू होता है। फिर चीज़ें बदलना शुरू होती हैं। होता क्या है कि जब आप एक चीज़ में असर रखते हैं, कामयाब होते हैं तो उस कामयाबी का असर दूसरी चीज़ों पे पड़ता है, वो ख़ुद-ब-ख़ुद ठीक होना या कम-से-कम ज़्यादा आसानी से ठीक होना शुरू होती हैं। तो ज़रूरी ये है कि हम ज़िन्दगी में किसी एक काम को ऐसे साधें कि हम उसके मास्टर हो जाएँ, हम बिलकुल सही तरह से चल सकें। और वो क्या काम होगा? वो कैसे साधें हम? इतने काम हमारे सामने हैं। हम बहुत अच्छी तरह उसी को साध सकते हैं, जिसे हम मन से साधना चाहते हैं। ये मत सोचिए कि किस काम को साधने में फ़ायदा है, किसमें नुक़सान है। आप ये सोचिए कि कौन-सा काम आप मन से कर सकते हैं। किस काम में आपका पूरा दिल लग सकता है। जब आप वो काम करेंगे, और पूरे ध्यान और सच्चाई और इमानदारी से करेंगे, और पूरी कोशिश से करेंगे, तो धीरे-धीरे वो काम आपके क़ब्ज़े में आएगा।

काम आसानी से नहीं साधा जाता। पहले काम आपकी नाक ज़मीन पे रगड़ देता है। आपको ये लगता है कि ये मुझसे कैसे होगा। नामुमकिन

है। और अक्सर आप हिम्मत हार जाते हैं। लेकिन अगर आप हिम्मत ना हारें, और उस काम को साधने के लिए लगे ही रहें, तो वो आएगा आपके क़ब्ज़े में और जब आप देखेंगे कि एक को आपने साध लिया तो ज़िन्दगी धीरे-धीरे सध रही है। ज़िन्दगी भी धीरे-धीरे हर जगह, हर रंग में, हर पल में, हर लमहे में, आहिस्ता-आहिस्ता आप पर मेहरबान हुई जा रही है। तो वही बात है कि आपने जड़ों को सींचा और कई तरह से सींचा और फिर आपने आँखें उठाईं तो देखा फल भी हैं और फूल भी हैं।

एकै साधै सब सधै, सब साधै सब जाए।
रहिमन मूलहिं सींचिबो, फूलहि फलहि अघाय॥

बिगरी बात बनै नहीं, लाख करौ किन कोय।
रहिमन फाटे दूध कौ, मथे न माखन होय॥

रहीम

रहीम कहते हैं कि जो बात बिगड़ गई है वो अब बिगड़ ही गई है, कितना भी कोशिश करो, वो ठीक नहीं होगी। जैसे कि दूध फट जाए तो अब उसमें से मक्खन नहीं निकल सकता।

बड़ी ही अजीब बात है कि उसी कवि उसी शायर ने ये लिखा है जिसने ये भी कहा था कि 'रूठे सुजन मनाइए, रूठे सौ सौ बार, रहिमन फिर फिर पोइए टूटै मुक्ताहार।' एक तरफ़ तो वो आपसे कह रहा है कि सुजन रूठ जाए तो उसे आप सौ-सौ बार मनाइए, अगर मोती बिखर गए हैं तो उन्हें फिर दुबारा बार-बार पिरोइए, और फिर हार बनाइए, और वही रहीम आपसे कहता है, 'बिगरी बात बनै नहीं, लाख करौ किन कोय, रहिमन फाटे दूध कौ, मथे न माखन होय' यानी कि अब बात बिगड़ी है तो वो बनेगी नहीं, फटे हुए दूध से मक्खन निकालने की कोशिश मत करो।

तो ऐसा क्यों है? वहाँ ऐसा क्यों कहा कि बार-बार मनाएँ और यहाँ ऐसा क्यों कहा कि अब बात नहीं बनेगी। इसलिए कि वे इन बातों को अलग समझते हैं और हमें भी समझना चाहिए। जो मुमकिन है वो लाख कोशिश कर के करो, वो होगा, लेकिन जो असम्भव है, जो मुमकिन ही नहीं है, उसपे तुम अपना वक़्त ज़ाया करोगे, उसपे अपनी शक्ति लगाओगे, मेहनत लगाओगे, समय लगाओगे, तो बेकार जाएगा। ये वो बिगड़ी बात

है जो नहीं बन सकती, मुमकिन ही नहीं है, फटे दूध से मक्खन नहीं निकलेगा। फटा दूध कौन-सा होता है? वो दूध जो रखे-रखे ख़राब हो जाए, या उसमें कोई नीबू डाल दे। उसी तरह बातें भी हैं, उसी तरह आदर्श भी हैं। उसी तरह मूल्य भी हैं। वक़्त के साथ वो भी फटे दूध की तरह हो जाते हैं। ज़िन्दगी बदलती है, समय बदलता है, हालात बदलते हैं और वो बात इसलिए बिगड़ती है कि अब वो हालात, वो समाज, वो दुनिया, वो रिश्ते, वो समय रहा ही नहीं, जिसमें ये बात बनती थी या जिसमें ये बात बनी थी।

अगर बनाने का कोई भी चांस हो तो रहीम कहते हैं कि सौ-सौ बार सुजन को मनाइए, बार-बार पिरोइए मोती को। लेकिन यहाँ वो कह रहे हैं कि जो मुमकिन नहीं है, उसकी कोशिश न करो। हमारी दुनिया में अगर आप चारों तरफ़ देखें तो कितने लोग हैं जो अपनी शक्ति, अपना समय, अपनी कोशिश इस पर बर्बाद करते हैं, कहते हैं कि...पहले तो ऐसा होता था, पहले तो यूँ होता था, पहले हमारी परम्परा तो ये थी। परम्परा एक हालत में हुई थी, वो हालात बदल गए, वो दुनिया बदल गई। अगर उन बातों को आप दुबारा बनाने की कोशिश करेंगे...जिन लोगों के बारे में आप कहते हैं ना ये पुराने ख़यालात के आदमी हैं, भाई इनका तो विचार पुराना है।

ये कौन लोग हैं? ये वही लोग हैं जो फटे दूध से मक्खन निकालने की कोशिश कर रहे हैं। दुनिया बदलती है, हालात बदलते हैं, वक़्त बदलता है, उसके साथ जीने का ढंग भी बदलता है, बदलना चाहिए, और हमेशा बदला है। वो इनसान जो पेड़ों पर रहता था और गुफाओं में रहता था उसने आहिस्ता-आहिस्ता एक समाज अपनी तरह का बनाया, उसमें नई-नई ज़िम्मेदारियाँ भी आईं, नई-नई आज़ादियाँ भी मिलीं और नई-नई पाबंदियाँ भी मिलीं। ये तो बदलता रहेगा। हम कोशिश करें कि समय थम जाए! बिगड़ी बात वो है जो पुरानी बात है, जो चली गई, जिसे लाख आप

जतन कर लीजिए, वो अब नहीं आएगी। ये दूध फट चुका है। इस दूध से मक्खन नहीं निकलेगा।

बिगरी बात बनै नहीं, लाख करौ किन कोय॥
रहिमन फाटे दूध कौ, मथे न माखन होय॥

रहिमन तीन प्रकार ते, हित-अनहित पहिचानि॥
पर बस परे, परोस बस, परे मामिला जानि॥

रहीम

बड़ी गहरी बात कही है रहीम ने इस दोहे में। तजुर्बे की बात कही है। रहीम कहते हैं कि तीन तरीक़े हैं अच्छे और बुरे इनसान की पहचान के लिए। या तो ऐसे हालात हों जहाँ आप उस पर पूरी तरह निर्भर हो जाएँ। आपका सारा काम ही उसके पास फँस जाए, क्योंकि उसी का हाथ है, वो चाहे तो पार लगाए, चाहे तो न लगाए। चाहे तो आपका भला करे, चाहे तो न करे। दूसरा ये कि वो आपके पड़ोस में आ के बस जाए, तीसरी ये कि कोई ऐसी प्रॉब्लम आए, जिसमें वो आपके साथ खड़े होने को तैयार है या नहीं है? उस मुसीबत में, उस मामले में आपके साथ खड़े होने को तैयार है कि नहीं? ये तीन तरीक़े हैं पता लगाने के।

बात तो बड़ी सही है। असल में जब तक कि हम किसी से मिल रहे हैं, हमारा उससे कोई ऐसा वास्ता नहीं है, उसका हम पर कोई बस नहीं चलता है, तो वो हमसे बुरी तरह क्या मिलेगा? मिलेंगे या फिर, दोबारा मिलेंगे ही नहीं, बात ही ख़तम हो जाएगी। असल में तो मालूम तब होता है जब कि हम उस पर निर्भर हो गए, कुछ ऐसे हालात कि अब हम उसके हाथ में हैं। ताक़त उसके पास है। तब मालूम होगा कि वो किस तरह का इनसान है। तब उसकी असलियत सामने आएगी। दूसरा ये कि वो आके आपके पड़ोस में रहे।

होता क्या है कि हम थोड़ी देर को किसी से मिलें, तो हम प्रिटेंड कर सकते हैं कि हम बुरे नहीं हैं। बुरे से बुरा आदमी मुस्कुरा के आपसे मिल सकता है। अच्छी तरह बात कर सकता है, बड़ी मोहब्बत दिखा सकता है, बड़ा प्यार दिखा सकता है, लेकिन उसे पूरे वक़्त ही रहना है, तो ये जो नकाब उसने पहन ली है, ये मास्क जो पहन लिया, वो धीरे-धीर कर के सरक जाएगा और उसका जो असली रूप है, जो असली शक्ल है वो आपके सामने आ जाएगी। उसके बचने की गुंजाइश नहीं। कब तक वो प्रिटेंड कर सकता है, कोई आदमी कितनी देर एक्टिंग कर सकता है। ये पड़ोस घर का पड़ोस भी हो सकता है और एक ही घर में कमरे के पड़ोस में भी हो सकता है। और एक ही कॉंटिनेंट में मुल्क के पड़ोस में भी हो सकता है। आप इस बात को हर जगह देखिए, तो आपको लगेगा कि बात सही है। तीसरी ये कि कोई इशू, कोई उसूल की बात आ जाए, जिसपे आप खड़े हुए हैं तब देखना है कि वो आपके साथ खड़ा होता है कि नहीं।

बहुत कम लोग होते हैं ऐसे कि जो ये हौसला रखें कि एक बात जिसके लिए आपने झंडा उठाया है, आपने बीड़ उठाया है, आपने आवाज़ बुलन्द की है, और वो बात सच है तो वो आके खड़े हो जाएँ। ये हौसला और ये कमिटमेंट कम लोगों में होता है। जहाँ तक परबस परे या आप पर उसका बस परे, ये भी सही बात है। मेरा तो ये ख़याल है कि आप ये देखें कि वो इनसान जिसके काम करनेवाले, चाहे उसके घर में हों, चाहे उसके दफ़्तर में हों, ऑफ़िस में हों, उसके बिज़नेस में हों, उसकी ज़िन्दगी में, खेत-खलिहान में हों, फ़ैक्टरी में हों, अगर वो उसके काम करनेवाले जो उसके साथ व्यवहार रखते हैं, वो पुराने हैं तो आप समझ लीजिए कि शरीफ़ आदमी है। इसलिए कि जो उस पर डिपेंड करता है, वो बहुत बरसों से उसके साथ है, तो उसका व्यवहार ठीक ही होगा, नहीं तो साथ नहीं रहता, छोड़कर चला जाता। किसी भी

इनसान को देखिए और ये मालूम हो कि इसके अड़ोस-पड़ोस में जो लोग रहते हैं उनसे इसका बर्ताव भला है और लोग इसे पसन्द करते हैं, तो ये आदमी ख़राब नहीं हो सकता है। इसलिए कि पड़ोसी को कितनी देर आप धोखा दे सकते हैं? आपकी असलियत तो पड़ोसी को मालूम हो ही जाएगी। आप अगर किसी उसूल के लिए खड़े हुए, आप किसी बात पर अटके, जो सही बात है, तो क्या उस मामले में वो आपके साथ आया? अगर आया तो फिर वो सच्चा आदमी है और दोस्त है और उसपे ऐतबार किया जा सकता है।

रहिमन तीन प्रकार ते, हित-अनहित पहिचानि॥
पर बस परे, परोस बस, परे मामिला जानि॥

थोथे बादर क्वार के, ज्यों रहीम घहरात।
धनी पुरुष निर्धन भये, करै पाछिली बात॥

रहीम

कुछ बातें हैं, कितना भी वक़्त गुज़र जाए, पुरानी नहीं होतीं। ये बात रहीम के समय में भी सच्ची थी और आज भी सच्ची है। रहीम कहते हैं कि क्वार; क्वार एक महीना है जो सावन-भादों के बाद आता है। सावन-भादों बारिस के महीने हैं, बरसात के महीने हैं, और उनके बाद क्वार आता है। उसमें जो बादल आते हैं उनमें इतना पानी नहीं होता कि बारिश हो सके। सारी बारिश तो सावन-भादों में हो गई। अब क्वार के बादल आते हैं और उनमें इतनी जान होती है कि बस गरज लेते हैं जबकि सावन के भादों के बादल गरजते भी हैं, बरसते भी हैं।

तो वो कहता है कि क्वार के बादल बरस नहीं सकते, सिर्फ़ गरजते हैं। उसी तरह जब कोई कामयाब, धनी पुरुष, सिर्फ़ अमीर नहीं बल्कि कामयाब इनसान नाकाम हो जाता है, बहुत अमीर आदमी ग़रीब हो जाता है, ताक़तवर आदमी निर्बल हो जाता है, तो वो फिर बस अपने बीते हुए दिनों की बात करता रहता है।

सच्ची बात है। आमतौर पर कहा ये जाता है कि सक्सेस को, कामयाबी को डाइजेस्ट करना, हज़म करना बहुत मुश्किल है। लेकिन मैंने ज़िन्दगी में ऐसा देखा है कि सक्सेस तो डाइजेस्ट हो जाती है। इसकी वजह ये है कि जब आप कामयाब हैं, जब आप धनवान हैं, जब आप शक्तिशाली

हैं, पावरफुल हैं, तो सारी दुनिया वाह-वाह कर रही है आपकी, और ज़रा भी आपमें अक़्ल है तो आप हम्बल हो जाते हैं अरे साहब मैं क्या हूँ, इसलिए कि दुनिया तो कह ही रही है। लेकिन उस कामयाबी के बाद जो नाकामयाबी आती है, उसे डाइजेस्ट करना बहुत मुश्किल है, उसे हज़म करना आसान काम नहीं है। इसलिए कि आप में एक शक बैठता है कि ये जो चारों तरफ़ लोग हैं, ये मुझे कुछ नहीं समझते? क्या मैं कुछ भी नहीं रहा?

तो इस हिस्से में वो अपनी पुरानी बातें करना शुरू करते हैं—देखिए मैं ये था कि मैंने ये किया, और एक बार ऐसा हुआ तो मैंने ये कह दिया। जब हम पुरानी बातें ज़्यादा करने लगते हैं तो ऐसा लगता है कि हमें आनेवाले दिनों पे और आज के दिन पर भरोसा नहीं है। अब पुरानी बातें ज़रूरी नहीं कि सच्ची हों, एक इनसान की, एक कम्युनिटी की, चाहे एक पूरे नेशन की।

जिस तरह लोग कहते हैं ना, सेल्फ़मेड आदमी, वो अपना फ़्यूचर बनाता है। बहुत से सेल्फ़मेड ऐसे होते हैं कि वो अपना पास्ट बनाते हैं। जो दिन बीत गए, वो तो चले गए। पर ये उसी की कहानी को सँवारते रहते हैं, सजाते रहते हैं, उसमें नई-नई पंचलाइन डालते रहते हैं। चाहे ये एक इनसान करे, चाहे वो एक कम्युनिटी करे, एक वर्ग करे, या चाहे वो एक नेशन करे, ये काम ठीक नहीं है।

मैं ऐसा नहीं कहता कि पिछले दिनों को भूल जाना चाहिए। लेकिन पुरानी बात से लिपट गए और उसी में जिसे कहते हैं 'सिटिंग इन पास्ट लॉरेल', और पास्ट लॉरेल भी कुछ सच्चे और कुछ झूठे। उनपे बैठने के बजाय ज़्यादा बेहतर है कि हम आने वाले दिनों के बारे में सोचें। कामयाबी, नाकामयाबी तो ज़िन्दगी का हिस्सा हैं जैसे रात और दिन, वो आएँगे, जाएँगे, उनसे ना घबराना चाहिए और ना उन पर इतराना चाहिए। बेहतर

ये है कि हम पुरानी बातों को ना दोहराएँ और आने वाले दिनों को सँवारने की कोशिश करें। यही रहीम की मर्ज़ी थी, यही उन्होंने पॉइंट आउट किया कि ख़ाली बादल गरजते रहें, यह अच्छा नहीं है :

थोथे बादर क्वार के, ज्यों रहीन घहरात॥
धनी पुरुष निर्धन भये, करै पाछिली बात॥

जो रहीम ओछो बढ़ै, तौ अति ही इतराय॥
प्यादे सों फर्जी भयो, टेढ़ो टेढ़ो जाए॥

रहीम

रहीम कहते हैं कि जो ओछा इनसान होता है, हल्का इनसान होता है, वो बहुत जल्दी इतराने लगता है। दूसरी लाइन में उन्होंने शतरंज की मिसाल दी है कि प्यादा जो सबसे छोटा मोहरा होता है, प्यादा जो फर्जी बन जाता है, फर्जी जो बड़ा मोहरा है, जिसे अंग्रेज़ी में बिशप कहते हैं और आम हिन्दुस्तानी में उसे ऊँट कहते हैं, जब वो फर्जी बन जाता है, बड़ा प्यादा बनता है तो फिर वो टेढ़ा चलता है, फर्जी की—ऊँट की मूव टेढ़ी है, प्यादा जो सीधा चलता है जहाँ वो फर्जी बना, तो वो टेढ़ा चलने लगता है।

सवाल ये है कि ओछे की पहचान क्या है? ओछे की पहचान तो यही है कि ज़रा-सा कामयाब हुआ तो टेढ़ा चलने लगे। जो टेढ़ा चल रहा है ज़िन्दगी में कामयाबी के बाद, ज़रा-सा बड़ा होने के बाद, वो ओछा है। ओछा मतलब हल्का आदमी, जिसमें गहराई ना हो। ऐसा क्यों कहते हैं? बात ये है कि हम में घमंड अहंकार या ग़ुरूर तब आ सकता है, जब हम ये समझें कि हम बहुत बड़े आदमी बन गए हैं, बड़े कामयाब हो गए हैं, बड़े पावरफुल हो गए हैं, बड़े अमीर हो गए हैं। हम जैसा तो कोई नहीं। ये ख़याल कब आता है? हम अपने आपको किससे कम्पेयर कर रहे हैं? हमारा मुक़ाबला किससे है? हम कुछ भी बन जाएँ कितने

भी अमीर बन जाएँ, दुनिया में हमसे ना जाने कितने गुना ज़्यादा अमीर मौजूद हैं। हम अगर बड़े क़ाबिल हो जाएँ, बड़े ज्ञानी हो जाएँ, तो दुनिया में हज़ारों गुना हमसे ज़्यादा ज्ञानी मौजूद हैं। हम अगर ताक़तवर हो जाएँ, तो दुनिया में हमसे भी ज़्यादा ताक़तवर लोग हैं। तो ये कब होता है कि हम ये समझते हैं कि हम बड़े हो गए? कब प्यादे से फर्जी बन गए? हमारा किससे कम्पेरिजन है? मुक़ाबला किससे है?

मुक़ाबला अन्दर कहीं-न-कहीं इनसान अपने आप से करता है। मालूम हो न हो, लेकिन करता वही है कि जो मेरा कैलिबर है, जो मेरी हैसियत है, अन्दर जैसा कि मैं हूँ, जो मेरी कैपबिलिटी है, मेरा टेलेंट है, मेरी इंटेलिजेंस है, मेरा नॉलेज है उसके मुक़ाबले में जो मुझे मिल रहा है, वो कम है या ज़्यादा है? अगर उसे अपने ऊपर विश्वास है, अगर अपने पर यक़ीन है, दिल से उसे ऐसा लगता है कि नहीं मुझमें कोई गुण है तो जो उसे मिलेगा, ज़्यादा नहीं लगेगा। उसे कामयाबी बहुत बड़ी नहीं लगेगी। उसे लगेगा अभी रास्ते में हूँ मैं, मंज़िल तो बहुत आगे है, मुझे तो इससे आगे भी बढ़ना है, बहुत कुछ करना है। लेकिन अगर उसकी राय अपने बारे में अच्छी नहीं है और वो समझता है कि मैं बहुत मामूली-सा इनसान हूँ, मुझे इतना मिल गया, यही कमाल हुआ तो उसका दिमाग़ ख़राब होगा। जब उसे लगेगा कि मुझे अपनी क़ाबिलियत से, अपनी हैसियत से, जितना मैं डिज़र्व करता हूँ असल में उससे कहीं ज़्यादा मिल गया, तब उसके अन्दर घमंड आएगा।

तो सच्ची बात ये है कि जो आदमी आपको घमंडी दिखे, प्यादे से फर्जी बनते ही टेढ़ा-टेढ़ा चलता दिखे तो समझ लीजिए कि उस आदमी की राय अपने बारे में अच्छी नहीं है। उस आदमी में इन्फ़ीरिअरिटी काम्प्लेक्स है, जो घमंड की शक्ल में दिखाई देता है। ऐसा है, कोई चीज़ जो एक तरफ़ से अन्दर होगी, वो दूसरी तरफ़ से बाहर निकली हुई होगी—कान्केव, कान्वेक्स जिसे कहते हैं। अगर उसमें गहराई होगी तो उसे न इतराने की

ज़रूरत पड़ेगी ना टेढ़े चलने की। ये पहचान ओछे की है कि वो अपने बारे में राय अच्छी नहीं रखता है। उसे लगता है कि मैं क़ाबिल नहीं था। मुझे इतना मिल गया, ये तो कमाल हो गया है, ये तो लाटरी लग गई मेरी और वो पागल हो जाता है। लेकिन जो सचमुच अपनी इज़्ज़त करता है, जिसके अन्दर स्वाभिमान है, उसके अन्दर कभी घमंड नहीं आएगा। बहुत सही बात कहते हैं रहीम :

जो रहीम ओछो बढ़ै, तौ अति ही इतराय॥
प्यादे सों फर्जी भयो, टेढ़ो टेढ़ो जाए॥

धन्य रहीम जल पंक को, लघु जिय पिवत अघाय।
उदधि बड़ाई कौन है, जगत पियासो जाए॥

रहीम

रहीम कहते हैं कि धन्यवाद करना चाहिए, ज़मीन में उस गड्ढे को जिसमें कीचड़ भरा पानी है लेकिन वहाँ भी कीड़े-मकौड़े अपनी प्यास बुझा रहे हैं, वो कीचड़, वो पानी जो है किसी के काम आ रहा है। और दूसरी ओर वो विशाल सागर है जो दूर तक फैला है, बड़ी-बड़ी मौजें हैं, बड़ी शान है उसकी, लेकिन वो किसी की प्यास नहीं बुझा सकता, उस पानी को कोई पी नहीं सकता। तो ये कौन-सी बड़ाई हुई?

सच है, हम बड़ा उसे कहते हैं जिसे हम हासिल कर सकें, हम जीत लें, हमारे पास बहुत कुछ हो तो हम बड़े हैं। सच्ची बात ये है कि हम समझते रहते हैं कि हम बड़े हैं। लेकिन आप ज़रा इतिहास के पन्ने पलट कर देखिएगा तो आपको मालूम होगा कि दुनिया ने बड़ा उसे माना है जिसने लिया नहीं है बल्कि दुनिया को कुछ दिया है। वही बड़ा है। चाहे वो साइंटिस्ट हो, चाहे वो कलाकार हो, चाहे वो कोई राजा हो, चाहे वो कोई नेता हो। दुनिया उसे भला मानती है, जो दुनिया को सँवार कर गया, जिसने दुनिया को कुछ बेहतर बना दिया, चाहे बड़े पैमाने पर या छोटे पैमाने पर। हम सब इस काम को कर सकते हैं, किसी-न-किसी पैमाने पर। ऐसा हो जाए तो बड़ी ख़ुशी होती है और होनी भी चाहिए।

लेकिन एक और ख़ुशी है जिससे अक्सर हम लोग वंचित रह जाते हैं।

महरूम रह जाते हैं। वो ख़ुशी है देने की। आपको लगेगा कि शायद ये किताबी बातें हैं। किताबों में ऐसा लिखा होता है, लोग बातचीत करते हैं, स्टेज से ऐसी बातें कह देते हैं लेकिन इसमें सच्चाई नहीं है। पर इसे आज़माकर देखिए। आप किसी के लिए कुछ करेंगे तो आपको अजीब-सी ख़ुशी होगी। लेकिन एक बात का ख़याल रखिएगा, अगर आप किसी के लिए कुछ करते हैं तो ये बात उससे मत कहिए कि मैंने तुम्हारे लिए किया था, या दुनिया से मत कहिए कि मैंने इसके लिए ये किया था। उसमें होता ये है कि जब आप किसी के लिए कुछ करते हैं तो उसे बहुत ख़ुशी नहीं होती है, वो इसलिए कि वो किसी का एहसान नहीं लेना चाहता। उसमें इत्मीनान तब आता है, वो एहसानमन्द तब होता है जब उसे लगता है कि इस आदमी ने मेरा कुछ भला किया है, लेकिन मेरे स्वाभिमान से, मेरे सेल्फ़ रिस्पेक्ट से कोई टैक्स नहीं लिया। दुनिया के सामने मुझे ज़लील नहीं किया। छोटा नहीं बनाया। तब वो आपसे मोहब्बत करता है, आपकी क़द्र करता है, और आपके दिल में इस बात की ख़ुशी रहती है कि मैं किसी के काम आया। उसकी कोई समस्या थी, छोटी ही सही, हल कर दी। कोई मदद की जिससे उसकी एक परेशानी कम हो गई। ये ऐसी ख़ुशी है कि जब आप करेंगे, तभी आपको अन्दाज़ा होगा।

मुझे ऐसा लगता है कि छोटे पैमाने पर तो हम लोग करते ही हैं, लेकिन वो लोग जिन्हें बहुत कुछ करना चाहिए, अक्सर वो नहीं करते हैं। दूसरे देशों में देखिए जो बड़े-बड़े कॉर्पोरेट हैं, इंडस्ट्रियलिस्ट हैं, अरबपति-खरबपति लोग हैं। ख़ासतौर से वेस्ट में, वो फिलिन्थ्रोपी में, सामाजिक भलाई के लिए बहुत पैसा देते हैं। हमारे यहाँ कुछ बिज़नेस हाउसेस हैं, जिनमें भी ये ख़ूबी है और वो बहुत कुछ करते भी हैं। ये बहुत इज़्ज़त की बात है। वो बग़ैर ढिंढोरा पीटे करते हैं। लेकिन मैंने कुछ कहा है, तो मेरा मतलब सिर्फ़ कुछ से ही है क्योंकि सिर्फ़ कुछ ही करते हैं, ज़्यादातर नहीं करते हैं। और बिज़नेस हाउसेस से क्या शिकायत करें, हम लोग जो

आम ज़िन्दगी के लोग हैं, हममें से भी कुछ लोग ही करते हैं, ज़्यादातर नहीं करते हैं। इस तरह हम एक ऐसी ख़ुशी से महरूम हो जाते हैं, जो हमें मिल सकती थी। हम ज़िन्दगी को ज़्यादा ख़ूबसूरत बनाते, तो और ख़ुशी होती। हम किसी की मदद करते, तो उसकी ज़िन्दगी आसान होती और हमें भी उससे ख़ुशी होती। लेकिन हम दूसरे के काम ना आएँ तो फिर किस काम के...सही कहा है रहीम ने :

धन्य रहीम जल पंक को, लघु जिय पिवत अघाय।
उदधि बड़ाई कौन है, जगत पियासो जाए॥

रहिमन कठिन चितान ते, चिन्ता को चित चेत॥
चिता दहति निर्जीव को, चिन्ता जीव समेत॥

रहीम

रहीम कहते हैं कि जो चिन्ता है, वो चिता से भी ज़्यादा ख़तरनाक है, क्योंकि चिता तो सिर्फ़ एक मुर्दा जिस्म, एक शव को जलाती है, लेकिन चिन्ता ज़िन्दा इनसान को जलाकर ख़ाक कर देती है। ये सही बात है। आप एक पल को सोच सकते हैं, मुझे भी ये ख़याल आ सकता है कि क्या फिर चिन्ता न करें? तो क्या जो परेशानियाँ हैं, उनके बारे में सोचें नहीं? समस्याएँ आएँ तो...

लेकिन ठहरिये। हम लोग समस्या को और चिन्ता को एक ही चीज़ समझते हैं। भई एक आदमी, ऐसा किसी के साथ न हो लेकिन अगर है कि उसके पास खाने को नहीं है, रहने को घर नहीं है या दवा का पैसा नहीं है, बच्चों के स्कूल की फ़ीस नहीं है, राशन का पैसा नहीं है, तो वो तो परेशानी है न। समस्या है, और समस्या के बारे में सोचना ज़रूरी है। उस सोच को आप चिन्ता कह लें, वो अलग बात है। लेकिन एक चिन्ता ऐसी होती है, और वो अक्सर होती है, जो हमारी समस्याओं में नहीं होती वो हमारी सोच में होती है। वो चिन्ता ठीक नहीं है। अगर कोई मुश्किल आई है, कोई समस्या आई है उसका हल तो ढूँढ़ना पड़ेगा। विचार करने और चिन्ता करने में फ़र्क़ है। ख़याल और परेशानी में फ़र्क़ है। ये परेशानी है, ये मुश्किल आई है, अब इसके बारे में क्या सोचा जाए, इसे कैसे हल किया जाए, इसे कैसे आसान किया जाए। ये चिन्ता

नहीं है, ये सोच है, ये विचार है, जो आपमें होना ही चाहिए। चिन्ता ये होती है कि जो है नहीं, उसके बारे में सोच रहे हैं, जो हो ही नहीं सकता उसके बारे में सोच रहे हैं या जो हो चुका है और अब उसका कुछ भी नहीं किया जा सकता, उसके बारे में सोच रहे हैं।

शेक्सपियर ने कहीं लिखा है 'थिंक विदाउट रेमेडी, शुड आल्सो बी विदाउट रिगार्ड' जिन चीज़ों का कोई इलाज नहीं है, उनकी कोई परवाह भी नहीं होनी चाहिए। अब जो हो चुका है, उसके बारे में सोचने से कोई फ़ायदा नहीं है। जो नहीं हुआ है उसके बारे में आप सोच रहे हैं। कहा जाता है कि 'द फियर ऑफ़ डेंजर इज बिगर देन द डेंजर ऑफ़ इटसेल्फ़' कि जो ख़तरे का डर है, वो ख़तरे से भी बड़ा होता है। हमारी ज़िन्दगी में वैसे ही समस्याएँ कम नहीं हैं। हम उनके साथ और भी चीज़ें जोड़ लेते हैं, जो सिर्फ़ हमारी सोच में है, और कहीं नहीं हैं। उन्होंने मुझसे ये कहा तो ज़रूर इसका मतलब ये रहा होगा, तो क्या वो ऐसा करने वाले हैं? और कल वो जो हुआ था तो शायद उसकी वजह से अगले महीने ऐसा हो जाए। अगर ऐसा हुआ तो हम क्या करेंगे। ऐसी-ऐसी बातें जो हुई ही नहीं हैं, जो सिर्फ़ हमारी सोच में हैं, उनसे हम अपने आप को इतना उलझा लेते हैं कि जो हमारी सचमुच की चिन्ताएँ हैं।...चिन्ता नहीं बल्कि मैं कहूँगा समस्या, चिन्ता शब्द यहाँ मुझे इस्तेमाल नहीं करना चाहिए, जो सचमुच की समस्याएँ हैं, जिनके बारे में हमें सोचना चाहिए, विचारना चाहिए, जिनके बारे में हमें ये सोचना चाहिए कि किस तरह से हम इन्हें हल करें; उनके बजाय हम उन बातों को सोचने लगते हैं जो हैं नहीं, अगर हैं भी तो उनका कोई मतलब नहीं हैं, वो इम्पोर्टेंट ही नहीं हैं। वो जो हमारी ज़िन्दगी की बुनियादी सच्चाइयाँ हैं उनसे इनका कोई सम्बन्ध नहीं है। ये चिन्ता जो है, ये हमें धीरे-धीरे जला देती है।

मैं आपसे कहूँगा कि जो सचमुच की परेशानियाँ आती हैं, उनमें भी चिन्ता से काम नहीं चलता है। आपको उनका हल ढूँढ़ना है न और हल

ढूँढ़ने के लिए ज़रूरी ये है कि आप एक क़दम पीछे हटें, ज़रा शान्ति से उस चीज़ को देखें, ठंडे दिमाग़ से, आराम से, ऐसे देखें कि जैसे किसी और के साथ ये हुआ है, जैसे आप एक कहानी में हैं जो सुन रहे हैं, या पढ़ रहे हैं। देखें कि ये जो प्रॉब्लम आया है, ये जो समस्या मेरे पास आई है, इसे कैसे ठीक किया जा सकता है। जितनी चिन्ता किये बिना आप सोचेंगे, उतना आसानी से आपको उसका हल मिलेगा। जब आदमी चिन्ता करने लगता है तो ठीक से सोच नहीं पाता है, परेशान हो जाता है, अपने आप में उलझ जाता है और वही उलझन जो है वो लिपटते-लिपटते उसका गला घोंट के रख देती है। वही उलझन जो है, वही चिन्ता जो है, उसके अन्दर एक आग बन के धीरे-धीरे उसे जलाती रहती है, वो राख हो जाता है और समस्याएँ वैसी की वैसी रहती हैं। इसीलिए रहीम कहते हैं :

रहिमन कठिन चितान ते, चिन्ता को चित चेत॥
चिता दहति निर्जीव को, चिन्ता जीव समेत॥

रहिमन देख बड़ेन को, लघु न दीजिए डारि॥
जहाँ काम आवे सुई, कहा करै तरवारि॥

रहीम

रहीम कहते हैं कि किसी बड़े को देख के या फिर कोई बड़ा आपकी ज़िन्दगी में आ जाए या आपके सम्पर्क में आ जाए, तो छोटे को न भूल जाइएगा, इसलिए कि जहाँ सुई काम आ सकती है वहाँ तलवार काम नहीं आ सकती।

इस बात को कई लेवल्स पर देखा जा सकता है। ये सच है कि अगर आपको कहीं फाँस चुभ जाए, तो उसे तलवार से नहीं निकाल सकते हैं। उसके लिए सुई चाहिए। अगर आप तलवार से निकालने जाएँगे तो फाँस क्या, बड़े-बड़े जख्म बन जाएँगे और फाँस अपनी जगह रहेगी। दरअसल इस बात को यूँ भी देख सकते हैं कि एक बड़ा आदमी हमारी ज़िन्दगी में आता है और हम समझते हैं कि यही हमारी सारी समस्याएँ हल कर देगा, और इसकी वजह से हमारे जितने छोटे-छोटे सम्बन्ध थे, वो लोग जो बड़े नहीं कहलाते हैं, जो हमारी ज़िन्दगी में थे, हम उन्हें भुला दें, उनसे नाता तोड़ लें, तो ये बड़ी नासमझी की बात होगी। इसलिए कि आपको ये नहीं मालूम कि कौन किस जगह काम आ सकता है। और सच बात ये है कि आप उतने ही सुरक्षित हैं, उतने ही महफ़ूज़ हैं, जितने लोग आपके चारों तरफ़ हैं, जो आपकी परवाह करते हैं, जो आपको चाहते हैं, जिनसे आपका रिश्ता है, मोहब्बत का प्यार का। तो उन्हें एक बड़े की वजह से क़ुर्बान न कर दीजिए, क्या मालूम कब कौन आपके काम आ जाए।

दूसरा एक और लेवल है कि जतन जो हैं, वो भी कभी-कभी ज़्यादा कर दिया जाए तो बात बिगड़ जाती है। जिस काम में जितने की ज़रूरत है, उतना ही काफ़ी है। अगर छोटी-सी ग़लतफ़हमी हो गई, छोटी-सी ज़रूरत हो, कोई बात है जिसे शायद नरमी से कहा जाता या इशारे से ही कह देते तो वो काम हो जाता, बात सुलझ जाती, वो उलझन दूर हो जाती, लेकिन हम उसे बड़ा इशू बना देते हैं। वो इशू जो है तलवार है और इशू की वजह, बजाय इसके कि वो सुलझे, और बड़ी हो जाती है। ये जो 'बड़े' हैं, ये सिर्फ़ इनसान के लिए नहीं है, ये एटीट्यूड के लिए भी है, व्यवहार के लिए, बर्ताव के लिए भी हो सकता है। जहाँ इतना-सा बर्ताव, इतना-सा व्यवहार आपकी समस्या हल कर सकता है, वहाँ आप और ज़्यादा जतन करने लगें तो बात बिगड़ भी सकती है। अक्सर ऐसा होता है। मैं ये नहीं कहता कि ज़िन्दगी में तलवार की या हमले की या लड़ाई की कभी ज़रूरत ही नहीं पड़ती है, लेकिन बहुत सारी बातें बग़ैर हमले किये, हमले से मेरा मतलब पूरे एटीट्यूड से है, एक तरीक़े से है। अगर वो न हो, अगर हम उसे बहुत छोटे तरीक़े से बहुत आम तरीक़े से, बग़ैर किसी एग्रेशन के उस काम को सोल्व करने की कोशिश करें तो मुझे लगता है कि अक्सर वो काम हो जाते हैं।

अब इसमें एक और पहलू, एक और एंगल भी है कि अगर ज़िन्दगी में बहुत बड़ी ख़ुशी मिल गई, तो हम जो छोटी-छोटी ख़ुशियाँ हैं उन्हें हम भूल जाते हैं। हम समझते हैं कि हमारे पास दौलत आ गई, हमारे पास धन आ गया या हमें इतनी बड़ी इज़्ज़त मिल गई है या हम इतनी बड़ी पोज़िशन में हैं तो जो छोटी ख़ुशियाँ थीं, जो छोटे सुख थे, बहुत आहिस्ता से ज़िन्दगी में घुले हुए, हम उन्हें भूल जाते हैं। हमारे पास उनके लिए समय ही नहीं रहता। हमारे रिश्तों में जो छोटी-छोटी ख़ूबसूरतियाँ, जो छोट-छोटे लम्हे थे, हम उनका ध्यान रखना भूल जाते हैं। सच बात तो ये है कि ये छोटे-छोटे जो पल हैं, ये छोटी-छोटी जो बातें हैं ज़िन्दगी की,

वो ज़िन्दगी में कभी-कभी ऐसा सुख देती हैं, जो वो बड़ा नही दे सकता। वो जो बड़ी कामयाबी मिली है, आपकी लाटरी लगी है, बड़ी इज़्ज़त हो गई, बड़ा नाम हो गया, बड़ी शोहरत हो गई, ये बड़ी चीज़ है और एक बच्चे का रिश्ता या एक दोस्त का रिश्ता जिसके साथ बैठकर आप चाय पीते थे, ये तो मामूली चीज़ है। लेकिन सच ये है कि ये एक तरह से काम आते हैं। वो काम क्या है? वो काम ये कि ये चीज़ें आपको ज़िन्दगी में सुख देती हैं, कुछ ख़ुशी देती हैं, मासूमियत देती हैं, भोलापन देती हैं, वो बड़ी कामयाबी ये सब शायद न दे पाए।

तो ये दोहा बहुत सारे लेवल पर काम करता है। बड़ी जो है पोज़िशन भी होती है, बड़े लोग भी होते हैं और बड़ा आपका जतन भी होता है, बड़े आपके रिश्ते भी होते हैं। छोटा तो इनसान किसी को नहीं मानता, लेकिन जिन्हें कहा जाता था कि भाई छोटा इनसान, या वो एफर्ट, वो जतन जो छोटा है, वो रिश्ते जो, वो छोटे हैं, वो कामयाबियाँ जो बहुत छोटी हैं मामूली हैं—ये सब जो हैं, ये भी आपके काम आती हैं। और ऐसे काम आती हैं कि आपकी ज़िन्दगी को जीने के क़ाबिल, सुन्दर और ख़ूबसूरत बना देती हैं। हम सिर्फ़ बड़े के पीछे ना भागें। बड़ा इनसान, बड़ी कामयाबी, बड़ी कोशिश, बड़े काम! छोटे-छोटे काम भी बहुत काम आते हैं। एक बार फिर से सुनिए और एक बार फिर सोचिए कि रहीम ने ऐसा क्यों कहा :

रहिमन देख बड़ेन को, लघु न दीजिए डारि॥
जहाँ काम आवे सुई, कहा करै तरवारि॥

भली करत लागत बिलम, बिलम न बुरे विचार।
भौन बनावत दिन लगैं, ढाहत लगत न बार॥

वृंद

वृंद कहते हैं कि अच्छा काम करने में, नेक काम करने में बड़ा समय लगता है। वो आहिस्ता-आहिस्ता होता है लेकिन बुरा काम बहुत जल्दी किया जा सकता है जैसे कि कोई इमारत आप बना रहे हैं तो समय लगेगा, वक़्त लगेगा लेकिन अगर उसे ढाना है तो वो एक दिन में हो सकता है। डाइनामाइट लगा दीजिए एक मिनट में ढह जाएगी।

वाक़ई जितनी जल्दी एक बिल्डिंग को तोड़ा जा सकता है उतनी जल्दी बनाया नहीं जा सकता है। आपको एक भवन बनाने के लिए पहले ज़मीन खोद के उसमें बुनियाद, नींव डालनी पड़ती है, उसके बाद धीरे-धीरे एक ईंट पे दूसरी ईंट, दूसरी ईंट पे तीसरी ईंट रख कर दीवारें उठानी होती हैं, फिर छतें डालनी होती हैं, आहिस्ता-आहिस्ता एक इमारत बनती है। इसी तरह कोई भी अच्छा काम आसानी से, तेज़ी से नहीं होता।

एक और चीज़ है जो तेज़ी से नहीं बनती, वो है आपकी रेपुटेशन, आपका नाम। दुनिया में, जो आपका अपना समाज है, जहाँ भी आप हैं, घर में हैं, मोहल्ले में हैं, किसी स्कूल में हैं, कॉलेज में हैं, ऑफ़िस में हैं, जहाँ भी हैं, वहाँ का जो समाज है, वहाँ जो आस-पास के लोग हैं उनके बीच आपकी जो रेपुटेशन है, आप के बारे में जो राय है, वो एक दिन में नहीं बनी है, वो आपने बड़ी मेहनत से बनाई है—नेक काम करके,

डिसिप्लिन से, लोगों का ख़याल करके, लोगों की इज़्ज़त करके, उनकी मदद करके, आहिस्ता-आहिस्ता, आपका अच्छा सलूक, आपकी अच्छी बात, आपकी नम्रता, आपका मिलनसार स्वभाव, ये सब धीरे-धीरे, लोगों के दिलों में ये बात बिठाते हैं कि आप एक अच्छे इनसान हैं। आपसे मोहब्बत की जा सकती है। आपकी इज़्ज़त की जा सकती है, आपको पसन्द किया जा सकता है। लेकिन ये जो रेपुटेशन आपने इतनी मेहनत और इतने जतन और इतनी कोशिश से बनाई है वो एक पल में आप ख़त्म कर सकते हैं। कोई भी ऐसी बात करके जो लोगों को शॉक दे दे कि ये इन्होंने क्या कह दिया। उनकी बेइज़्ज़ती करके, उन्हें गाली दे कर, उनकी इन्सल्ट करके, उनके साथ बुरा व्यवहार करके, उन्हें धोखा दे कर। बस एक मिनट लगता है।

तो हमें ये ख़याल रखना चाहिए, ये बहुत इम्पोर्टेंट बात है कि अगर *ढाहत लगत न बार* कि ढह जाने में टूट जाने में, चीज़ के बर्बाद हो जाने में बस एक पल लगता है, एक लम्हे में आप कर सकते हैं। तो अब हमको ये ख़याल रखना पड़ेगा कि वो एक पल आने ना पाए। ऐसा ना हो कि जो हमारी बरसों की मेहनत है चाहे वो किसी चीज़ में हो, चाहे वो रेपुटेशन में हो, चाहे वो रिलेशनशिप में हो।

हमारे रिलेशन ऐसे थोड़े ही बन जाते हैं। हमारे जो अपने हैं, जिन्हें हम टेकन फ़ॉर ग्रांटेड लेते हैं कि ये तो हमारे अपने हैं, ये पति है, या पत्नी है, या भाई है, या बहन है या बेटा है या माँ-बाप हैं या बेटी है जो भी है, ये रिश्ते जो हैं इनमें एक कॉमन बात है कि भई प्यार है लेकिन उसके बाद एक राय भी बनती है, दिल में एक ख़ास जगह भी बनती है, अच्छे व्यवहार से, तमीज़ से, मोहब्बत से, ख़याल रखने पे, आहिस्ता-आहिस्ता, ये विश्वास की, कॉन्फ़िडेंस की रिलेशनशिप बनती है कि हम एक-दूसरे पर ट्रस्ट करने लगें और इतना यक़ीन हो कि अपने से ज़्यादा किसी और पे यक़ीन हो जाए। वो यक़ीन वो विश्वास, वो ट्रस्ट जो है, वो एक

पल में टूट सकता है, एक बात, एक जेस्चर, एक हरकत, आपका एक ख़राब मूड, एक ग़ुस्से की बात से वो बरसों की जो आपकी तपस्या है, जो रिश्ता है जिसमें अभी तक सिर्फ़ पाकीज़गी थी, पवित्रता थी, मोहब्बत थी, यक़ीन था, विश्वास था, वो एक पल में ढह जाता है, जब दिल में जा कर तीर की तरह, बात चुभ जाए। तो ऐसा ना हो कि वो इमारत ढह जाए जो आपने इतनी मेहनत से बनाई हो, अपनी रेपुटेशन की, अपने रिश्तों की, अपने काम की, इसका ख़याल रखना बड़ा ज़रूरी होता है। इसके बारे में हम हमेशा होशियार रहें, चौकस रहें, ये बहुत ज़रूरी है :

भली करत लागत बिलम, बिलम न बुरे विचार।
भौन बनावत दिन लगैं, ढाहत लगत न बार॥

जो जाको गुन जानही, सो तिहिं आदर देत।
कोयल अंबहि लेत है, काग निबौरी लेत।

वृंद

वृंद कहते हैं कि जो जिस गुण को समझता है या जिसे गुन जानता है, गुन मानता है, उसी को आदर देता है, उसी को इज़्ज़त देता है, उसी को पसन्द करता है। अब जैसे कि कोयल को आम पसन्द है तो वो आम के पेड़ पे बैठती है और आम खाती है और कौवे को निबौरी—जो नीम में छोटे-छोटे फल लगते हैं, कड़वे होते हैं, कौवे को वो पसन्द है, तो कौवा नीम के पेड़ पर जाता है। सही बात है और हम ज़िन्दगी में देखते हैं ये। कई लेवल पर ये बात अप्लाई करती है। यूँ तो सबसे ऑबवियस चीज़ ये है कि आप देखेंगे कि आप गए, आपने फ़िल्म देखी और आपको बहुत बुरी लगी लेकिन बाद में आपको मालूम हुआ कि बहुत बड़ी हिट हो गई है। तो कोई लोग हैं जिन्हें निबौरी अच्छी लग रही है, वो पसन्द आ रही है उन्हें। ऐसे ही गीत हैं जो आप सुनती हैं, सुनते हैं, वो आपको ख़राब लगा या बहुत अच्छा लगा लेकिन लगा बाहर इतना नहीं चला; तो पसन्द जो है लोगों की तरह-तरह की होती है।

लेकिन एक लेवल पर एक बात और भी है। आपमें सारे गुण हैं, कुछ लोग जो हैं, आपको पसन्द करते हैं लेकिन कुछ लोग आपको नापसन्द करते हों शायद। शायद वो किसी ऐसे इनसान को पसन्द करते हों जिसमें इतने गुण नहीं हैं, मगर कोयल और कौवे में और इनसान में एक अन्तर है। इस अन्तर को याद रखिएगा, इसलिए हार ना मान लीजिएगा कि आप

सोचें कि भई ठीक है अब वो तो निबौरी पसन्द कर रहे हैं तो निबौरी पसन्द करते रहें। मैं तो इतनी मिठास से बात करूँ जैसे कोयल करती है। कौवे की आवाज़ जो है वो तो सख़्त होती है लेकिन कौवा जो है वो कोयल बन सकता है, कोयल जो है कौवा बन सकती है इनसानों में। परिन्दों में तो ऐसा नहीं हो सकता, लेकिन इनसानों में ऐसा पॉसिबल है कि कल तक जो निबौरी पसन्द कर रहा था उसको आप धीरे-धीरे, धीरे-धीरे आम पसन्द करा दें। वो भी वही पसन्द करने लगे जो कोयल को पसन्द है यानी वो कोयल हो जाए।

ऐसा मुमकिन है, हमें कभी-कभी ऐसा देखने को मिलता है कि जो इन्फ़ीरियर चीज़ है, जो खट्टी चीज़ है, कड़वी चीज़ है, जो इन्फ़ीरियर लोग हैं अपने व्यवहार में, वैसे तो किसी को भी इन्फ़ीरियर नहीं समझना चाहिए लेकिन जो ग़लत काम कर रहे हैं या कुछ मिठास उनमें कम है, वो भी किसी वजह से लोगों को पसन्द आ गए हैं और उनके मुक़ाबले में जिसमें मिठास है, जिसमें ख़ूबी है शायद उसे लोग उस वक़्त उतना एप्रीशिएट नहीं कर रहे तो आप ये ग़म कर लें कि दुनिया में काग ज़्यादा हैं कोयलें कम है।

शायद इसमें थोड़ी सच्चाई भी हो लेकिन सच ये है कि ये इनसान जो कौवे की तरह बिहेव कर रहे हैं और कोयल की तरह नहीं कर रहे, इनको कोयल बनाया जा सकता है। आम देते ही रहिए, देते ही रहिए, देते ही रहिए और ये मिठास कभी-कभी इनसानी कौवे को इनसानी कोयल बना देगी। तो हमें ये मानना होगा कि हाँ, दुनिया में तरह-तरह की पसन्द हैं। ये भी हो सकता है कि जो बेहतर है, ये भी हो सकता है जिसमें मिठास है, जो ख़ूबी वाला है, जैसे कि आम वो इतना पसन्द ना हो समाज में, उस वक़्त कौवे का टेस्ट चल रहा हो और निबौरी ज़्यादा पसन्द की जा रही हो, लेकिन यही फ़र्क़ है परिन्दे में और इनसान में। परिन्दा अगर कोयल पैदा हुआ तो कोयल ही रहेगा, काग पैदा हुआ है तो काग ही

रहेगा लेकिन इनसान कभी कोयल हो जाता है कभी कौवा हो जाता है। ये वक़्त-वक़्त की बात है, और हमारी कोशिशों की बात है। ये कोशिश करेगा आम, अम्बहि कोशिश करेगी कि निबौरी से ज़्यादा अम्बहि दुनिया में पसन्द की जाए तो वो अपनी मिठास बाँटती रहे, बाँटती रहे, बाँटती रहे तो मुझे ऐसा लगता है कि ऐसा मुमकिन है, मगर, बहरहाल जो बात कही है वृंद ने वो अपनी जगह सच है :

जो जाको गुन जानही, सो तिहिं आदर देत।
कोयल अम्बहि लेत है, काग निबौरी लेत॥

तुलसी मीठे वचन ते, सुख उपजत चहुँ ओर।
बसीकरन इक मंत्र है, परिहर वचन कठोर॥

तुलसीदास

तुलसीदास जी कहते हैं कि मीठे बोल से हर तरफ़ ख़ुशियाँ ही पैदा होती हैं। ये एक ऐसा मंत्र है, ऐसा जादू है, जो दूसरों को क़ाबू में कर लेता है। ये जो कड़वे बोल हैं, जो कठोर बोल हैं इन्हें अपनी ज़िन्दगी से निकाल दो, हटा दो। मैं तो समझता हूँ ये बात इतने फ़ायदे की है कि हरेक को पता होनी चाहिए लेकिन शायद ये ना तब पता थी सबको, और ना आज पता है। इसी वजह से तुलसीदास जी को ये दोहा कहना पड़ा।

कभी-कभी मुझे लगता है कि कितना आसान है ज़िन्दगी में बहुत-सी ख़ुशियाँ पैदा कर लेना, ज़रा-सी कोशिश से आप कितने सुख पैदा कर सकते हैं। कुछ बहुत बड़ा काम नहीं करना है, सिर्फ़ इतना करना है कि हम जिससे मिलें, ज़रा मुस्कुरा के मिलें, ज़रा अच्छी तरह से मिलें, जिससे भी बात करें जहाँ तक हो सके, नम्रता से, नरम शब्दों में बात करें। आपको जो भी कहना है, कहिए लेकिन वही बात मुलायमियत से और भलमनसाहत से भी कही जा सकती है। किसी में कोई गुन दिखाई दे तो आप उसकी तारीफ़ कर दीजिए, कोई अच्छी बात हो तो उसकी दाद दीजिए कि उसने बड़ी अच्छी बात कही। अगर हम लोगों से थोड़ा मोहब्बत से मिलें, तो ज़िन्दगी में हर तरफ़ से रिश्तों में ख़ूबसूरती आना शुरू होती है। सुख आना शुरू होता है, ज़िन्दगी आसान होने लगती है, औरों की भी और आपकी अपनी भी।

ऐसा नहीं है कि हम लोगों की हर बात से ख़ुश होते हैं, ऐसा भी नहीं है कि हमें उनकी हर बात सही या अच्छी लगती है। हमें उनसे शिकायत भी होती है। हमारी उनसे कोई अलग राय भी हो सकती है। हमको ये भी लग सकता है कि वो जो कह रहे हैं सही नहीं है। लेकिन ये बात कही कैसे जाए, किन शब्दों में कही जाए, किस तरह से कही जाए, इसका ख़याल रखना बहुत ज़रूरी है। आप यक़ीन कीजिए, मेरा अपना तजुर्बा है कि अगर आप किसी इनसान को जब वो भूखा है तो रोटी ना खिलाएँ, अगर उसके पास रहने को घर नहीं है तो छत ना दें, अगर वो बेरोज़गार है तो आप उसे काम ना दें, तो कुछ दिनों बाद जब उसे खाना मिलेगा, जब उसे छत मिलेगी,—जब उसे रोज़गार मिलेगा तो वो भूल जाएगा के आपने उसके साथ क्या किया, उसे याद नहीं रहेगा। लेकिन एक बात इनसान कभी नहीं भूलता है, वो हैं कड़वे बोल जो उसके दिल को जाके लगे। आप कितना भी उसके लिए कर दीजिए लेकिन अगर आपने कड़वे बोल बोल दिए हैं तो वो उसे मरते दम तक याद रहेगा।

आप को विश्वास ना हो तो ख़ुद सोचिए। आपसे जब किसी ने ऐसी बात कही थी जिसमें आप को ऐसा लगा था कि आपकी बेइज़्ज़ती हुई है, आपकी इन्सल्ट हुई है, या किसी ने आपको नीचा दिखाया है, किसी ने आपको ह्यूमिलिएट किया है, ज़लील किया है, तो वो बात बरसों पहले की भी हो, आपको अब तक याद होगी। हाँ, लेकिन आपने किसी से कुछ माँगा था, वो नहीं दे सका या नहीं दिया उसने, आपको किसी से कोई काम पड़ा हो और उसने नहीं किया हो वो काम और फिर किसी और से करवा लिया हो, वो सब आप भूल जाएँगे। लेकिन जिसने आपको कड़वा बोल बोला है उसको आप कभी नहीं भूलते, वो आपके दिल में तीर की तरह जाकर लग जाता है।

तो अगर हमारे साथ ऐसा होता है तो औरों के साथ भी होता होगा। कमाल की बात ये है कि ये वो बुराई है जिस बुराई से हमें कोई भी

फ़ायदा नहीं है। हमें इससे मिला कुछ भी नहीं बल्कि हमने सिर्फ़ खोया है, हमने उसकी मोहब्बत खोई, हमने उसका स्नेह खोया, उसके दिल में हमारे लिए जो इज़्ज़त थी, वो खोई। हमारी जो गुडविल थी वो खोई, इसलिए ये एक बहुत ही घाटे का सौदा है, ये बिलकुल वैसा है कि हम हर क़दम पर उस पुल को तोड़ते हुए चल रहे हैं, जिस पुल से हम गुज़र रहे हैं। ये बिलकुल ग़लत है, होना ये चाहिए कि हम जहाँ से गुज़रें, जिससे भी मिलें वो हमें पसन्द करे, हमारी तारीफ़ करे। हमें दिल से चाहे और कोई आपको तभी चाहेगा जब आप उसे चाहेंगे, उसमें आप कुछ पसन्द करेंगे, आप उससे अच्छी तरह मिलेंगे तो आपके लिए वो अच्छा सोचेगा और जितने लोग आपके लिए अच्छा सोचेंगे, जितने लोग आपसे मिलकर ख़ुश होंगे उतनी ही ख़ुशी आपको इस ज़िन्दगी से मिल सकती है। लिहाज़ा ये बिलकुल सौ फ़ीसदी, सौ प्रतिशत, हंड्रेड परशेंट सच्ची बात है :

तुलसी मीठे वचन ते, सुख उपजत चहुँ ओर।
बसीकरन इक मंत्र है, परिहर बचन कठोर॥

प्यारी अनप्यारी लगै, समै पाय सब बात।
धूप सुहावै सीत में, सों ग्रीषम न सुहात॥

वृंद

वृंद कहते हैं कि कोई बात अच्छी भी लग सकती है और ख़राब भी लग सकती है और ये निर्भर करता है समय पर। अगर कोई बात सही समय पर कही गई तो वो अच्छी लगेगी, वरना ख़राब भी लग सकती है। असल में हम लोग किसी भी बात को बड़ी मामूली बात समझते हैं लेकिन हर बात बड़ी ख़ास बात होती है। आप कोई बात कहते हैं कोई सुनता है, वो बात दूसरे तक पहुँचती है। बात सिर्फ़ आप तक नहीं रहती है, इसलिए जब आप बोलें तो इस बात का ध्यान रखना ज़रूरी है कि जब आप बात कर रहे हैं, तो क्या बात कर रहे हैं, कब कर रहे हैं, कहाँ कर रहे हैं, और किससे कर रहे हैं। इसमें कहीं भी कोई ग़लती हुई तो वह बात अनप्यारी ही लगेगी। अगर सही बात भी ग़लत मौक़े पर या ग़लत तरीक़े से या ग़लत जगह कही जाए तो वो पसन्द नहीं, की जाती है। इस बात को हमें समझना चाहिए। जैसे कि वृंद ने कहा कि धूप जो है वो सर्दियों में तो अच्छी लगती है लेकिन वही धूप आपको गरमी में ख़राब लगने लगती है, उससे आप बचते हैं, छाँव में जाना चाहते हैं और सर्दी में आप छाँव से निकलकर धूप में बैठते हैं। धूप तो वही है लेकिन जब मौसम बदला तो आपको अच्छी लगने लगी।

ठीक ऐसे ही वही बात जो कभी ख़राब लगे, अगर सही मौक़े पर सही वक़्त पर की जाए तो अच्छी लगती है। ये बात सिर्फ़ नेताओं या उन

लोगों के लिए सही नहीं है जो स्टेज पर खड़े होकर पब्लिक से बात करते हैं बल्कि आम लोगों के लिए भी सच है। हम अपने परिवार में, अपनी फ़ैमिली में भी जो बात कर रहे हैं, किससे कर रहे हैं, क्या कह रहे हैं, किस मौक़े पर कह रहे हैं, किस पल में कह रहे हैं, ये ध्यान रखना बहुत अहम है। वही बात प्यारी लगेगी अगर आपने सही समय पे की है, सही तरह से की है, सही वक़्त पे की है और सही शब्दों में की है। हमें ये ख़याल हमेशा रखना चाहिए कि सिर्फ़ बात सही होना काफ़ी नहीं है, बल्कि इस बात का भी ख़याल रखना होगा कि क्या वो वक़्त सही है? जिससे आप बात कहने वाले हैं उसका दिमाग़ किसी और बात में तो उलझा हुआ नहीं है? वो पहले ही परेशान तो नहीं है, वो थका-हारा तो नहीं है, क्या किसी दूसरी बात में उसका ध्यान है?

आपने उस वक़्त वो बात की हो तो या तो वो अनसुनी हो जाएगी या बुरी लगेगी अगर सुन ली। बजाय इसके अगर एक ऐसा माहौल हो, एक ऐसा वक़्त, जब आपको ये लगे कि ये बात सही तरह से सुनी जाएगी, इस बात का वक़्त आ गया है, सुननेवाला भी समझेगा कि ये ज़रूरी बात है या अच्छी बात है, या मज़े की बात है या बड़ी इम्पोर्टेंट बात है, इस पर तो अमल करना चाहिए, इसको तो ज़िन्दगी में अपना लेना चाहिए। अगर उस पल आप कहेंगे तो आपकी बात मान ली जाएगी।

मुझे एक बड़ा दिलचस्प क़िस्सा याद आता है। मान लीजिए किसी ने आप से उधार लिया हो और वो आपको वापस कर रहा हो तो आपको ये बात अच्छी ही लगेगी, अरे भई, ये मुझसे पैसा ले गए थे, और देखो आए हैं वापस पैसा लौटा रहे हैं, बड़ी ख़ुशी की बात है, कह रहे हैं, भई मैं आप का क़र्ज़ा वापस करना चाहता हूँ। लेकिन ग़लत वक़्त पे ये बात भी बुरी लग सकती है। मैंने कहीं ये जोक सुना था कि एक होटल में दो दोस्त बैठे हुए चाय पी रहे थे। अचानक उस होटल में सारे दरवाज़ों से कुछ डाकू घुस आए जिनके हाथों में पिस्तौल थे। तो एक दोस्त ने

दूसरे दोस्त से कहा कि भई वो तुम्हें याद होगा मैंने तुमसे पाँच सौ रुपये उधार लिए थे तो ये पैसे मैं अभी वापस कर देता हूँ, तो ज़ाहिर है कि डाकू को देने के बजाय वो दोस्त को दे रहा था। तो इस वक़्त तो दोस्त को अपना क़र्ज़ा वापस लेना भी अच्छा नहीं लगा होगा।

हक़ीक़त ये है कि कोई भी बात चाहे वो मज़ाक़ हो, या सीरियस हो या कोई मामूली-सी बात, एक अवसर होता है, एक पल होता है, एक मुनासिब वक़्त होता है, आप उस बात को उस वक़्त करेंगे तो वो मान ली जाएगी। मैं तो अक्सर फ़िल्मों में भी देखता हूँ जहाँ मैं काम करता हूँ कि क्या ये कहानी जो आज बनी है, जो आज लोगों को पसन्द आ रही है, ये बरसों पहले आज से बीस-पच्चीस साल पहले अगर ऐसे बनी होती तो क्या ये कहानी लोगों को पसन्द आती? चलती? नहीं। या जो पच्चीस साल पहले कहानियाँ बहुत चली थीं क्या आज बनेंगी तो वो चलेंगी? नहीं। क्यों? क्योंकि उन कहानियों का सही वक़्त वो था। तब लोग वैसी कहानी सुनना चाहते थे, आज इन कहानियों का वक़्त है। जो अच्छी फ़िल्में बन रही हैं, मैं बुरी फ़िल्मों की बात नहीं कर रहा। लोग क्या सुनना चाहते हैं, लोगों को कौन-सी बात अच्छी लगती है, हममें ये समझदारी होनी चाहिए कि हमें जो बात कहनी है हम वही कहें लेकिन किस तरह से कहनी है, कब कहनी है, किस पल में कहें कि हमारी बात मानी जाए, हमारी बात सुनी जाए—सही कहा है वृंद ने :

प्यारी अनप्यारी लगै, समै पाय सब बात।
धूप सुहावै सीत में, सों ग्रीषम न सुहात॥

रोस मिटै कैसे कहत, रिस उपजावन बात।
ईंधन डारे आग में, कैसे आग बुझात॥

वृंद

वृंद ने तो ये दोहा ना जाने कितने बरसों पहले कहा, लेकिन मैं समझता हूँ कि ये दोहा आज भी हम बार-बार पढ़ें, इसे समझें और इस पर ध्यान दें, ये बड़ा ज़रूरी दोहा है।

ये बहुत हद तक आज की बात है। वो कहते हैं कि ग़ुस्सा मिटेगा कैसे? अगर हम ऐसी ही बातें करते रहें जिनसे ग़ुस्सा बढ़े, अगर कोई सामने वाला ग़ुस्से में है तो हम भी ग़ुस्से में बात करें तो ये बिलकुल ऐसे ही है, जैसे कि आप आग बुझाने के लिए आग में ईंधन डाल रहे हों, तो आग कैसे बुझेगी। ये बात हमें हर लेवल पर, हर सतह पर, हर स्तर पर समझनी चाहिए। जो हमारी ज़ाती ज़िन्दगी है उसमें भी, जो सोशल लाइफ़ है, पॉलिटिकल लाइफ़ है, हर लेवल पर ये बात सच है। अगर ग़ुस्से का जवाब ग़ुस्सा हो, नफ़रत का जवाब नफ़रत हो, दुश्मनी का जवाब दुश्मनी हो और हिंसा का जवाब हिंसा हो तो ये ख़त्म कैसे होगी?

हम अक्सर ये कहते हैं कि हम ग़ुस्से में इसलिए हैं क्योंकि दूसरा ग़ुस्से में था और ग़ुस्से में उसने हमसे ऐसी बात कही तो हमने भी कह दिया, और जब हमने कह दिया तो उस ग़ुस्से में ईंधन डाला। हमने उसे बुझाने की कोशिश नहीं की और न ही उसे अकेला छोड़ा कि वो आग धीरे-धीरे ख़ुद बुझ जाएगी। हमने अपने ग़ुस्से से उसे भड़कते रहने और फैलने में

मदद की। फिर उसके ग़ुस्से ने हमारे ग़ुस्से को फैलाया। तो फिर ये आग कैसे बुझेगी, ये तो सब कुछ जला देगी। रिश्तों में अक्सर ऐसा होता है। हमारा इगो, हमारा अहंकार है किसी के ग़ुस्से को, किसी की कड़वी बात को बर्दाश्त नहीं करता। कड़वी बात करना बुरी बात है लेकिन हम उस कड़वी बात का जवाब कैसे देते हैं? अगर कड़वी बात करना बुरी बात है, तेज़ बात करना बुरी बात है, ग़ुस्सा करना बुरी बात है तो फिर बाद में उसके जवाब में भी कड़वी बात करना कैसे अच्छी बात होगी? बात तो हम भी कड़वी ही कर रहे हैं, भले जवाब में कर रहे हैं और ऐसा करके हम कही-न-कहीं उसकी मदद कर रहे हैं कि वो अगली बात भी कड़वी कर सके बल्कि ज़्यादा कड़वी। हम उसकी कड़वाहट और बढ़ा रहे हैं। उस आग को हम और थोड़ी तेज़ कर रहे हैं।

ये चीज़ आज हर स्टेज पर दिखाई देती है। आप किसी आदमी से मिलिए जो आतंकवादी हो या नक्सलाइट हो या उसने कहीं दंगों में हिस्सा लिया हो, अगर आप उससे पूछोगे तुमने ऐसा क्यों किया? वो कहेगा कि उन लोगों ने मेरे साथ ऐसा किया था तो मैं भी क्यों ना उनकी बातों का जवाब दूँ। तो उनसे पूछो कि अगर तुम्हें हिंसा इतनी ही बुरी लगती है और जब तुम्हारे साथ नाइन्साफ़ी हुई या तुम्हारे साथ ग़लत बात की गई, तुम्हारे साथ अन्याय हुआ, तुम्हें बुरी बात कही गई या तुम्हारे साथ बुरा सुलूक हुआ तो तुम्हें तकलीफ़ हुई, तो उसके जवाब में तुमने क्या किया? तुमने वही किया जो बुरा काम था। तो अगर तुमने भी वही किया जो उसने किया था तो फिर तो ये एक ट्रेडिशन बनाई तुमने कि अब लोग ऐसे ही एक-दूसरे से व्यवहार करेंगे, ऐसे ही एक-दूसरे से बात करेंगे और ऐसे ही एक-दूसरे से सुलूक करेंगे। तुम आग बुझाने का काम कर रहे हो या बढ़ाने का?

देखिए, हम दो तरह से अपना रोल निभा सकते हैं—अपनी पर्सनल लाइफ़, अपनी घरेलू ज़िन्दगी में कभी कोई बुरा मान गया, नाराज़ हो

गया, कोई चिढ़ गया तो अगर हम उतना ही चिढ़ के उसे जवाब देंगे, उतनी ही कड़वी बात हम भी कह देंगे तो हम उसकी मदद कर रहे हैं उस कड़वाहट को बढ़ाने में। दुश्मनी उससे भी कर रहे हैं और अपने आप से भी। बीच में जो आग है, उसे हम बढ़ा रहे हैं। अच्छी बात ये होगी कि कभी सामने कोई कड़वी बात कह भी दे, कोई ग़ुस्से में आ भी जाए तो उस वक़्त हमें अपने आप को ठंडा रखना चाहिए और थोड़ी देर बाद आप यक़ीन कीजिए ग़ुस्सा जो है...वो कुछ नहीं टेम्परारी पागलपन है। ग़ुस्से में आदमी क्या-क्या बोलता है, उसकी शक्ल कैसी हो जाती है। जब आप ग़ुस्से में हों और अगर कोई चुपके से आपका विडियो रिकॉर्ड कर ले, जब आप ग़ुस्से में हैं, तब कोई चुपके से आपकी फ़ोटो ले ले तो आप जब बाद में उसे देखेंगे तो शर्मिन्दा होंगे कि मेरी सूरत कैसी लग रही थी या मेरी आवाज़ कैसी थी और कैसी बातें मैंने कहीं, मुझे तो ऐसा नहीं कहना चाहिए था।

तो अगर ये टेम्परारी पागलपन किसी पर आ भी गया है तो ऐसे मौक़ों पर आप चुप रहिए, शान्त रहिए। अगर जवाब भी देना है तो शान्ति से दीजिए। उस ग़ुस्से को उस वक़्त झेल जाइए और जब उसका ग़ुस्सा ठंडा हो जाए, जो कि होगा ही, तब उससे अच्छे स्वभाव से, अच्छी बातों में, शान्त लहज़े में कहिए कि बात यूँ नहीं यूँ थी, तुम शायद मुझे ग़लत समझे थे तो आप देखेंगे कि एक बेहतर नतीजा निकलेगा। समाज में भी हम लोग हर बात पर क्यों भड़क जाते हैं? हर बात का इशू बना लेते हैं कि नहीं साहब, नहीं साहब उन्होंने ऐसा कहा, उन्होंने ऐसा कर दिया, तो अब आप भी वैसे ही कर रहे हैं।

तो फिर उन्होंने और आप ने दोनों ने मिल के जो आग भड़काई वो तो और बढ़ रही है। इसे कम कैसे किया जाए? वो आग जो भड़की थी किसी भी वजह से, आप उस आग को और बढ़ाना चाहते हैं कि घटाना, ये आपको तय करना होगा। अगर आप ईंधन डाल रहे हैं तो आप बढ़ाने

का काम कर रहे हैं, और उस इनसान से बेहतर नहीं हैं, उससे ज़्यादा अक़्लमन्द नहीं हैं, उससे ज़्यादा समझदार नहीं हैं जिसने पहली चिंगारी लगाई थी। ग़लती से, जान-बूझकर, अनजाने में, जो भी हो, मगर आप भी वही कर रहे हैं।

तो ये जो दोहा है बड़े काम का है हमारी सामाजिक ज़िन्दगी में भी और घरेलू ज़िन्दगी में भी :

रोस मिटै कैसे कहत, रिस उपजावन बात।
ईंधन डारे आग में, कैसे आग बुझात॥

प्रेरक ही तै होत हैं, कारज सिद्ध निदान।
चढ़ै धनुष हू ना चलै, बिना चलाए बान॥

वृंद

वृंद कहते हैं कि अगर आप कमान पे तीर रख भी लीजिए तो भी वो ख़ुद नहीं चल पाएगा। कमान है, तीर है, इरादा है लेकिन फिर भी तीर चलेगा नहीं। तीर तभी चल पाएगा, जब आप कमान को खींचेंगे और छोड़ेंगे—तब वो अपने निशाने, अपने लक्ष्य पे लगेगा। ऐसे ही मान लीजिए आपने इरादा भी कर लिया है, तय भी कर लिया है कि ये काम करना है और ये करेंगे ही, पर इतना काफ़ी नहीं है। कोई भी काम आप तब तक नहीं कर पाएँगे जब तक उसके पीछे एक इच्छाशक्ति एक विल पावर ना हो, एक इन्सपिरेशन ना हो कि ये काम करना ही है, ये काम होना ही चाहिए। ये लगन आपके अन्दर होनी चाहिए। कोई भी काम आसानी से नहीं होता है और जब मुश्किल होगी तो आप थक सकते हैं, हार मान सकते हैं, सोच सकते हैं कि ये तो होना सम्भव ही नहीं है, और आप हिम्मत हार कर उस काम को छोड़ सकते हैं लेकिन जो ख़याल आपसे काम करवाता है वो ये नहीं कि मुझे ये काम करना है या वो काम बल्कि ये तो वो इच्छाशक्ति, वो वन ट्रैक माइंड है जो आपसे ये काम करवाता है। वही आपके अन्दर वो शक्ति वो लगन वो ज़िद पैदा करता है जिससे वो काम होता है।

कहते हैं कि कोई राजा था जो एक जंग लड़ रहा था। बार-बार हारता था, फिर वापस आ जाता था, फिर जा कर कुछ दिनों बाद लड़ता था

फिर हार जाता था और आख़िर में उसने हिम्मत हार दी। वो उदास होकर अपने महल के कमरे में लेटा हुआ था, अचानक उसने देखा कि एक चींटी है, वो दीवार पर चढ़ रही है। वो आधी दीवार चढ़ती है और फिर गिर जाती है, फिर चढ़ना शुरू करती है, थोड़ी दूर चढ़ती है फिर गिर जाती है और उसने देखा कि कोई दस-बारह प्रयास के बाद भी वो चींटी पूरी तरह दीवार पर नहीं चढ़ पाती है। वो बार-बार गिरती है लेकिन फिर उठकर चढ़ाई करने लगती है, इसी तरह वो धीरे-धीरे करके किसी तरह से, अपना रास्ता बना लेती है और दीवार पे ऊपर चढ़ जाती है। राजा को इसे देखकर ख़याल आया कि अगर इस चींटी में ये विल पावर हो सकती है कि इतनी बार नाकाम होने के बाद भी वो हौसला रखे और फिर कोशिश करती रहे, और कामयाब हो जाए तो मैं तो एक इनसान हूँ, मेरे पास तो समझ है, मेरे पास तो इतने साधन हैं, इतनी क़ाबिलियत है, फिर मैंने कैसे हथियार डाल दिए? मैंने कैसे हार मान ली, मुझे भी फिर प्रयास करना चाहिए। उस चींटी ने राजा को ये सबक़ दिया कि आपके अन्दर अगर इच्छाशक्ति है, लगन है तो आप ज़रूर सफल होंगे। ये सिर्फ़ सहूलियत से नहीं हो सकता है कि आपके पास कमान भी है तीर भी है तो चल जाएगा। नहीं।

एक और अजीब बात है। आप ग़ौर करेंगे तो देखेंगे कि तीर चलता कैसे है? कमान को पीछे खींचना पड़ता है यानी आप जहाँ हैं थोड़ी देर के लिए उससे भी पीछे हो जाते हैं और तब वो तीर चल पाता है। आप ये देखिएगा चीता है, शेर है, आजकल तो कई चैनल हैं जिन पर इन जानवरों को दिखाया जाता है, जंगल में वो कैसे शिकार कर रहे हैं, कैसे भाग रहे हैं, कैसे चेज़ कर रहे हैं, तो कभी भी शेर या चीता शिकार कर रहे होते हैं तो ऐसे ज़मीन से चिपक जाते है और चिपक के फिर जंप लेते हैं तो कमान में और चीते में ये बात कॉमन है कि जब वो चलने वाला है तो और भी पीछे जाता है। इसी तरह हर इनसान

जब कोई लगन से तय कर लेता है कि मुझे ये काम करना है तो थोड़ी देर को उसे लगता है कि मेरे पास जो आराम था, मैं जिस जगह अभी था, उससे आगे जाने के बजाय मैं तो और पीछे जा रहा हूँ। उसे एक नई उलझन महसूस होती है लेकिन ये जो आपको पीछे खींचा जाता है ये यहाँ इन्सपिरेशन है जो आपको कमान की तरह पीछे खींचती है और फिर वही आपके अरमान के तीर को आगे ले जाता है, तो इसीलिए ये बात एकदम सटीक कही है कि :

प्रेरक ही तै होत हैं, कारज सिद्ध निदान।
चढ़ै धनुष हू ना चलै, बिना चलाए बान॥

कष्ट परेहुँ साधु जन, नेक न होत मिलान।
ज्यौं ज्यौं कंचन ताइए, त्यौं त्यौं निरमल बान॥

वृंद

वृंद कहते हैं कि एक अच्छे इनसान पर कितना भी कष्ट पड़े, वो दिल में दुख नहीं पालता। वो अपना दिल ख़राब नहीं करता। जैसे कि सोना जब आग में तपाया जाता है तो जितना तपता है, जितना जलता है, उतना ही निर्मल हो जाता है, उतना ही प्योर हो जाता है। कहते हैं ना कि सोना आग में तप के ही कुन्दन बनता है, जो उसका प्योरेस्ट फ़ॉर्म है, जो बेहतरीन है।

बात तो सच है लेकिन एक बात और भी सच है कि आग में तप के कुन्दन बनने के लिए इनसान का सोना होना ज़रूरी है। पहली पंक्ति में वृंद ने कहा है 'साधुजन', जो अच्छा इनसान है। देखिए, ऐसा तो कोई नहीं है जिसे मुश्किलें ना आएँ, जिस पर मुसीबतें ना आएँ लेकिन साधुजन में और जो साधुजन नहीं हैं उनमें फ़र्क़ क्या है कि अगर उसने ग़रीबी देखी है, भूख देखी है तो दो रिएक्शन उसके हो सकते हैं कि जब वो इन हालात से बाहर निकले तो वो सोचे कि जब मैं भूखा था तो किसने मेरी परवाह की थी, मैं क्यों किसी की परवाह करूँ या वो ये भी सोच सकता है कि मुझे मालूम है कि भूख की तकलीफ़ क्या है तो मैं किसी को भूखा ना रहने दूँ। अगर दुनिया ने उसकी परवाह नहीं की है, उसने दर-दर की ठोकरें खाई हैं तो ये भी हो सकता है कि वो सोचे कि दुनिया ने मेरी परवाह नहीं की थी तो मैं दुनिया की परवाह क्यों करूँ। लेकिन

ये भी हो सकता है कि वो ये सोचे कि देखो जब मेरी परवाह नहीं हुई थी तो मुझे कितनी तकलीफ़ हुई थी, कितना बेसहारा था, मैं कितना मदद के लिए तरसा था, ये दुख दूसरे को ना होने पाए, तो फिर आप सोने से कुन्दन बनेंगे।

तो ये एक इनसान का चरित्र होता है, उसका अपना कैरेक्टर होता है कि जब वो मुसीबत से गुज़रता है, जब वो मुश्किलों से गुज़रता है तो उसके ऊपर क्या रिएक्शन होता है। वो मुश्किलें, वो मुसीबतें, उसको बेहतर बनाती हैं कि और बुरा बना देती हैं। अगर वो सोना है, वो एक अच्छा इनसान है, उसमें कोई गुण है, उसके अन्दर कोई नेकी है, कोई ख़ूबी है तो वो धीरे-धीरे अच्छा ही होगा। टेलेंट में भी यही है कि अगर आपने रियाज़, जो करना है, सीखना है, वो बड़ी तकलीफ़ का काम है, माफ़ कीजिए कष्ट है उसमें। अगर आपमें टेलेंट है, आप में गुण है, तो आप जब इस रियाज़ में जाएँगे, इस मेहनत में जाएँगे, जतन में जाएँगे जो कि कष्ट है तो आप धीरे-धीरे सँवरते ही जाएँगे, बेहतर से बेहतर ही होते जाएँगे। लेकिन आपमें ख़ूबी नहीं है, आपमें वो टेलेंट नहीं है तो फिर वो तकलीफ़ ही रहेगी और आप ख़ुश नहीं होंगे। अब चाहे वो आपका काम हो, चाहे वो आपका व्यवहार हो। चाहे आपकी अपनी ज़िन्दगी हो या आपकी सामाजिक ज़िन्दगी। हर जगह दुख आते हैं, कष्ट आते हैं लेकिन सवाल ये है कि वो कष्ट हम में क्या परिवर्तन, क्या तब्दीलियाँ, क्या चेंज लाते हैं और यही हमारे कैरेक्टर का, हमारे चरित्र का इम्तिहान है और इसी से हमें मालूम होता है कि असल में जो मेटल था जिससे हम बने थे वो सोना था या कोई पीतल था। अगर वो सोना था तो वो कष्ट जो आया, जो मुसीबतें हमपे आईं, वो हमें और सँवार देंगीं और बेहतर बनाएँगी, या अगर टेलेंट है तो टेलेंट को बढ़ाएँगी। हममें जो नेकी है उस नेकी को बढ़ाएँगी, मोहब्बत को बढ़ाएँगी, इनसानियत को बढ़ाएँगी लेकिन अगर हममें वो ख़ूबी नहीं है तो फिर मुसीबत की आग

में हम जल के कोयला हो जाएँगे और कुछ नहीं रहेंगे।

तो ये ज़रूरी है कि हम अपने मन में मान के चलें कि हम तो कंचन हैं, हम तो सोना हैं, आए मुसीबत, वो मुसीबत हमें और बेहतर बनाएगी। आए मुश्किल हम और ऊपर उठेंगे। तो आइए एक बार फिर पढ़ते हैं, फिर सुनते हैं और फिर समझते हैं :

कष्ट परेहुँ साधु जन, नेक न होत मिलान।
ज्यौं ज्यौं कंचन ताइए, त्यौं त्यौं निरमल बान॥

उत्तम जन सौं मिलत ही, अवगुनहूँ गुन होय।
घन संग खारो उदधि मिलि, बरसै मीठौ तोय॥

वृंद

वृंद कहते हैं कि बादलों में मीठा पानी होता है और ये पानी वो है जो समन्दर में था तो खारा था लेकिन समन्दर का खारा पानी, वो पानी जो पिया नहीं जा सकता, जब बादलों में आ जाता है, बरसता है तो मीठा होता है। इसी तरह जैसे कि आप में कोई ऐब है, कोई ख़राबी है, कोई अवगुण है, वो भी गुन बन जाएगा, ठीक हो जाएगा, अगर आप अच्छे इनसान से मिलें, उसके साथ रहें, उसकी सोहबत में रहें।

इसमें कई सोचने वाली बातें हैं। सवाल ये है कि ये जो खारा पानी है ये बादलों में जाते-जाते मीठा कैसे हो जाता है, क्यों हो जाता है? हम एक अच्छे इनसान से मिल के वाक़ई बेहतर और अच्छे इनसान क्यों बन सकते हैं, कैसे बन सकते हैं? इसकी वजह क्या है? वजह ये है कि जब ये पानी भाप बन के उड़ता है और अपने आप को थोड़ी देर के लिए छोड़ता है तो उसका नमक कहीं नीचे रह जाता है और उसके अन्दर वो मीठा पानी, जो समन्दर के पानी में छुपा था, वो, उसकी अच्छाइयाँ बाहर आ जाती हैं सूरज की किरणों से और बादल तक पहुँचते-पहुँचते वो मीठा पानी बन जाता है। उसी तरह हर इनसान के अन्दर बहुत कुछ छुपा हुआ है। बुरे से बुरे इनसान के अन्दर भी, मैं तो ऐसा विश्वास रखता हूँ कि अच्छा इनसान छुपा है। हर इनसान अपने अन्दर एक कायनात है, एक दुनिया है। उसमें मोहब्बत भी है, नफ़रत भी है, दोस्ती भी है, दुश्मनी भी

है, नेकी भी है, बदी भी है, कड़वाहट भी है, और मिठास भी है। अब सवाल ये है कि कौन-सी चीज़ आगे आ जाती है।

कौन-सी चीज़ जागती है, कौन-सी चीज़ जीतती है, उसकी जो शख़्सियत है, उसकी जो पर्सनेलिटी है, उस पर नफ़रत क़ब्ज़ा कर लेती है या मोहब्बत, दोस्ती क़ब्ज़ा करती है कि दुश्मनी। कड़वाहटें उस पर छा जाती हैं कि मिठास उसमें घुल जाती है। ये तब होता है जब हमें एक ऐसा इनसान मिलता है या ऐसे लोग मिलते हैं जो हमारे अन्दर की मिठास को जगाते हैं, हमारे अन्दर की नेकी को जगाते हैं, हमारे अन्दर की जो भलमनसाहत है, जो कहीं बुराइयों में छुप गई है, वो उन बुराइयों को हटा के उसे सामने ले आते हैं। उनके अन्दर नेकी होती है, उनके अन्दर जो रोशनी, जो करुणा होती है, जो ख़ूबियाँ होती हैं, वो हमारी ख़ूबियों को जो कहीं धूल में अट के पीछे रह गई थीं वो जाग जाती हैं।

कोई कहता है कि ये जो बड़े-बड़े मुजस्समे बनते हैं, बुत बनते हैं, मूर्तियाँ बनती हैं, ये मूर्तियाँ कहीं और से नहीं आतीं, ये मूर्तियाँ उस पत्थर के अन्दर छुपी हुई हैं, मूर्ति बनानेवाला कलाकार सिर्फ़ इतना करता है कि जो बेकार पत्थर है उसे हटा देता है और मूर्ति बाहर आ जाती है। उसी तरह से सूरज की किरणें जो बेकार नमक है, बादल के लिए जो बेकार है, उसे हटा देती हैं, और अन्दर छुपा हुआ मीठा पानी बाहर आ जाता है। उसी तरह जैसे कि जो अच्छा इनसान हमको मिलता है, जो हमसे अच्छी बात करता है, जो अच्छा व्यवहार करता है, जिसमें हम नेकी देखते हैं, ख़ूबसूरती देखते हैं, अच्छाई की रोशनी देखते हैं तो कहीं हमारे अन्दर का जो अन्धकार है वो धुँधला होता है और हमारे अन्दर छुपी हुई नेकी की भलाई की जो रोशनी है वो जागती है और धीरे-धीरे हम एक बेहतर इनसान बनते हैं। सच बात है :

उत्तम जन सौं मिलत ही, अवगुनहूँ गुन होय।
घन संग खारो उदधि मिलि, बरसै मीठौ तोय॥

सुख सज्जन के मिलन कौ, दुरजन मिलै जनाय।
जाने ऊख मिठास कौ, जब मुख नीम चबाय॥

वृंद

वृंद कहते हैं कि जब बुरे आदमी से आपकी मुलाक़ात होती है, बुरे आदमी के साथ आपका व्यवहार होता है, जब उसे भुगतना पड़ता है, बर्दाश्त करना पड़ता है तब आपको याद आता है कि अच्छा आदमी क्या था। जिसे आप जानते थे, जिसके साथ आप रह चुके हैं, जिससे आपके सम्बन्ध रहे हैं, अब उसकी ख़ूबियाँ, उसके गुण, उसकी भलाई आपके ध्यान में आती है। यह आप पूरी तरह तब समझते हैं जब आप बुरे आदमी से मिलते हैं। बिलकुल उसी तरह जैसे कि गन्ने के रस की जो मिठास है आपको तब पूरी तरह याद आएगी जब आप कड़वी नीम चबा रहे हों। तो ये जो कड़वा तजुर्बा ज़िन्दगी में होता है वो आपको याद दिलाता है कि मिठास क्या थी।

ऐसा क्यों होता है? क्या ज़रूरी है कि कोई बुरा ही आदमी मिले हमें ये बताने के लिए, हमें एहसास दिलाने के लिए, हमें ये समझाने के लिए कि वो अच्छा कितना अच्छा था। है क्या कि मेरी, आपकी, हम सब की शायद यही आदत है, इसी तरह हम जीते हैं कि जो है, जो मिल गया है उसकी क़द्र हमें ज़रा कम होती है। हमारे चारों तरफ़ जो लोग हैं, जो हमारे अपने हैं, जो हमारे दोस्त हैं, हमारे वेलविशर हैं, हमसे मोहब्बत करते हैं, हमारा ख़याल रखते हैं, हमारे लिए परेशान रहते हैं

उनका ख़याल हमें ज़रा कम रहता है। हम उनकी सारी मोहब्बत को, उस रिश्ते की मज़बूती को, उनके जज़्बात को, उनकी भावनाओं को टेकन फॉर ग्रांटेड लेते हैं। हाँ...ये तो है..। ऐसा हम कुछ शुक्रगुजार नहीं होते, थैंकफुल नहीं होते कि देखो मेरे घर के लोग जो हैं, मेरे अपने जो हैं कितनी मोहब्बत करते हैं। आज देखो कितना ख़याल किया मेरा उन्होंने। अगर नहीं करें, वो कोई बात भूल जाएँ तो वो तो आपको याद आएगी लेकिन अगर किया है तो ऐसा कुछ नहीं है कि हम बड़ा दिल में ख़ुश होते हैं कि कितना अच्छा हुआ मेरे साथ। ये पता तब चलता है जब किसी भी वजह से, किसी फ़ासले से आप कहीं और चले गए, अपने घर से दूर हो गए, अपने दोस्तों से दूर हो गए और अजनबी लोगों में, पराये लोगों में, जिन्हें आपकी कोई परवाह नहीं, जो पहचानते भी नहीं, जानते भी नहीं, और जानते-पहचानते भी हैं तो उन्हें आपकी कोई अहमियत नहीं, तब आपको घर की याद आती है, अपने याद आते हैं, दोस्त याद आते हैं।

तो क्या ये ज़रूरी है कि हम नीम चबाएँ, क्या ये ज़रूरी है कि नीम चबा के ही गन्ने के रस की मिठास को समझें? क्या ऐसा नहीं हो सकता कि हम गन्ने का रस जब पिएँ तो हम एक-एक घूँट इस मोहब्बत से पिएँ कि वाह क्या मिठास है। जो रिश्ते हम टेकन फॉर ग्रांटेड लेते हैं, जिन लोगों को टेकन फॉर ग्रांटेड लेते हैं, उन्हें ग़ौर से देखते तक नहीं, उनकी बात भी पूरे ध्यान से नहीं सुनते। वो लोग जो हमारे सच्चे वेलविशर हैं, जो हमारे अपने हैं और हमारे अपने वही होते हैं जो हमारी कश्ती में होते हैं, चाहे वो दोस्त हों, चाहे वो आपके व्यापार के साथी हों, चाहे आपके घर के लोग हों, वो अगर आपके साथ हैं, आपका और उनका फ़ायदा और नुक़सान एक है, वो आपके हैं, वो पूरी तरह से आपके हैं लेकिन हम उन्हीं लोगों को लापरवाही से देखते हैं तो फिर एक दिन ये गन्ने का रस हमारे हाथ से जाता रहता है और हम कहीं कड़वा नीम चबाते

हैं और जब कड़वा नीम चबाते हैं तब याद आता है यह गन्ने का रस।

तो मैं समझता हूँ कि पहली समझदारी तो ये होगी कि ये वक़्त ही ना आए कि हमें नीम चबाना पड़े। हम गन्ने के रस की मिठास को एंजॉय करें और शुक्र करें ज़िन्दगी का कि हमें ऐसी मिठास ज़िन्दगी में मिली है रिश्तों की, दोस्तों की, अपने लोगों की, अपने परिवार की; और अगर किसी भी वजह से हमें नीम चबाना ही पड़ जाए तो कम-से-कम एक काम तो हमें करना ही चाहिए कि उस वक़्त हम याद कर लें उस गन्ने के रस को, उन मोहब्बतों को, उन रिश्तों को, उन दोस्तियों को, उन चाहतों को, जिनकी हमने पूरी तरह इज़्ज़त नहीं की थी शायद और अब जब दुबारा वापस जाएँ गन्ने के रस की तरफ़, दोस्तों की तरफ़, अपनों की तरफ़, मोहब्बतों की तरफ़, तो उनकी क़ीमत को समझें। उनको वो इज़्ज़त दें, वो ख़याल दें, वो ध्यान दें, जिसके वो क़ाबिल हैं और टेकन फॉर ग्रांटेड ना लें। हमें हर बार चाहे वो हमारा बच्चा हो, पति हो, पत्नी हो, भाई हो, बहन हो, माँ-बाप हों जो भी हों, उन रिश्तों में जो मिठास है, उनसे जो हमें सुख मिल रहा है, उसकी हम इज़्ज़त करें पूरी तरह से। हम उसके शुक्रगुजार रहें तो शायद हम नीम चबाने से बच जाएँ। तो सुनिए और सोचिए :

सुख सज्जन के मिलन कौ, दुरजन मिलै जनाय।
जाने ऊख मिठास कौ, जब मुख नीम चबाय॥

ऊँचे बैठे ना लहै, गुन बिन बड़पन कोई।
बैठो देवल सिखर पर, वायस गरुड़ न होइ॥

वृंद

वृंद कहते हैं कि कहीं आप किसी ऊँची पोस्ट पे, पोज़िशन पे, ओहदे पे, दर्जे पे बैठ गए, उससे आप बड़े नहीं हो जाते, जैसे कि अगर मन्दिर के कलश पर जा के एक कौवा बैठ जाए तो वो गरुड़ नहीं हो जाएगा। गरुड़ एक मायथोलॉजिकल चिड़िया है, जो बहुत पावरफुल, बहुत बड़ा और बहुत अच्छा माना जाता है; तो ये कौवा जो है वो गरुड़ नहीं बन जाएगा सिर्फ़ इसलिए कि वो मन्दिर के ऊपर जा के बैठा है, उसके कलश पे जा के बैठ गया है। सच बात है।

मैंने तो देखा है ज़िन्दगी में कि ओहदे लोगों को नहीं बनाते, लोग ओहदों को बनाते हैं। जो पोस्ट है वो थोड़ी देर को आपको अहम लगेगी, लेकिन अगर एक छोटे आदमी को किसी बड़ी पोज़िशन पर बिठा दीजिए तो थोड़ी देर को तो आपको लगेगा कि वो बड़ा हो गया लेकिन वो छोटा आदमी उस पोज़िशन को भी खींच के नीचे ले आएगा, उसे छोटा बना देगा और उसके मुक़ाबले में जो बड़ा आदमी होता है उसे कोई मामूली-सा भी काम दे दीजिए, कोई भी मामूली-सी जगह हो, जहाँ उसे बैठाया गया है तो धीरे-धीरे उसके बड़ेपन की वजह से वो जगह भी बड़ी हो जाएगी। आप देखेंगे ईनाम में भी कि कभी-कभी आप किसी छोटे आदमी को अवार्ड दे दीजिए जो डिज़र्व नहीं करता, जो उसका टेलेंट है या उसकी जो ख़ूबी थी, उसका काम था जो इस क़ाबिल नहीं था, तो आपको वो

अवार्ड कुछ घटिया, कुछ छोटा लगने लगता है और जब बड़े आदमी को अवार्ड मिलता है जो वाक़ई टेलेंटेड है, वाक़ई डिज़र्व करता है, वाक़ई उसमें ये ख़ूबियाँ हैं, उसको जब मिलता है तो जो अवार्ड है उसकी इज़्ज़त बढ़ती है।

सच बात ये है कि ये इनसान का गुण है, उसकी ख़ूबियाँ हैं या ख़ूबियों की कमी है या गुण की कमी है, जो तय करती है कि जहाँ वो बैठा है, वो जगह कितनी बड़ी है, कितनी छोटी है। मैंने अपनी ज़िन्दगी में, क्रिएटिव वर्ल्ड में तीन तरह के लोग देखे हैं, बल्कि कहिए तो चार तरह के लोग, चौथे बहुत कम होते हैं इसलिए ज़ेहन से निकल गए। एक वो, जिनमें ना टेलेंट है और ना जिन्हें कोई पोज़िशन मिली, उन्हें तो जाने दीजिए। एक वो जिन्हें बड़ी पोज़िशन मिल गई है लेकिन टेलेंट छोटा है तो वो उस पोज़िशन को भी छोटा कर देते हैं। एक वो जिनका टेलेंट बहुत बड़ा है लेकिन पोज़िशन ऐसी ख़ास नहीं लेकिन वो अपने टेलेंट की वजह से उस पोज़िशन को बड़ा बनाते ही चले जाते हैं, और वो चीज़ अहम हो जाती है।

आपको एक हैरत की बात बताऊँ कि शहनाई एक साज़ है। शहनाई को क्लासिकल म्यूज़िक में गिना ही नहीं जाता था, माना ही नहीं जाता था कि शहनाई भी कोई साज़ है। वह तो शादियों में दरवाज़े पर बजा करती थी। उसको वो इज़्ज़त हासिल नहीं थी जो सरोद को थी, वीणा को थी, सितार को थी। ये इज़्ज़त उसको नहीं थी लेकिन बिस्मिल्ला ख़ाँ जो इतने बड़े कलाकार थे, जब उन्होंने शहनाई को उठाया और अपने होठों से लगाया तो धीरे-धीरे शहनाई की इज़्ज़त बढ़ना शुरू हुई और जो क्लासिकल म्यूज़िक है, उसमें उसको दर्जा मिल गया, उसकी इज़्ज़त हो गई। तो ये देखिए कि सितार जो बहुत इज़्ज़त वाला है, अब जब रविशंकर बजाएँ तो बड़ी चीज़ है लेकिन अगर कोई मामूली सितार बजानेवाला हो तो आपको सुनने में भी तकलीफ़ होगी और एक साज़ जिसका कोई

मुक़ाम ही नहीं था, क्लासिक वर्ल्ड में उसकी कोई पोज़िशन ही नहीं थी, वो जब एक बड़े आदमी को मिला, एक बड़े टेलेंट को मिला तो उसने उस साज़ को कहाँ पहुँचा दिया! सच बात ये है कि पोज़िशन छोटी-बड़ी नहीं होती। ये अगर लगता है कि पोज़िशन बहुत बड़ी होती है तो बैठा दीजिए किसी छोटे आदमी को वो उसे छोटा कर लेगा और कोई पोज़िशन छोटी-सी भी हो तो बिठा दीजिए किसी बड़े आदमी को वो उसे बड़ा कर देगा। सही बात है :

ऊँचे बैठे ना लहै, गुन बिन बड़पन कोई।
बैठो देवल सिखर पर, वायस गरुड़ न होइ॥

रहिमन निज मन की बिथा, मन ही राखो गोय।
सुन अठिलैंहे लोग सब, बाँट न लैहें कोय॥

रहीम

रहीम कहते हैं कि जो तेरे मन का दुख है वो अपने मन में ही रख, इसलिए कि अगर दूसरों को सुनाएगा तो वो हँसेंगे, मज़ाक़ उड़ाएँगे, ख़ुश होंगे, कोई तेरा दुख बाँटेगा नहीं।

अगर इस दोहे को बहुत ग़ौर से ना पढ़ा जाए या ना समझा जाए तो इसे ग़लत भी समझा जा सकता है। ऐसा लगता है कि रहीम ये कह रहे हैं कि अपना दुख किसी को बताओ ही नहीं, बस अपने ही मन में रखो। नहीं, ऐसा नहीं कहा—*सुन इठिलैंहे लोग सब,* 'सब लोग', आप सब लोगों को मत बताइए और बिलकुल सही बात है जो आपके अपने हैं, जो आपसे प्यार करते हैं, जो आपके क़रीब हैं, जिन्हें आपका ख़याल है, उनसे आप अपना दुख बाँट लें वो ठीक है वहाँ मना नहीं किया जा रहा है, सब लोगों से मना किया जा रहा है। जो आपके हमदर्द हैं, वो आपका ख़याल करेंगे, उन्हें कोई दुख होगा, तो आप उनका ख़याल करेंगे वो सही है, वो एक अलग रिश्ता है, वो एक अलग दुनिया है लेकिन कुछ लोग ऐसे होते हैं आपने भी देखे होंगे जो अपना ज़रा-सा दुख लेकर पूरी दुनिया में घूमते हैं और ऐसा लगता है जैसे बाज़ार में अपना दुख बेचने निकले हैं। हर एक को अपनी रामकहानी सुनाएँगे, हर एक को बताएँगे मेरे साथ क्या बुरा हुआ। अब लोग या तो बोर होते हैं, बोर होते हैं तो फिर उसका मज़ाक़ उड़ाते हैं, हँसते हैं उस पर। कुछ लोग ऐसे भी होते

हैं जो ऐसे सुनते हैं जैसे बड़ी हमदर्दी है, बड़ी सहानुभूति है, लेकिन दिल ही दिल में वो ये सोच रहे होते है कि भई इससे तो मैं अच्छा हूँ यानी उन्हें ये ख़ुशी हो रही होती है कि ये अगर मुश्किल में है तो इससे ये मालूम हुआ कि मैं बेहतर हूँ।

तो हरेक को सुनाने का कोई मतलब नहीं बनता और हरेक सुने भी क्यों? आप को क्या हरेक का इतना ख़याल है? तो फिर आप ये उम्मीद क्यों करें कि हरेक आप का ख़याल करेगा, हमारे जिन लोगों से ऐसे रिश्ते हैं, जिनके सामने हम अपना दुख, अपना दिल खोल के दिखा सकते हैं, वो ठीक है। ये एक आदत होती है कुछ लोगों में कि वो ऐसा करते हैं और वाक़ई उनकी पीठ पीछे उनका मज़ाक़ ही उड़ाया जाता है, और मज़ाक़ नहीं उड़ाया जाता तो फिर उनसे आँख चुराई जाती है या अगर उनसे मिलते भी हैं, सुनते भी हैं, तो हमदर्दी दिल से नहीं करते।

देखिए, अपना दुख अपने दिल में रखना—इसका एक और फ़ायदा भी है। होता क्या है कि जब कोई दुख होता है तो जैसे एक साज़ होता है ना, उसपे आपने हाथ फेरा तो उसके तार झनझनाने लगते हैं, उसी तरह से कोई चीज़ हमारे दिल को दुख देती है तो तार हिलते हैं दिल के, एक झनझनाहट पैदा होती है, इस झनझनाहट में तार की एक ताक़त है, एक शक्ति है। दुख आपके अन्दर एक शक्ति पैदा करता है लेकिन इस शक्ति का इस्तेमाल क्या है? वो नेगेटिव भी हो सकता है, वो ये भी हो सकता है कि उससे आप क्रोधित हो जाएँ, ग़ुस्से में आएँ, आप कड़वी बात करें, बदला लेने की कोशिश करें, आप लोगों के साथ कोई बुराई करें। मेरे साथ अच्छा नहीं हुआ तो मैं क्यों करूँ किसी के साथ अच्छा। एक ये है, दूसरे ये है कि ये जो शक्ति आपके अन्दर पैदा हुई है, जो दुख आपको मिला है उससे आपमें जो बेचैनी आई है, बेताबी आई है उसे आप कंट्रोल करें और उस शक्ति को अपने आप को बेहतर बनाने के लिए, अपनी ज़िन्दगी को बेहतर बनाने के लिए, अपने उसूल को

बेहतर बनाने के लिए, अपने संस्कारों को बेहतर बनाने के लिए इस्तेमाल करें। ये बड़ी ताक़त होती है।

आप ये देखिएगा कि दुनिया में जिन लोगों ने बड़े काम किए हैं, ये वो लोग हैं जिन्होंने दुख उठाए थे और दुख को अपने मन में रख कर उसको अपनी शक्ति बना लिया था। जिन्हें सुख ही सुख मिले वो आमतौर पर कुछ कर नहीं पाए इसलिए कि उनके अन्दर वो शक्ति जागी ही नहीं। आप ये देखिए कि ये जो स्वीमिंग पूल होते हैं इसपे वो जैसे एक स्प्रिंग बोर्ड लगा होता है, वो बड़ा सख़्त होता है। आप उसपे जब उछलते हैं तो ऊपर जाते हैं और तब कहीं डाइविंग करते हैं। ज़िन्दगी में जब आपको ऊपर जाना है, कूदना है तो उसके लिए भी स्प्रिंग बोर्ड चाहिए और ये जो आपके दिल में छुपा हुआ दर्द है ये आपका स्प्रिंग बोर्ड बन सकता है। इस एक दुख से आपको ये हौसला मिलेगा, इस दुख से आपको ये ख़्वाहिश मिलेगी, ये अरमान मिलेगा, ये तमन्ना मिलेगी कि मुझे कुछ बेहतर करना है। मुझको अपनी ज़िन्दगी को बेहतर बनाना है तो वो दुख जो आप अपने मन में रखे हैं उसे शक्ति बनाइए, बजाय इसके कि उस दुख को थाली में सजा के गली-गली लोगों को दिखाते फिरें, सुनाते फिरें और लोग उसे देखकर हँसें, मुस्कुराएँ, मज़ाक़ उड़ाएँ, सच्ची बात है ये :

रहिमन निज मन की विथा, मन ही राखो गोय।
सुन अठिलैंहे लोग सब, बाँट न लैहें कोय॥

फरजी साह न ह्वै सकै, गति टेढ़ी तासीर।
रहिमन सीधे चाल सों, प्यादा होत वजीर॥

रहीम

रहीम एक बात कर रहे हैं, लेकिन शतरंज के खेल के परदे में कह रहे हैं। यह ज़रूरी तो नहीं कि सबको शतरंज खेलना आती हो। दो-एक बातें मैं आपको बताऊँ। शतरंज में बहुत सारे मोहरे होते हैं। जो सबसे कमज़ोर मोहरा होता है, सबसे छोटा मोहरा होता है, वो होता है प्यादा। और फरजी एक मोहरा है, जिसे अंग्रेज़ी में बिशप कहते हैं, जिसे आम हिन्दुस्तानी में ऊँट भी बोलते हैं, वो काफ़ी पावरफुल होता है। बड़ा होता है प्यादे से। लेकिन वो हमेशा टेढ़ा चलता है। सीधा नहीं चल सकता। जो सबसे बड़े मोहरे होते हैं, सबसे पावरफुल होते हैं, और सबसे ज़्यादा इम्पोर्टेंट होते हैं वो होते हैं शाह यानी बादशाह और वजीर। बादशाह को ही शाह कहते हैं।

तो अब देखिए कि वो क्या कह रहे हैं कि फरजी जो है, वो कभी बादशाह नहीं बन सकता हालाँकि फरजी काफ़ी बड़ा मोहरा है, पावरफुल मोहरा है लेकिन वो उतना पावरफुल नहीं हो सकता, टॉप पर नहीं पहुँच सकता, इसलिए कि वो टेढ़ा-टेढ़ा चलता है। कभी इधर जाता है, कभी ऐसे जाता है, कभी वैसे जाता है। इसके मुक़ाबले में वो मोहरा जो सबसे कमज़ोर है, सबसे छोटा है वो सीधा ही चलता है। तो वो बाज़ी के एक किनारे से दूसरे किनारे तक पहुँच जाता है, तो वहाँ फिर वो वजीर बन जाता है, जो कि बहुत पावरफुल है।

ज़िन्दगी में सीधी तरह चलना बेहतर है। वो कहते हैं कि बजाय इसके कि आप हेराफेरी करें, बेईमानी करें, झूठ बोलें, मैनिपुलेशन करें, अगर आप सीधे, ईमानदारी से अपने काम को करते रहें, तो जो छोटा, सबसे कमज़ोर मोहरा है, वो भी बहुत बड़ा आदमी बन सकता है। ये मेहनत की, ये इमानदारी की, और जतन की, और एक जो चीज़ है, कंसिस्टेंसी जिसे कहते हैं कि लगा ही रहे आदमी, उसकी बात है। जो मोहरा चल रहा है, एक-एक घर चलता है, जबकि फरजी तो तेज़-तेज़ आगे जा सकता है, लेकिन वो वजीर या बादशाह नहीं बन सकता है। एक लेवल पे ये बात यूँ है कि ईमानदारी, सच्चाई और सीधा रास्ता। एक और लेवल भी है। मैं समझता हूँ एक और मायने भी निकलते हैं।

जैसे, मुझे याद आता है, महाभारत का वो क़िस्सा जब पाँचों पांडवों को गुरु द्रोणाचार्य तीर चलाना सिखा रहे थे। एक के बाद एक ने निशाना लगाया, पेड़ पर एक मिट्टी की चिड़िया रखी हुई थी, और जब गुरु ने पूछा कि तुम्हें क्या दिखाई दे रहा है तो अर्जुन के सिवाय सबने कहा हमें पेड़ दिखाई दे रहा है और डालियाँ दिखाई दे रही हैं, पत्तियाँ दिखाई दे रही हैं, बल्कि पीछे आकाश भी दिखाई दे रहा है। भीम ने यहाँ तक भी कहा कि मुझे भूख लग रही है, मुझे खाने की थाली भी दिखाई दे रही है। लेकिन जब अर्जुन से पूछा गया, तुम्हें क्या दिखाई दे रहा है, उन्होंने कहा कि मुझे तो सिर्फ़ चिड़िया की आँख दिखाई दे रही है।

ये चिड़िया की आँख दिखाई देना जो है, ये सीधा चलना है। हम अपनी ज़िन्दगी में कोई लक्ष्य बनाएँ, कोई मंज़िल तय करें कि हमें यहाँ पहुँचना है, तो बात इतनी है कि हम हेराफेरी ना करें, लेकिन टेढ़ी चाल ये भी हो सकती है, कि कभी हमें ये दिलचस्पी हो जाए, कभी हम थोड़ी दूर सामने चले जाएँ, कभी हम इस चीज़ से उलझ जाएँ, कभी उस चीज़ में ख़ुशी हासिल करने लगें, बजाय इसके कि हमारा जो लक्ष्य है हम उसी पे चलते रहें। जो हमारा रास्ता है, हमें वो पाना है। बस वहीं जाएँ और

कहीं ना जाएँ। दोनों ही मायनों में एक बात तो समझी जा सकती है, और दोनों ही अर्थ अपनी जगह सही और बड़े इम्पोर्टेंट हैं, और ज़िन्दगी में समझनेवाले हैं। इन दोनों ही अर्थों की रौशनी में इस दोहे को सुनिए और समझिए :

फरजी साह न ह्वै सकै, गति टेढ़ी तासीर।
रहिमन सीधे चाल सों, प्यादा होत वजीर॥

तरुवर फल नहिं खात हैं, सरवर पियहिं न पान।
कही रहीम परकाज हित, सम्पति संचहिं सुजान॥

रहीम

रहीम कहते हैं कि पेड़ अपने फल ख़ुद नहीं खाते हैं और झीलें अपना पानी ख़ुद नहीं पीतीं। इसी तरह से जो भले लोग हैं, वो ज़िन्दगी में जो कुछ हासिल करते हैं, वो दूसरों के भले के लिए करते हैं। बात तो सच्ची है और बड़ी गहरी भी! गहरी यूँ कि वाक़ई हम अपने चारों तरफ़ देखें तो ज़िन्दगी का और नेचर का, प्रकृति का उसूल ही ये है। चाहे वो इनसान की बनाई हुई चीज़ें हों, चाहे नेचर की। वो अपने लिए नहीं होती हैं। कोई भी चीज़ हो उसके होने की जो वजह है, उसके होने का जो परपज़ है, वो उसके अन्दर नहीं है, वो उसके बाहर है। किसी और चीज़ के लिए, किसी और के लिए। एक पंखा है, वो पंखा अपने लिए नहीं है, वो पंखा इसलिए है कि जब वो चलेगा तो वो कमरे में हवा फैलाएगा। एक रेडियो है, वो इसलिए है कि वो आवाज़ और ख़बरें दूसरों तक पहुँचाएगा। एक साइकिल है, या एक मोटरसाइकिल है, कार है, बस है वो लोगों को एक जगह से दूसरी जगह तक ले जाएँगे। एक घड़ी है, वो आपको समय बताएगी। हर चीज़ जो है, वो दूसरों के लिए है। किसी दूसरे मक़सद के लिए है। पहिया सिर्फ़ अपने अन्दर घूमने के लिए नहीं है। पहिया या तो किसी गाड़ी को आगे ले जाएगा, या किसी मशीन को चलाएगा। हर चीज़ जो कुछ भी है नेचर में, या इनसान की बनाई हुई भी, वो किसी परपज को सॉल्व करने के लिए है।

अब वाक़ई ये तो सच है कि पेड़ अपने फल नहीं खाते, और इसके पत्ते भी जो हैं, वो भी कोई दूसरा काम कर रहे हैं। वो सिर्फ़ होने के लिए नहीं हैं। आपको मालूम होगा कि पत्ते जो होते हैं, वो सूरज की रौशनी से एक चीज़ जमा करते हैं, जिसे कहते हैं, क्लोरोफ़िल। और वो क्लोरोफ़िल पत्ते के अन्दर जमा होता है और फिर, बाक़ी पौधे को देता है जिससे पौधा ज़िन्दा रहता है। तो एक फल, एक पत्ता, पानी की एक बूँद, नदी की एक लहर, कोई भी चीज़ अपने लिए नहीं है। हवा का एक झोंका, बदलते हुए मौसम, वो सब किसी और चीज़ को सर्व कर रहे हैं। किसी और के लिए कुछ कर रहे हैं। अगर ज़िन्दगी का उसूल यही है, नेचर का उसूल यही है, समाज का उसूल यही है, तो फिर ये कैसे हो सकता है कि उसमें एक इनसान ऐसा हो जो सिर्फ़ अपने लिए जिए। ये बुनियादी उसूल के ख़िलाफ़ है। नेचर का उसूल भी ये है और इनसान ने जो समाज बनाया है, उसका भी। समाज तो बना ही इसलिए है कि लोग एक साथ रहें, एक दूसरे के काम आएँ। वर्ना सब जंगलों में अकेले-अकेले रहते। एक दूसरे से दूर रहते। समाज के बनाने का मक़सद ही ये है, और वजह ही ये है कि इनसान ने हज़ारों साल पहले ये समझ लिया था कि उसे एक दूसरे के काम आना है, यही जीने का ढंग है। अब हम अपने लालच में, अपनी हवस में, अपने एम्बिशन में, अपनी ख़ुदगर्ज़ी में कभी-कभी ये बात भूल जाते हैं। बल्कि सच तो ये है कि अक्सर भूल जाते हैं और जब भूलते हैं तो बड़ी मुश्किल पैदा होती है, क्यों कि जो उसूल हैं ज़िन्दगी के, जो उसूल हैं समज के हम जब भी उन्हें तोड़ के चलेंगे, जब उनसे हट के चलेंगे तो कोई-न-कोई गड़बड़ ज़रूर होगी।

मैं एक मिसाल दूँगा आपको, जैसे दुनिया में शहर बसे, शहरों में सड़कें थीं, सड़कों पर ट्रैफ़िक चलता है, तो उसूल ये बना कि भाई आप लेफ़्ट पे गाड़ी चलाएँगे और आप लेफ़्ट से चलेंगे, राइट से नहीं चलेंगे। ऐसे

चलता रहे तो ट्रेफ़िक ठीक चलेगा। लेकिन अगर कोई राइट पे आ जाए और उधर चलने लगे तो क्या होगा? या तो एक्सीडेंट हो जाएगा, उसका या दूसरे का। या ट्रेफ़िक जाम हो जाएगा। मान लो वहाँ पे सारी गाड़ियाँ आ के फँस गईं, कोई राइट से आ गया, कोई लेफ़्ट से आ गया, कोई इधर से आ गया। सब आगे निकलने के लिए आ रहे हैं। जैसे कि हम ख़ुदगर्ज़ियाँ भी इसीलिए करते हैं कि आगे निकल जाएँ। ये जो राइट से गाड़ी ओवरटेक करना, इधर से निकलना, उधर से निकलना, वो भी वही ख़ुदगर्ज़ी है। इसलिए ट्रेफ़िक जाम हो जाता है। ज़िन्दगी में और दुनिया में मुझे कभी-कभी लगता है कि ट्रेफ़िक जाम है। ट्रेफ़िक जाम है ख़ुशियों का, ट्रेफ़िक जाम है रिश्तों का। ट्रेफ़िक जाम है इन्साफ़ का, इसलिए कि बहुत से लोगों ने वो जो उसूल था कि दूसरों के हित के लिए जीना है, इस उसूल को तोड़ा है। और दूसरी तरफ़ आ गए। लेफ़्ट की बजाय राइट पे चलने की कोशिश की। तो हुआ ये कि गड़बड़ हो गई। मुझे ऐसा लगता है कि इनसान को पेड़ों से सीखना चाहिए, नदियों से सीखना चाहिए कि जीने का सही तरीक़ा क्या है। सही बात कही है रहीम ने :

तरुवर फल नहिं खात हैं, सरवर पियहिं न पान।
कही रहीम परकाज हित, सम्पति संचहिं सुजान॥